官员落水
官场纪实
自救手册

顾亦 著

中国检察出版社

图书在版编目（CIP）数据

官员落水自救手册／顾亦著．－－北京：中国检察出版社，2010.7
ISBN 978－7－5102－0304－6

Ⅰ．①官… Ⅱ．①顾… Ⅲ．①廉政建设—中国—学习参考资料 Ⅳ．①D630.9

中国版本图书馆 CIP 数据核字（2010）第 119567 号

官员落水自救手册

顾 亦 著

出版发行：	中国检察出版社
社　　址：	北京市石景山区鲁谷西路 5 号（100040）
网　　址：	中国检察出版社（www.zgjccbs.com）
电子邮箱：	zgjccbs@vip.sina.com
电　　话：	（010）68650024（编辑）　68650015（发行）　68636518（门市）
经　　销：	新华书店
印　　刷：	北京佳明伟业印务有限公司
开　　本：	710mm×1020mm　16 开
印　　张：	17.25 印张
字　　数：	260 千字
版　　次：	2010 年 8 月第一版　2010 年 8 月第一次印刷
书　　号：	ISBN 978－7－5102－0304－6
定　　价：	30.00 元

检察版图书，版权所有，侵权必究
如遇图书印装质量问题本社负责调换

序
别给犯罪找理由

每个人做事情，都需要自己先说服自己，需要自己先给自己一个心理安慰。

从前，强盗拦路抢劫，他要明告被劫掠的人，此路是爷开，此树是爷栽，要想从此过，留下买路财。你要想报销，发票还可以多开。

强盗这样说有用吗？有用，不是对受害者，这是强盗用来抑制犯罪恐惧感的，他会因为找到抢劫你的缘由而生出一种强大的力量。

过去的刽子手行刑，双手握好大刀，临砍头之前，必定会在心里默念口诀，因为这一行当是父子相袭，所以那口诀也是父传子，绝不会泄露给外人，尽管我想知道，人家也不肯告诉我。不过我还是弄明白了口诀的大概意思，那就是说我跟你老兄往日无冤近日无仇，不是我要来送你上路，这是领导的安排，希望老兄不要生我的气，你走之后我会给你多烧纸钱，将来天堂相见，我请你去卡巴地喝咖啡（此处不是植入广告）。

他为什么要默念这些？其实他这是为了说给自己听，为了自我安慰，为了解脱杀人的恐惧，争取理直胆壮去砍那人的脑袋，免得夜里睡不

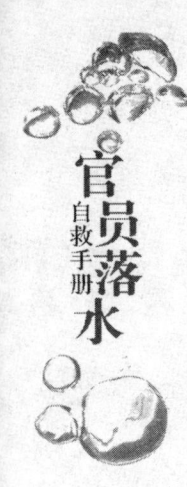

着觉。

人们做事,尤其是大的行为,总会自觉不自觉地寻找一个心理支撑点,借以保持心理平衡。

许多人做事也是三思三想而后行,但是,他思想中的这个心理支撑点,就像上面两位豪杰一样,不过是一相情愿,立出来虚假的平衡,与正在发生的事情毫无真实关联,其后的行为怎么展开都难免没有危险。

任何职务犯罪,首先都是因为心里有了犯罪念头。

意大利法学家、现代犯罪学创始人加罗法洛明确指出:

"无疑,某种政治、社会或经济危机可能是犯罪的偶然原因,因为它使各方面的生存斗争变得更加艰难。然而完全有理由相信,道德品质的缺少(它是一种犯罪必不可少的条件),总是在一定时间、在各种生活偶然事件中找到某种冲动,而这些冲动引起了犯罪现象的产生。"

《资治通鉴》里有个杨震暮夜看金的故事,有地方小学课本里就选了这个故事,说杨震虽然失去父亲,生活贫穷,但好好学习努力向上,后来教了二十多年书,如果评职称也得是著名教授一类的人物,官方慕名请他出山,就像现在大学教授出来当市长一样吧。有人笑他五十多岁才当官,进不了第三梯队。老有老的长处,他一再升迁,那一年,升了太守,前往东莱郡上任,路过昌邑县。

早些年被他推荐的哥们儿秀才王密,正是昌邑县一把手,趁着夜色浓重,独自一人,仆人的不带,亲自背着五千千克——不对了,是五千克,黄锃锃亮闪闪的金子,送给恩师杨震。正值国际黄金涨价,此时不收还待何时?你说他该不该收?王县长也没有求你卖官,不过是感激恩师,背来的又是自家的金子。你已经五十多岁就要退休了,再不捞一把还有机会吗?

杨震把头摇了又摇,我是了解先生的,先生却不了解我,这是为什么?

王县长以为恩师客气呗,所问非所答,金子是咱们自家地里种的,夜色天地黑,伸手五指的不见,我偷着来的,没人知道。

这里请注意,这个"没人知道"便是王县长心理平衡的支撑点,他也就是因为这么想的,理直了,气就壮,便在夜色浓重遮掩下鬼子进

序 | 别给犯罪找理由

村了。

可是，杨震淡然一笑，非也！天知道，地知道，你知道，我知道，先生怎么敢说没人知道？

这就是杨震得以立足天地的人生大境界了。

参与查办胡长清案件的检察官王德合，做反贪局长多年，从没有办过错案，他告诉我说，胡长清交代问题的时候，没有规避法律的技巧，一直是直来直去，他竟然大言不惭地说，"我收了人家的钱，就应该给人家办事，不然，我这人就太没人品了。"

"谁都不是一座岛屿可以自成一体，每个人都是广袤大陆的一部分，如果海浪冲刷掉一块土地，大陆就少了一点。任何人的死亡都使我们失去一部分，因为我们同属于人类，不要问丧钟为谁而鸣，丧钟为你我而鸣。"

别为犯罪找理由，别为堕落找借口。

天知，地知，你知，我知。听起来像是古时圣贤对自己的自我约束的道德要求。在今天的诸多职务犯罪案件中，只有你我才知道的事情，也恰恰是一个人把另一个人送上断头台的直接证据。

目录

序　别给犯罪找理由　　1

第一章　他为什么早那么多年出狱呢？　　1
　见到一位神秘长者　　3
　在服刑中找自我　　5

第二章　死到临头终于明白了许多　　9
　晏局长出门三件宝：雨伞、皮靴和草帽　　11
　晏局长被抓三件宝：人民币、欧元和美钞　　14

第三章　牛皮吹大了吹出来两个无期徒刑　　17
　呼风唤雨惊动了隔墙有耳　　19
　有情人终成特定关系人　　22
　毛泽东一双拖鞋、周总理两双皮鞋穿了二十年　　24

第四章　裸死　有十八个理由可以避免　　29
　裸死的具体情境儿童不宜　　31

  只要方法得当裸死可以避免　　　　　　　　　　　　35

第五章　财富打造的神话不都是天堂　　　　　　41

  金钱养人金钱也杀人　　　　　　　　　　　　　43
  即使换上别人也会照死不误　　　　　　　　　　47
  最后的遗嘱把钱弄回来　　　　　　　　　　　　50
  我们人人心里都有杀手　　　　　　　　　　　　55

第六章　三毛钱买出来两场意外灾祸　　　　　　57

  茶叶盒一转就转进了看守所　　　　　　　　　　59
  别等到监狱里去算安全账　　　　　　　　　　　61

第七章　一位副部级干部与一位举报人的较量　67

  市长怎么会跟他有十年仇恨？　　　　　　　　　69
  市长升为书记之后　　　　　　　　　　　　　　72
  监狱里度过晚年是什么滋味？　　　　　　　　　75

第八章　一对一的时候也是你最危险的时候　　81

  最危险的时候反而最安全　　　　　　　　　　　83
  谁把官员拉下了水　　　　　　　　　　　　　　86
  行贿者要改穿布鞋扔掉皮鞋　　　　　　　　　　92

第九章　当贪官遇到神佛　　　　　　　　　　　95

  内心恐惧的人崇拜神灵　　　　　　　　　　　　97
  副省长索贿却显得很神秘　　　　　　　　　　100
  佛教气功大师料事如神　　　　　　　　　　　102
  神佛也会帮助贪婪和腐败吗？　　　　　　　　105

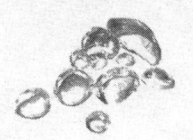

目录

第十章　司马迁说与其任用小人不如任用愚人　111
路边上打草鞋，有的说长有的说短　113
砸碎工人的铁饭碗铸成窃贼的金饭碗　116
贪婪无度的后果是一无所有　122

第十一章　狼狗看家看不住内心的恐惧　127
贪官被审讯，必然乱阵脚　129
当情妇成为特定关系人　132

第十二章　找跳板的人也常常被别人垫在脚下　135
心里有鬼才怕半夜人敲门　137
美女空手套白狼卖了长江路　139

第十三章　他说为了爱才离开这个世界　143
收下1000多万元，夜半响起电话铃　145
出事前，电话铃再次无端响起　148

第十四章　小偷怎么能偷出来一个贪官　151
新当选的政协副主席突然被"两规"　153
小偷偷出来一个贪官　154

第十五章　有病乱投医耗子药也敢吃　159
卧室里随处乱扔的是什么东西？　161
权力就是为了实现赚钱的目的？　163

第十六章　本系统最后一个被带走的人　167
人的尊严是和位置成正比吗　169

想捂住别人嘴自己倒先开了口	172
魔椅诱发人的劣根性	175
有生之年还应给世人留下点什么	179

第十七章　民事纠纷意外告倒亲老公　　183

知人知面不知他的心	185
棋逢对手旗鼓响当当	188

第十八章　廉政干部背后的猫腻　　191

暮春时节雨夜里的一把折扇	193
灯泡局长反串租房局长好戏多多	196

第十九章　奇怪票据200美元引发一起大要案　　201

巴黎疯狂艳舞团在葡京大酒店演出	203
只分存单不分钱	205
开弓没有回头箭	208

第二十章　副省长案发：200万元买下来六页信纸　　213

北京处处有高人	215
撒下麦子收获跳蚤	218
卖命的六页信纸	221

第二十一章　银行副行长为何走到穷途末路　　227

走晚了死无葬身之地	229
银行副行长也要睡马路	232
他们是我们的精英	234
我从一个银行副行长沦为人不人鬼不鬼的下三烂	237

第二十二章　偶然引起必然俄罗斯引渡第一案　　241
　　变成俄罗斯人原来这么简单　　243
　　男人不是喜欢尿裤子　　245

第二十三章　一夜千万富翁被剥夺政治权利终身　　249
　　不懂英文也可以去澳大利亚投资　　251
　　出去很容易回来更容易　　253

第二十四章　假如我处在悔过者的位置上　　257
　　贪官忏悔，必须从自身找原因　　259

第 1 章
他为什么早那么多年出狱呢?

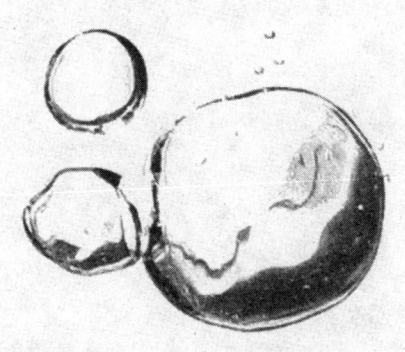

第 1 章 他为什么早那么多年出狱呢？

见到一位神秘长者

朋友打电话找我吃晚饭，我说没时间。朋友说，你也太夸张了吧？喘气儿时间有吗？我说出版社催稿很急，每天必须写两三千字，不敢动地方。朋友说你又不是给报纸写小稿子，写长篇还这么急？

我说这次例外，不是长篇，是写一本官员落水自救手册。

朋友好像有些意外，急切追问，你说你写什么？

我写官员落水自救手册。

朋友哈哈哈笑了一阵子，这么寸！算你小子福气，过来吧，介绍你认识一位老师，不认识这位老师，你还写什么官员落水自救？

这回轮到我意外了，这家伙是不是为了骗我去陪他喝酒，故弄玄虚呢？

不过，咱们丑话可得说在头里，你跟这位老师能不能成为朋友，全凭你们的缘分，外人说不上话。这位老师，我当做父亲敬重，你也得十二分尊重，别在他面前大放你的厥词。

听他这话，倒好像是真有一位我不认识的高人，不像是骗我去喝酒。

见了面大家基本都认识，尤其有位多年不见的款爷三黑子，原听说犯了事儿进去过，我们倒还像从前一样无所不谈，只是不谈不该谈的。后来，我忽然明白过来，朋友叫我过来，原来就是让我见见三黑子吧！不过，酒桌上全是轻松话题，何况，朋友老胡还关照过我，所以我就更加出口谨慎，虽然有很多话想问问这位曾经的款爷，可是一个字也没敢说。

也有一位我不认识的长者，好像就没说话，只是专注地听别人说，专注地喝酒，仿佛那酒沾湿他的口舌，每一滴都能品出别样滋味来。三黑子明显对他很尊重。

三黑子双手举杯，起身敬我酒，一脸的诚意，他说，我真没想到还能见到你，没想到你还在每天工作。我倒霉的那些日子，成天谁都想，尤其夜里，你不想也得想，凡是跟我有过交往的朋友，我都想到了。想到你我就想到，你给我讲过的那个担架队员，那个精神作用，心情就会好一阵儿。

有人就说，你们讲的一定有点儿意思，说说给我们大家都听听。朋友也说你这个故事，应该告诉许多人。

那是多年前，三黑子的公司做得很大，闲聊时他问我你精力总那么旺盛吗？我比你年轻，怎么总觉得有些累。

我告诉他，我比同龄的同学幸运，当了十几年的兵，无论肉体和心理，都比他们多吃了很多苦，几次死里逃生，这让我偏得了常人少有的煎熬，锤炼了我生命的顽强。我还给他讲了一个故事，打过仗的老兵们几次讲给我听的真事儿。

解放战争时期，两位农民担架队员抬着一名伤员，跑到后方医院，看到医生护士抢救伤员，两人放下心来，蹲在地上，从裤腰上拔下烟袋，抽老旱烟。护士一扭头，手指着他们哎呀一声叫起来，吓得他俩一哆嗦。他俩有一个人，布鞋上的血已经黑了干了，那是早流出来的；可裸露的小腿上，还在呼呼往外冒鲜红的血。那人看见自己腿上直冒血，一头栽倒，再也起不来，医生护士又忙着来抢救他。事后医生说，担架队员受的伤，比伤兵重多了，也可能受伤更早，但是他聚精会神抢救伤员，注意力专注，也就不知道疼痛，不知道乏力，他就有了超常能力。

老兵们给我讲完这个真事儿，一概都会告诉我说，这就是精神作用。

我去卫生间，朋友老胡尾随身后，神秘一笑，说你看走眼了吧？转身离去。猛然间警醒，他说的那位老师应该是那位长者吧？显然不应该是我从前认识的三黑子。

再回来时，我就不断偷偷观察那位长者，到这时我才注意到，这人的相貌怎么有些熟悉呢？好像在哪里见到过呢？

分手的时候，我跟老胡说，你讲的这位老师，我好像在哪里见到过。他说绝对不可能！你们这是第一次见面！但说不好他对你印象怎么样，以后再说吧。

为什么从来没有见过他，还会那么熟悉他的相貌呢？

想来想去，只有一种可能，我没见过他本人，但见过他的照片。随即就想到，我为了写这个《官员落水自救手册》，在网上看过那么多资料，是不是他就在其中呢？

第 1 章 他为什么早那么多年出狱呢？

我连夜查出来，原来他是一位财政局长，因为贪污受贿被判处十四年有期徒刑，这才九年多，他就出来了？

三黑子给我打来电话说，本来那天晚上，想跟你多说几句里边的事儿，冷不丁就没了情绪，我现在，常常这样，不定什么时候，冷不丁就心烦起来，什么也不想说，也不想干，监狱真他妈不是人待的地方！

听他这样说，我倒说不出话了，觉得自己真没有资格随便安慰他。

好在他接着说话，老赵是我介绍给胡总的，胡总说他们公司太大，几次找的财务总监都不满意，我就乐了，我说我给你介绍一个财务总监，绝对称职绝对可靠，你必须得给我中介费。他问我是谁，我说不能告诉你。我说你知道我在监狱里吃过多少苦吗？最惨的一次，有个丧尽天良的家伙，想减刑，撒谎举报，说我跟别人议论过越狱。这可是天大的事情，要是有人能证明我这个，我就得加刑。管教来调查时，有个老兄出来证明他说的是谎话，还揭发了那个人行贿，翻出了他行贿的钱。我得救了。事后，那个老兄被他们打得半死，我也被打得不能动弹，不过，我发誓，偷偷在心里发誓，一旦出去，还能见到这个老兄，我一定像孝敬我爹那样孝敬他。

不知道他为什么突然说到这些，我只好默默听着。

你知道这个人是谁吗？

我怎么能知道呢？三黑子是不是有些颠三倒四？

他就是那天晚上喝酒，只看你，不说话的那个人，也就是我介绍给胡总的老赵，现在在胡总公司当财务总监。

现在，轮到我后悔了。

在服刑中找自我

过了两天，我的手机里出现一个陌生号码，对方说，是顾老师吗？那天晚上，我们喝过酒，你要是有时间，明天下班，你来公司里坐坐，我们随便聊聊。

哎呀！真是求之不得啊！我都不知道说什么好了。

见了面,他只是看着我,慢慢地笑,笑了好久才说,不愿意去酒店饭馆,一闻到那种味道,陈酒腐油,就钻进你骨头缝儿里。我出来那天,老伴儿说我们去饭店,给你解解馋,我急了,可别去,这么多年,我天天想吃你给我做的饭,你给我做的菜。老伴就哭了。那天晚上,公司给我发了一笔奖金,非要给我庆贺,还想找更多人,我不同意。

过了一会儿又说,饭,送给饥饿的人吃,话,说给明白的人听。听了你讲的担架队员,我就知道,你会听明白我的话。

胡总说你是位作家,正在写一本书?

我只好说我正在写的这本《官员落水自救手册》。

老赵立刻严肃起来,给我斟上一杯茶,然后望着我看不见的地方说,怎么告诉你呢?九年多的遭遇,能说得完吗?还是跟你说说我最大的变化吧!

宣判我有期徒刑十四年,我恨死了那个反贪局长,心想,要是还能活着出来,豁出去杀了他。可是,出狱前,我最想见到的,除了我家人,就是他,连我自己都没想到。这九年多,有看到的,有听到的,被揭发得越晚,越危险。我再晚进去一两年,怕也没命了,受贿这个东西,你知道吗?越弄胆子越大,越弄贪心越大,简直是玩命。既然你自己刹不住车,别人把你给掀翻了,算你捡着。

刚开始,想不通,恨不得死,恨不得玩命。不过,人这个东西,还是很能适应的,要是你想通了的话。在里面熬得时间长了,总算知道了,不受也得受,不忍也得忍,我就想,为什么不活个明白呢?为什么非得破罐子破摔呢?生命不是自己的吗?为了妻儿老小,我也得像个人样儿啊!人比人得死,货比货得扔。跟大老板比,怎么比怎么吃亏,你为啥跟他比?不是没事儿找事儿吗?咋不跟下岗工人比?跟判死刑的比,我还有条命,便宜占大了!其实,里面能好受吗?但是,最难受的,还是想念亲人,一想到亲人,尤其是想到小孙子,就觉得自己罪孽深重,收受贿赂,为什么不想到妻儿子女呢?为什么不想到他们的脸面,他们的感受呢?一旦能出去,再也不离开他们。到了这时,我才知道,他们对我才是最重要的,职位呀,金钱哪,酒肉朋友啊,有什么用啊?亲人,家庭,才是我的命根子。

第 1 章 他为什么早那么多年出狱呢？

　　我也恨过那些贿赂我的人，后来，我就觉得好笑了，你脚正还怕他鞋歪吗？脚上的泡不都是自己走的吗？怨谁都不如重新开始。

　　这样想通了，我就觉得，要是不给我这个强制的机会，我一辈子都不会冷静下来，想到这么多重要的事情，这都是人生大事。出事前，我忙得很，两眼一睁，就有人找你，忙来忙去，全是外部的事情，全是物质的事情，全是金钱的事情，全是领导的事情，全是哥们儿的事情，没有一刻坐下来，想想自己究竟是个什么人？是不是真是时代的精英？是不是真是一方豪杰？一旦人民收回放在我手里的权力，我啥也不是，还不如平民百姓，起码人家活得心安理得，夜夜能够睡梦香甜。

　　我不像那些人，整天想的都是别人害了自己。我相信自己还能站起来，活得像个人样儿。这样想通了，我也就不再怨天尤人，我配合管教自我改造，看书读报学习，我开导那些想不通的人，后来还让我给他们上课。我还帮助一个年轻人考上了财务函授。

　　塞翁失马，我现在很理解这个典故，我丢了一匹好马，但我找回来一颗常人的心，找回来一个完整的家，比起那些比我多走了几步的同路人，我还有什么不满足的？现在，我高血压、高血脂、酒精肝，还有痛风，全都好了。以前我得天天吃药，不吃药就受不了，医生一再告诉我要戒烟戒酒，少吃肉，就是下不了决心。这么多年在服刑中，药不吃了，酒是喝不上了，大鱼大肉也吃不上了，每天都要锻炼、都要劳动，瘦下去十好几斤，倒比什么时候身体都结实，精力也好多了。没有这么一个强制力，好些毛病我都改不了。你说我这不算因祸得福吗？

　　我心灵受过震动。一位老农民，盗割高压线被判刑的，跟我说，我看你老赵心好，你能不能帮我一个大忙？吓我一跳，我现在这德性，还能帮谁大忙？看他急得要哭了，我只好点头。他说，你能不能求你家里的，给我家里打个电话，告诉我老婆，孙子的婴儿床的床垫子底下，藏着九块钱，叫她找出来，给我小孙子买奶粉……

　　老赵侧过脸去，不想让我看见他内心的不平静。其实，我也很难受，哪里还顾得看他。

　　他猛地站起来，背对着我说下去，胡总要聘我做财务总监，我跟他说过，现在我不敢说自己是完人，但我肯定是好人，你再有什么金钱、美

女、地位,都不会动摇我做一个好人的信心,我绝不会再做坏事。

听了老赵这些话,忽然觉得如果我说出对他的敬重,一定是多余的,因为,我们的心原本就是相通的。这样一位自强不息重新振作的长者,他带给我们的是人生的激励,自信的美好,我们谁敢说生活不需要他这种生命的顽强?

第 2 章
死到临头
终于明白了许多

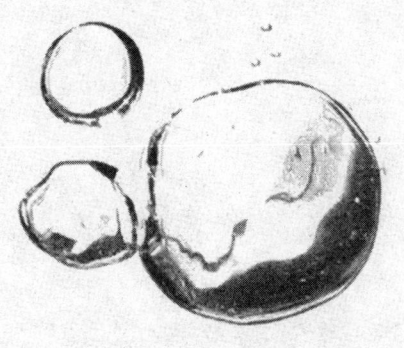

第 2 章 死到临头终于明白了许多

晏局长出门三件宝：雨伞、皮靴和草帽

小时候就听过父亲几次感叹，他说，土改时候，县城里有个穷人，山东逃荒过来的，谁也不知道他姓啥叫啥，一条裤子露了屁股还在穿，大家就叫他光腚水，他每天从井里打上水，挑到各家去挣钱糊口。土改工作队的干部认定他一无所有，就推选他当农会主席，给他穿上一套旧军装，跟工作队一起搞土改。

富人家里要么自家有水井，要么有佣人挑水，怎么会认识光腚水？一个批斗汉奸恶霸的大会开下来，满城富商豪绅见了光腚水，没人敢不认识他，搞不清他姓什么就叫他水主席，比拿当年的县太爷还当太爷。

水主席是个快四十岁的男人，还没有媳妇，穷得叮当响嘛。一天晚上，他被大地主十八岁的二奶叫进房间，看见地主的小姨太，光着屁股躺在炕上。顿时，没了炮火硝烟，没了枪林弹雨，只有美味的肉体，只有鲜嫩的奉献，水主席眼花缭乱心惊肉跳情不自禁稀里糊涂地就完成了一次男人的成长，想了想，又完成一次。

再然后，当晚，半夜，大地主穿上大老婆的衣裤，水主席把他护送出了县城。

再然后，你猜发生了什么？

水主席被拉出去，在县城外的乱葬岗子被枪毙了。

听说，队长跟他的战友们挖了一个土坑，很大很深，队长还在坑里挖，有人问队长你想埋几个人？队长这才爬出来。埋完光腚水，队长坐在坟头前，望着山坡上的映山红，望着望着，就哭起来，本来，我们好兄弟，我害了他，要是我不叫他领头儿，大水不会这个下场。

水主席遭遇意外，事发突然，大概没有更多时间细想和品味，就在匆忙混乱中结束了自己的一生。生前本来活得很粗糙，对于生的珍惜也不那么精细，说不定他死时来不及有更多的痛苦。

可是，晏大彬却是知道自己要死，非死不可，清楚自己没有几天喘气了，这种生滋活拉听凭恐怖死亡的蹂躏，睁眼就看见它守在身边，睡着了它也会追得他一身冷汗。

他和水主席年龄相仿，才45岁，正是活出人生许多好滋味的年龄。要在这最美好的时日里结束自己的一切，他的疼痛已经大过了天、大过了地。

他醒来睡去都没处躲没处藏，身心已经半死不活了，这叫他突然悟到了许多人生真谛，再三告诫亲属：一定要自立自强，靠自己的辛勤劳动赚钱。千万不要贪财，不是自己该得的，一分也不要动。远离那些给你好处的朋友，越远越好，他们害了你，但该怎么活他们还怎么活……

不到黄河心不死，不见棺材泪不落。现在他告诫亲属的话句句真诚，是拿自家性命换来的结论。他只是感叹，自己确确实实明白过来了，已经永远失去从头再来的机会。他现在非常愿意把这些话告诉他所有的亲人、朋友和同事，还有和他曾经一样执迷不知道醒悟的人。

那天好像是星期一，晚上，有人慌张跑进重庆南岸区铜元局派出所，说他家四楼，正在装修客厅，突然五楼流下水来，泡汤了客厅，找不到那户业主，保安又不敢私闯民宅，有困难不是找警察嘛，请求警察帮帮忙！

值班的何副所长觉得此事非同小可，就带上一名同事赶去察看天降自来水的客厅，果然像来人说的，流水凶猛。尽管紧急，警察也不能轻易破门私闯民宅，只好上到五楼，商量隔壁邻居，让小区的物业人员取道他家的阳台，再从阳台进入那户跑水的人家，打开房门。一干人马一涌而入，果然看见空房子里厨房爆裂了水管，水正在喷涌奔流。物业人员忙着关闭入户水管的阀门，开始修理爆裂水管。

这是一户新居，还没有装修，当然也没有住人。

何所长看见厨房成了养鱼池，显然这水已经跑漏好长时间，再看看四周，发现卫生间也进了水，可是卫生间里好像还有东西。过去细看，是七八个装矿泉水的纸板箱子，这还得了！他马上叫人把这些纸箱子搬到没有水的房间。他发现纸箱子都被胶带缠得很结实，不是一般的沉，里面装的东西肯定不是矿泉水，好像很实成的东西，说不定就是怕水的东西。他看到放在底下的箱子已经被水泡破了箱角，里面的东西也露出了鲜艳的颜色，用手扒开看一看，怎么觉得那露出来的颜色花纹那么熟悉呢？几乎天天都能见得到。

能不熟悉吗？那是百元大钞的颜色和图案嘛。

第 2 章 死到临头终于明白了许多

但是可能吗？这是一处普通的没有装修的房屋，居然有人胆敢放进这么多钱？还是看看吧，逐箱打开查看，八只箱子，个个装得满满实实，少说也得有几百万元吧！何副所长再也不敢动手，要求所有在场人员谁也不准离开，然后马上将意外报告给南岸区公安分局值班领导。分局连夜派出经侦支队民警，协同当地银行有关人员，共同赶到案发现场。经过多人反复查点，八箱内现款共计 939 万元。

第二天警方以经济案件立案，经过小区物业查出藏钱房子的房主，面对传讯，他却说，我哪来的钱买房子嘛，房子是我姐姐买的嘛！秘密调查他姐姐，很快查到她丈夫是何许人。

她丈夫就是出门三件宝——雨伞、皮靴和草帽的局长晏大彬。

初见晏大彬，是在大桥工地，他正带人捡螺丝钉，拾旧钢管……工人说："晏局长出门三件宝：雨伞、皮靴和草帽，刮风下雨都来大桥，都习惯了，有时还和我们挤在一起睡竹板床呢！"有人去他家住过，在顶楼七楼，下雨屋漏。他84岁的老父亲拿盆盆钵钵接，怨气很大："他只晓得朝大桥跑，不管家里，搬了两次家，还是出租房。局里早分房了，大家都搬了，住得亮亮堂堂的，我到死未必住得上新房啊……"再见晏大彬，是在他的办公室，电话接个不停，来人说事不断，他抽空说："去年腊月搬了新房，我是农民的儿子，吃苦算什么？我和爱祖书记在北京跑大桥工程时，一忙忙到半夜，一等等几个钟头，一走走得脚都肿了，起泡了……"他哈哈一笑，很豪爽。

实话实说，我没有见到过这位晏局长，上面那些文字是我从《报告文学》杂志上《渝东第一桥》里复制下来的。

其实，这段文字里讲到的晏大彬，蛮生动形象的，我倒是很喜欢这种人，我也不相信这是作者编造出来的。不是说一个人一旦犯了罪，他从前也就没干过一点好事。没干过一点好事怎么现在才出事？晏大彬在公众面前的社会角色，一向演绎得很成功，他就是常常本分地出现在我们面前。要说他是伪装的也未必，一个人又不是克格勃经过专业训练，怎么可能天长日久装得像模像样？那不过是他从前的本色罢了，如果他所在的县城没有翻天覆地的变化，没有从天而降几十个亿，他也许就会这样优秀到退休。

总不能因为他现在的腐败，就一定要说他以前也不能不腐败。

巫山县熟悉晏大彬的官员都知道，要想请他出来去饭店吃顿饭喝个酒，潇洒潇洒，那简直难于上青天。

赞扬晏大彬的文字也并非只有这一段，有一篇署名文章说道：

    预防工作中，又推出了工程合同与廉政合同双签制度，由检察机关和县有关部门负责监督两个合同的执行的新办法。2001年11月12日，县领导（县政府副县长李军、县政协副主席谭远东）作为业主方的监督单位，县检察院作为合同双方的法律法纪监督单位，代表业主的县交通局局长晏大彬与施工单位法人都分别在廉政合同上庄严地签上了自己的名字。由于对工程的招投标及工程合同、廉政合同及监理合同的执行情况实行了全过程的"旁站式"监督，杜绝和防范了工程的违法分包、转包和施工中其他违法犯罪现象的发生。

能吃苦能干事没有架子的官员，未必就一定能经得起重金的诱惑，未必能面对贿赂不动心，有时候那些吃过大苦的人知道没钱受苦的滋味，反而可能更看重金钱，更喜欢金钱。

就是这位本色的晏大彬局长，演绎了一场远比魔术师更震惊世人的无中生有。

晏局长被抓三件宝：人民币、欧元和美钞

两天之后，调查人员从会场上带走晏大彬，随即搜身，从他的手提包里搜出人民币3万多元，还有美元、欧元。看来，这位局长出门不是只带雨伞、皮靴和草帽，也带人民币、欧元和美钞。可是，调查人员也有些奇怪，咱们巫山是贫困县，县城欠发达，还用随身带着3万多元吗？怎么花呀？至于美元、欧元，县城里有几个人见过？你花出来也没人敢收啊！你为什么要带这么多钱呢？

当天下午，又在重庆主城渝北区找到晏大彬的妻子，南岸区公安分局

第 2 章 死到临头终于明白了许多

经侦支队以涉嫌掩饰隐瞒犯罪所得罪,当场拘留了她。紧接着,又在他们另外两处住所里分别搜查到人民币47万元、159.95万元。

听说晏大彬被逮捕了,认识他的人还以为是误传,或者是搞错了,因为平日里他们看到的晏大彬不喜欢交际应酬,除去专心工作,没有不良嗜好。

此案侦查终结后,经检察机关提起公诉,法院认定,晏大彬担任巫山县交通局局长,同时兼任巫山县长江公路大桥建设领导小组成员兼建设办公室主任期间,利用职务之便,为他人牟取利益,多次收受建筑承包商等人的贿赂款折合人民币2226万元。

曾有建筑老板用两个装有150万元现款的麻袋,在路边向晏大彬行贿。

真相大白,调查人员才明白晏大彬为什么要随身带着3万多元,还带美元、欧元,因为晏大彬放下白天的雨伞、皮靴和草帽,夜晚常常去重庆市区,会有建筑商给他在酒店里开房,他要在那里享受地下人生,像帝王一样挥霍,像帝王一样享受建筑商们的尊崇。

重庆市第二中级人民法院一审以受贿罪判处被告人晏大彬死刑,剥夺政治权利终身,并处没收个人全部财产,受贿所得赃款予以追缴,上缴国库。

晏大彬不想死,提起上诉。重庆市高级人民法院终审驳回上诉,维持原判,最高人民法院随后核准了对晏大彬的死刑判决。

2010年1月,重庆市第二中级人民法院依法对晏大彬执行死刑。

工作晏大彬没少干,确实很刻苦,如果让他继续在艰苦的环境中干下去,他还会做出更大的贡献;如果永远在艰苦的环境中干下去,他就一直会是优秀的公务员。他就像当年李闯王进北京一样,生于忧患,死于安乐。

当年的李自成,在过短的时期之内获得了过大的成功,这使李自成如牛金星、刘宗敏之流,都沉浸到过分的陶醉里去了。进了北京以后,李自成便进了皇宫。丞相牛金星所忙的是筹备登极大典,招揽门生,开科选举。将军刘宗敏所忙的是搜括钱财,严刑杀人。纷纷然,昏昏然,大家都像天下已经太平无事了一样。近在肘腋的关外大敌,他们似乎全不在意。

当年为了教育干部进城建立工农政权、防止腐败堕落,毛泽东号召全

党学习郭沫若的《甲申三百年祭》，搞了全党的整风和培训，做好执政思想的充分准备，加上行之有效的政治思想工作，严格的组织纪律做保障，"全心全意地为人民服务，一刻也不脱离群众；一切从人民的利益出发，而不是从个人或小集团的利益出发；向人民负责和向党的领导机关负责的一致性，这些就是我们的出发点。"虽然干部大军像李自成一样开进全国的城市，却没有像李自成一样腐败，只不过出了个把的张子善、刘青山，刚露出腐败苗头就被斩草除根。

晏大彬也不过是农民出身，他像农民一样有勤劳本色，像农民一样去干他分内的工作，如果就此下去，他一生总还能为人民做出不少贡献。

不是说农民就要堕落。中国没有了广大的农民，国家一天也不能生存，我们一天也不能自由呼吸。当年，穷苦农民跟着毛泽东闹革命，他们纷纷成长为革命战士、战斗英雄、共和国优秀的将军和元帅。成长是要有过程的，没有过程的成长是可怕的，没有思想的成长是灾难的，自私自利的成长是毁灭的。

平地一声春雷响，一个小小的科级公务员跑步上岗，做梦一样就成为建设高速公路的总指挥，一下子几十个亿全归他掌控，一夜之间给了他那么多权势威风荣耀，出门再也不用风里来雨里去，屁股底下有坐骑，前面有人招呼，后面有人簇拥，夜夜宾馆里有商人、包工头奉迎他做皇帝换新娘，他很快体会到雨伞、皮靴和草帽，不如人民币、欧元和美钞安逸有用。他比当年李自成进北京神气多了，威武多了，他又没有参加当年的整风培训，突然被委以重任，突然就皇帝了，面对纸醉金迷，他没有久经考验的心理素质，没有百折不挠的道德情操，没有处于高位的思维方法，也没有人耳提面命地关照他，虽然也有上级考核上级检查，也不过是形式主义而已，不然为什么他已经搞到手的两千多万元还什么问题都没发现呢？

晏大彬不过像阿里巴巴一样，喊了几声芝麻开门，就见到眼前全是金钱美女，取之不尽用之不竭，他哪里还有招架之力？心里的私欲恶念就像崩玉米花一样轰然一声膨胀得不可收拾，他能不被自己的贪欲撑死吗？

他本来是农家的粗陶罐，风里来雨里去，装得水盛得饭，然而没有重新加工打造过，就拿他做上层建筑里的栋梁之材，结果搞得他粉身又碎骨。

第 3 章

牛皮吹大了吹出来
两个无期徒刑

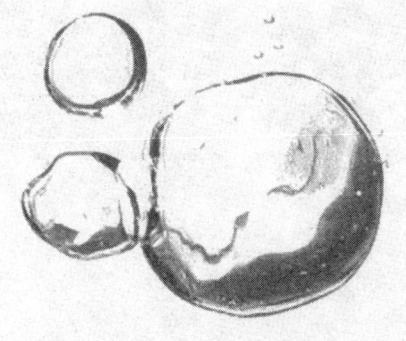

第 3 章 牛皮吹大了吹出来两个无期徒刑

呼风唤雨惊动了隔墙有耳

老爹已经卧床好长时间,知道不久于人世,可是,儿子不懂事,十七八了油瓶倒了也不扶,他不放心,后悔平日里放任他妈妈对他的娇惯,现在,想从头教他已经晚了,自己说不定今天明天就要离家上路。他就想该怎么办。

他把儿子叫到床前,说,你去外面每天给我挣回一块钱来,挣不回来你就别吃饭。儿子一笑扭头走了,去网吧打了一天网游,晚上回家交出一块钱。老头爬起来,把一块钱给他扔到火炉里烧了。儿子看着好笑。

第二天晚上又交回来一块钱,还是被老爹给烧了。

连着烧了几天,妈妈偷偷跟儿子说,孩子,我明白了,你爹是怕你将来饿死,这回,你真得想法子自己出去挣钱了。

晚上,儿子回来交出一块钱,老爹又要扔进火炉里,儿子疯了一样扑上去抢那一块钱,喊叫着爹爹,儿子一块钱挣得不容易,你别给我烧了!

小伙子说,你别讲这老掉牙的故事,你知道今天是什么日子?饭桌上的人七嘴八舌地回答他,吃饭的日子,恋爱的日子,反正不是我和你入洞房的日子……

小伙子放下筷子说,听我给你们说个段子!

领导上班哪有按时的?因为领导总有外事活动嘛。我们领导今天来到班上,发现还有比他晚的,怎么搞的?各屋一看,全都迟到!领导喊金秘书过来问怎么搞的?金秘书马上给领导递个笑脸,这不是跟国际接轨嘛。领导眼珠子差点儿没掉地下,什么国际接轨上班不到岗?这个月奖金别拿了!金秘书说今天是世界睡眠日,主题是睡出健康来,中国第一次引进国际睡眠日。领导说有红头文件吗?秘书赶快双手捧上,领导一阅,中国睡眠研究协会,这不是民间团体吗?也不是正规国家机关。秘书说,民间团体也是国字头嘛。

别人嚷起来,你这啥狗屁段子?一点也不黄,没有一点荤腥味儿!

小伙子说,今天3月21日,是世界睡眠日,上午高速路上一起车祸,

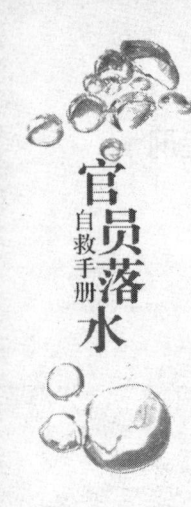

我去参加抢救，惨！鲜血遍地，胳膊腿扔在地上，沟里还有个人头，像是小孩儿的，死二十几口人，就因为大货车司机打了一个盹儿！

一桌子男女顿时僵硬了手里的筷子。

林处长不知怎么就被隔壁的话吸引了，听得也仔细起来，猜测着小伙子是干什么的。

这是一家朝鲜族饭店，包间一律不封闭，只有半人高的隔板，邻桌说的话也就听得很清楚。好在不过是几个老乡喝喝相聚酒，没有紧要事，林处长有一句没一句地应酬着。

小伙子给一个女孩子敬烟，金姐赏个脸，抽我一根，俺们也没有你那种进口的女士薄荷雪茄，为了今天讨你个笑脸，现请示没过门儿的老婆批准，拿五十块钱给你买一盒软包大中华，你咋也不能辜负老弟的心意吧？

金姐瞥他一眼，你要想讨好我，也不用给我买烟，你就一会儿跟我回家，陪着我一觉睡到大天亮，你要抽好烟，我啥没有？管你够！

小伙子一愣，很快笑了，金姐这么看得起俺，俺受宠若惊了。

金姐伸一根指头去他脑门上一点，别忘了！到时候受精的是我，不是你！

小伙子马上说，我可不敢跟你回家！我怕大姐夫剁了我，二姐夫煮了我，三姐夫啃了我。

满桌子笑声飞扬。

金姐摇摇头，有老娘护着你，哪个姐夫敢他妈动你一指头！

有几个小女子就纠缠着问那位金姐，到底这些姐夫真的假的？啥时候能不能找来咱们撮一顿，让咱们也开开眼界。

金姐笑而不答，人们越发追得急，有人就说得了吧，金姐这是信心不足，很怕我们几个美妹撬走你的二爷、三爷。

林处长不由得多看了几眼这位金姐，模样既不是超人，也不是歪瓜裂枣，中等人吧，但是年纪鲜嫩，看不出多小多大，穿着独特，耳环、项链、手镯、钻戒样样时尚；眼前桌子上白色烟盒薄薄的，不知道啥牌子，打火机倒能看出来，帕克，世界名牌，不是啥人都用得起。东北某市的三月，外面雪天冰地，冻手冻脚，她这里已经酥胸半露，白杏出墙头。

三说两说，金姐啪地一拍桌子，我不给你们亮亮底儿，你们这帮玩意

第 3 章 牛皮吹大了吹出来两个无期徒刑

儿也不知道姑奶奶为啥过得这么水灵!

见她撸胳膊挽袖子列起开讲的架势,小伙子马上给她点上一支烟。她狠狠吸了一口吞下肚去,忽然把脑袋伸向桌子中间,知道你们的大姐夫是谁?那些人也都把脑袋凑过去,听她说完了是谁,一个个抬起头来,你看我我看你,像是被搞传销的忽悠得迷糊了,三心二意,不知道该不该相信她说的。

金姐根本不在乎他们一脸的酸辣味,拿起手机来就按常用键,接通了头一句就问,方便吗?大姐没在跟前吧?然后又说没啥事儿,心想你了,给你一个嘴儿!来瘾了,明天晚上我得用用你啊!

林处长看见她身边的男女一个个顿时规规矩矩,像是仰望了国际巨星,崇拜得五体投地。他们好久才醒过腔来,金姐真厉害!金姐真是咱们市"第一奶!"对!"第一奶!"

林处长差点没笑出声来,啥叫咱们市"第一奶"呢?咋个意思?

小伙子小声凑近金姐,求求你金姐,能不能跟咱们"第一哥"打个招呼,帮我把表妹调进市里,她在农村代课教员,工资都开不出来。你办成了要多少?小伙子拈着拇指和食指,表示数钱。

不要钱,只要你侍候姑奶奶得劲儿了,我倒找你钱!多大个事儿呀?不就一句话嘛!

金姐说着又拨打手机,朴秘书长吗?我小金。书记叫我告诉你,有件事儿你得找教育局给他办了,他有个亲戚在农村代课……

饭店里忽然就静下来,不但他们那桌没了动静,好像许多人都听见了她的话。林处长吓了一跳,大气不敢喘,这位金姐是何方神圣呢?说她是全市"第一奶",难道她说的书记就是……林处长不敢往下想,怎么可能呢!

那几个人听了她的电话,这个求她能不能把自己调进联通、移动或是中石油、电力的;那个要她给孩子办进政府幼儿园;还有的小女子干脆抱住她的胳膊,金姐心疼心疼我们吧!这样的姐夫还有没有多余的,你稀罕够了的,给我们介绍一个,叫他包养我当二奶、三奶都行,年岁大些也没关系,只要有钱或是有权……

有情人终成特定关系人

他们的宴会胜利结束,林处长也跟在这些人屁股后面出了饭店,看着金姐钻进奥迪 A6,记下了她的车牌号。他想,人之常情,如果他和市委书记真有那种关系,她就不会到处乱讲;如果她没有那种关系,她才会随便乱讲。他还感觉这个金姐没什么文化,明显一个老江湖。

第二天,林处长一上班就给市委书记的秘书打电话,预约汇报重要事项。书记听他讲了昨晚发生的情况,马上指示秘书,这事不要张扬,不要打电话,要亲自去一趟公安局,要他们尽快查清真相,算是代我报案吧。

市公安局治安大队接到秘书报案,马上调查,根据林处长提供的车牌号,很快查到车主,民警大吃一惊,金伶俐,现年 28 岁,因屡犯诈骗罪被判过几年刑,去年刑满释放。再一查,这小女子还是个大富豪。她住在高档社区的豪华住宅里,面对民警的传讯,金伶俐坦率承认,我不认识市委书记,我讲的那些事儿,全是我瞎编的故事。

警方对金伶俐行政拘留十天,罚款五百元,金伶俐交钱时嬉皮笑脸地问道,五百元够不够?

处理结果已经汇报给市委书记的秘书,领导也称赞处理得很及时、很到位,按理说这案子已经了结。可是,办案的民警们偏偏多事,啥事儿偏偏喜欢刨根问底。

办案民警觉得有些问题他们回答不了:为啥一名刑满释放人员,没有工作,不炒股,不是文化名流,又不搞中介,不过出生在偏僻的农村,父母都是老实巴交的庄稼人,她怎么会有三套豪宅、两座车库、六辆高档轿车?

公安局领导决定,进一步审查金伶俐。

金伶俐交代,不到一年,市委副秘书长老朴,前后给过她 180 万元。

办案人员简直不相信,局长也说这事可得查实了。

他为啥给你这么多钱?

金伶俐淡然一笑,他不是喜欢我嘛!

还是在三月份,金伶俐从号码簿上查到一个号码。

第 3 章 牛皮吹大了吹出来两个无期徒刑

"秘书长您好！您还记得朴美子吧？"

老朴立时回到了农技学校，美子是他的老同学。

"当然记得。你是谁？"

"我是金伶俐，美子的死党。"

"死党？美子现在在韩国啊。"

"对呀对呀，我就是去韩国考察，刚回来的。美子说她很想念你，还叫我给你带了礼物回来。"

本来说到韩国他就有些想入非非，再说到韩国的礼物，似乎那就是一个载体，能够扩展出更多的故事。而且，她的声音一听就很有姿色，抓的心里痒痒的难忍难挨。好在临近下班，老朴用敏捷的反应当即断然决定：

"金小姐要是有时间的话，请接受我冒昧的邀请，今晚我们在，国际饭店吧，档次高点的嘛，五星级，刚刚开业，我们在那里一聚，在下给金小姐接风。过会儿订妥了房间，我再打电话通知你，我们不见不散！"

"好，不见面不算完！"

见了面，互相都觉得有戏，酒逢知己千杯少，话说投机没完了。

"金小姐从哪里搞到我的手机号？不可能是美子告诉你的吧？我们多年没来往……"

他就看见金伶俐脸色一红，没想到他的问话烫着了她，他越发好奇，忍不住追问下去：

"金小姐还跟我见外呢，说说嘛，怎么找到我的号码的？"

金伶俐低了头，话说得他刚刚能听见：

"书记告诉人家的嘛……"

看她羞臊扭捏，老朴越发不明白是哪位书记告诉她的，干吗让她这样为难？

看到她平静了，他才格外缓和语气问道：

"不好意思，金小姐刚才说到书记，他认识我吗？"

这回，金伶俐惊讶大了：

"咋不认识呢？市委一把手咋能不认识你呢？"

老朴现在多少也有点儿像当年的刘备，听曹操讲到现如今谁能坐天下，讲到他时，很担心露了韬晦之计，那就有血光之灾，所以吓掉了手里

的汤匙。老朴这时吓掉了汤匙,倒不是因为金小姐很像曹操,而是他想不到面前这个不过是二十七八岁的女孩子,居然跟掌管他升迁命运的长官那么熟?她说到书记像是说起她的家人一样,怎么回事?

"金小姐跟书记……"他一时不好称呼了,"很熟是吧?"

金伶俐瞥给他一个媚眼,扑哧一笑:

"老夫老妻了!"

接着,金伶俐又说,市里从书记到州长,到各局、办,大大小小的官员,她不熟悉、不是朋友的,没几个。

老朴差点没噎死!面前这位美女真的是书记的情人?到了这时候,他越看小金越有气质,一身大家闺秀,那脸蛋儿白里透红,那眼睛动起来直电人,那胳膊肩膀白得比玉白,看着她心里就蠢蠢欲动,难怪了书记会喜欢上她,哪个男人见了她能忍住馋?

老朴狠下心,今晚就把书记的情人给办了,要尝尝她的滋味。

老朴只想到着急把她搞上床,哪里知道金伶俐比他还着急,所以两个人眉来眼去,底牌亮得一清二楚,就等着高潮了。老朴本来是爱酒如命,哪次不喝个上吐下泻都不叫喝好,今晚,忍不住免了吧,牵起金小姐的纤纤细手直奔房间,洗浴、上床、九九八十一。

从此,他认为拉住领导情妇这根纽带,自己就有机会高升;万一出事,领导为了自保也得保护他。他以为自己进了安全岛。

我们的眼睛离我们太近,常常看不清我们自己,一天到晚忙着发号施令,忙着管人管事,忘记或者不愿意找时间安宁下来,审视我们的内心,反省自己,检讨自己。其实,我们往往缺少的不是金钱住房,不是靓车美女,而是缺少精神上的追求,缺少道德修养,完善心灵。在我们全力专注于外部物质世界时,全力追求跟富豪们一样生活时,我们就已经失去了把握机遇的能力、判断安危存亡的理智,节制欲望的意志,就像枯树衰草一样耗尽了生命力。

毛泽东一双拖鞋、周总理两双皮鞋穿了二十年

老朴再也舍不得金伶俐,一是他认为他在偷偷分享书记的艳情,二是

第 3 章 牛皮吹大了吹出来两个无期徒刑

他遇到了救星,希望金伶俐能够在书记面前美言,给自己创造机会官升一级。金伶俐答应给他帮忙,所以需要很多钱上下打点,老朴只是为了给她打点钱花,不到一年三番五次就给了她 180 万元,至于另外包养她的钱,又没记账,一时也说不清了,那都不是钱,那是感情、爱情的结晶物。

金伶俐比老朴晚来这个世界 19 年,这个 19 年成了老朴的一块心病,生怕小金嫌弃自己老。人只能越来越老,说是今年十九明年十八,那是炒卖假冒伪劣化妆品的人忽悠你。老资格老资历当官是好条件,泡二奶却成了包袱,此事古难全。

老朴人老就比较智慧,既要看到困难的挑战性,又要看到发展的机遇性。现代都市的爱情不再古老,经不起时间的锈蚀,经不起空间的稀释。所以其一,要上下一条心,左右齐努力,变被动为主动,采取极为有力的措施,抓紧一切可以利用的时机,节假日、生日、做梦、想念、摔个跟头都是约会理由,频频出双入对,送她钻戒首饰、名表项链、高档服装、进口水果、法国矿泉水,凡是能够想到的、买到的好东西,都要送给她,爱就是奉献,爱就是付出,夯实基础,巩固感情。

除此之外,腿短可以穿增高鞋,秃头可以戴帽子,人靠衣裳马靠鞍,骡子卖个马价钱。所以其二,每年至少要两次出使韩国,寻找时尚高档行头装备自己,每次凯旋归来,改改头换换面,衣冠楚楚新,风度翩翩起。到他犯案被搜查时,办案人员告诉我,从他家里搜出来他还未曾穿用的西服 53 套、皮鞋 305 双。

本来应该为人民服务,为人民掌权的,现在却一心一意想为情妇谋利,利用人民的财富打造自身引诱情妇的形象,已经堕落到这种地步,你不下地狱谁下地狱?脚上的泡都是自己跑出来的,自作自受。

《毛泽东遗物的故事》在全国产生强烈反响,其中一段故事说:

1966 年 6 月的一天,长沙街头一家修鞋铺内,有位顾客送来了一双皮拖鞋要求修理。接过鞋子一看,修鞋师傅愣住了:"这么破的鞋,怎么补?买双新的吧。"修鞋师傅把鞋扔到了一边。送鞋来的顾客却反复恳求。

修鞋的人说,这是我爷爷最喜欢穿的一双鞋子,请您补一下。修鞋的人说着,还拿出香烟一人发了一根,一面抽一面和他们聊天,聊了一下,

感动了他们,就把这双皮鞋补好了。

同样的一幕,发生在三年后的武汉,不过这回,这双鞋的运气没有上次那么好。武汉的鞋匠死活也不肯再补它。

这双鞋的主人,就是中国人民的领袖——毛泽东。

周恩来总理的卫士高振普说,总理一生艰苦俭朴,连自己的皮鞋也要由下级提醒他,该是时候更换了,二十年来,只换过两双皮鞋。

如今时代进步了,中国富有了,一位市委的副秘书长没穿过的皮鞋就有三百多双,够我们的周总理穿多少年?三千年啊。

可怜的老朴,哪里知道自己的价值?等到他有了许多时间,白天黑夜都可以认真思索这一问题的时候,他才明白过来,金伶俐为什么爱自己。

但是,还有问题,就凭老朴那180万元,金伶俐怎么能够置办那么多家产?这你就不知道了,还有那么多局长啊、处长啊、主任啊,反正这里当官儿的傻,钱多,还不吝啬,尤其喜欢给女人钱,金伶俐从他们手里拿到很多钱,因为他们都相信她是市委书记的情人。

调查证实,金伶俐诈骗作案17次,骗取老朴等官员财物共计人民币787.97万元,用赃款购买了三套房屋、两座车库、六辆轿车,其余款项用于房屋装修、个人挥霍。案发后,警方追缴赃款赃物550多万元。

法院以诈骗罪判处金伶俐无期徒刑,剥夺政治权利终身,并没收个人全部财产。

调查证实,老朴在担任国土资源局局长期间,利用职务便利,贪污公款330万元,非法收受他人贿赂680万元,有1000万元巨额财产不能说明合法来源;贪图女色,腐化堕落,多次接受房地产开发商为其提供的性贿赂。

法院鉴于老朴归案后主动坦白自首,具有认罪与悔罪表现,积极检举揭发提供犯罪线索,具有立功表现,且赃款已基本追回,依法可以从轻处罚,故以贪污、受贿、巨额财产来源不明罪,判处老朴无期徒刑,剥夺政治权利终身,没收个人全部财产。

像老朴这种人,栽跟头不过是早晚的事情,他贪财,到处伸手索贿;

第 3 章 牛皮吹大了吹出来两个无期徒刑

他好色，见到年轻女人就想上床，纯属道德低下，心理不健康，难以自我把控，谁都能把他拉下水，你不拉他他还想下水呢。没人同情他的倒台，倒是觉得他罪有应得。他所以走到今天，一定与他年轻时疏忽自我修养分不开，他已经扭曲了人生观，早已经徘徊在犯罪的边缘。好在关键时候，他终于明白过来，坦白自首争取主动，保住了自家性命。

老朴这种人现在也不少见，属于犯罪意识比较强的人，如果进了公务员队伍，注定不会有好下场。老朴就应该去种地、去打工，或者搞技术、开公司，总之只要不做公务员，远离权力部门，自然会安全许多。不是任何人都适宜做公务员的。

好在老朴还有一条命，如果在监狱里能够重新认识自己、把握自己，即使不再做公务员，也还有享受人生的好机会，这也是值得庆幸的事情。

就在宣判老朴的那天晚上，也许是在那前后吧，一时我也记不清是哪个派出所又出事了。

临下班时，哆哆嗦嗦走进门来一位老太婆，浑身贫寒潦倒，手里拎着一个方便袋，肯定刚从垃圾箱里捡出来的。这不是要饭走错了地方吗？但又一想有困难不是找警察吗？年轻警察赶紧从口袋里摸出两块钢镚儿来，站起来等着她。

没想到老太婆把方便袋放到他桌子上，也不说话，哆嗦着手好不容易从袋子里掏出一捆东西，吓得警察一屁股坐下去。

那是一捆人民币，一百元的，看样子应该是一万块。

老太婆跟着就说是在哪儿，啥时候，怎么捡到的，还说丢钱的主儿肯定着急上火，求求警察赶快找到他。

看着警察记完了自己说的话，老太婆手在衣服上擦来擦去，扭捏得像个孩子，警察想也许老人家要我表扬她，要不就是还得拿个回扣吧？不过，这事将来找到失主我倒是可以提一提，大娘这么大年纪不容易，他应该表示表示，要是遇到了抠门儿的家伙……

老太婆说警察同志，能不能借一块钱，我还。

警察腾地跳起来，你要说借十块二十块，他倒觉得正常，干吗要借一块钱呢？你想干啥？

官员落水 自救手册

老太婆半天小声说,早晨,没吃饭,借一块钱,买两个馒头吃。

早晨没吃饭,现在都到晚上下班时间了,这不是一天没吃饭吗?

警察冲出派出所,拎回来一袋子又大又白的馒头,放到老太婆手里,他再也不敢多看一眼她满脸的岁月风雨。

想想这样的老人,我们还有什么不满足的?

第 4 章
裸死 有十八个理由可以避免

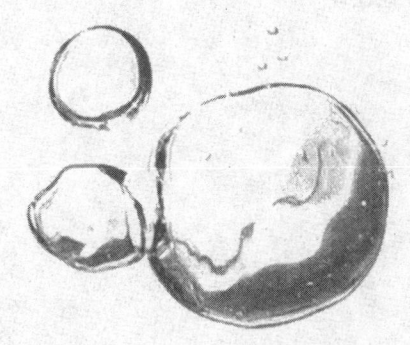

第 4 章 裸死　有十八个理由可以避免

裸死的具体情境儿童不宜

人生最大的事情当然是生命为第一，因为我们只有活着才可能发生千千万万的故事。为了父母，为了妻儿子女，为了亲戚朋友，为了你的工作你的事业，为了冬暖夏凉，为了酸甜苦辣，为了所有的日日夜夜，你都应该珍惜自己的生命，不能因为无知，贪图一时的痛快，葬送自己唯一的性命。

市局刑侦大队接到报案说发现两具裸尸，一男一女。已经深夜两点，侦查员和技术侦查人员飞速赶到案发地。

郊外的树林深处，一辆崭新的轿车，强光手电照穿车窗玻璃，可以看见女人皮肤闪烁出曾经有过的美好；再往下照，还能看见男人皮肤的粗野。

戴着手套的手刚刚拉开车门，立刻有野蛮的味道夺门而出，像是来自厨房又像是来自厕所。侦查员重新戴紧口罩，让野蛮的味道散一散，伸头过去细瞧，后排坐席上，女人坐在男人身上，那是一种成年男女极为熟悉的动作，少儿不宜。既然不能保证没有未成年人看见这里的文字，我们还是不涉黄为妥，所以我就不去细腻描写他们的生理动作，反正诸君要是明白我不说你也明白；要是不明白，我说了你也不明白。

再者说，人家已经双双仙逝，我再过多细讲他们两人曾经有过的生命激情，不是大不敬他们的在天之灵吗？

两人的名牌内衣、外衣匀完好无损，里面身份证、工作证、银行卡、健身卡、美容卡、豪华会所至尊会员金卡一应俱全。侦查员很快就查清了男人和女人的身份。

我禁不住诱惑想如实写出男人的名字，也写出女人的名字，但是编辑朋友告诉我，他们已经受害了，你干吗还要去撕碎他们的尊严呢？有道理，我们只好不去说他们是哪省哪市哪个单位，也不说他们的新车是奔驰还是宝马，因为这件事情网络上早已经像开锅一样沸腾，只要我露出一点细节，人们就会对上号。想来想去，男人我们姑且叫他曹山木，女人就叫

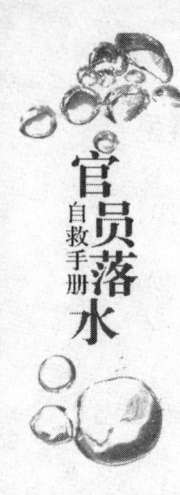

她花子美吧。

本来嘛,裸男裸女不幸于郊外,你大肆张扬有啥意思?你不是心里有些阴暗吗?

其实,不是我把事情闹大了,也许是双方家属难以承受这样的事实,三番五次非要公安局抓捕凶手,还死者一个清白。哪知他们闹得正凶时,又传出来车厢里搜查到购买新房的交款收据340万元,引起社会各界关注,人们纷纷要求查清裸死真相,他们身为公务员,哪来的340万元现款购房?一时间,电视、报纸、广播、网络等都呼吁要求坚持查清真相。这种情况下,双方家属又表示为了死者的尊严,不准解剖尸体,也不再坚持追究凶手,但都坚持那辆新车属于自家,可是,谁也拿不出购车手续。

就在这时,又发现购房的同一天,花子美的银行卡里转入150万元。

公众越发愤怒,通过各种方式呼吁查清裸死的真相,公安局承受了巨大压力。如果当事人还活着,事情就简单多了,调查一下不就有真相了嘛!可是,刑事诉讼法第15条规定,犯罪嫌疑人、被告人死亡的,免予追究刑事责任。公安局如何立案?不立案公安局不能调查,如何向公众说明真相?

后来就有人出来说,如果那两个人有问题也不是刑事犯罪,而是职务犯罪,已经不属于刑侦大队管辖,理所当然应该将案子移交给检察院。

司法界也有专家出来呼吁,认为对裸死不立案就是放弃追究国有资产。这位专家写了很有影响力的一篇文章,他说:

犯罪人一旦死亡,当然法律就无法再判处他徒刑和剥夺政治权利,但是犯罪主体所窃取的经济利益并没有因此而消失,犯罪给国家、社会和受害者造成的伤害和损失依然存在,刑诉法仅仅因为他们死亡就免予追究他们的全部刑事责任,显然立法不当,无疑是对犯罪分子的放纵,帮助他们逃避法律制裁,严重损害了公众和国家的利益。

公安部原副部长李纪周、原部长助理郑少东涉案之初都企图自杀了事,而重庆市高级人民法院法官进修学院原院长、重庆市高级人民法院执行局原局长乌小青成功地在监狱里吊死自己,他

第 4 章 | 裸死　有十八个理由可以避免

们都是明法之士，深知我们法律的软肋，明白最后如何转败为胜。我们一而再、再而三地看到过这样的恶剧，贪污受贿巨款的某某官员，案发之时或是受审之初，还没有接触到他的犯罪所得时，他就壮烈自杀，于是撤销对他的立案，他的成千上万赃款就成了他的家属、二奶和小三们地下的幸福。

香港廉政公署三十多年追讨贪官韩森，即使他客死异乡仍不罢手，最后通过法律程序将他占有的过亿资产成功归还香港政府，确实值得我们效仿。

文中说到的韩森案，是香港廉政公署查办特别成功的大案，值得我们说一说。

韩森在香港皇家警队服务 31 年，最后升为总华探长，他买房置地，物业遍布香港繁华区域，虽然所购物业多不胜数，一律用妻子和母亲的名义买进，都是现金交易，几乎不用担保贷款。韩森还做了信托声明，称物业是用子女的钱购买，由长辈代为看管。韩森持有 124 万港元的商业投资，家有众多名车、名表、珠宝，还有 70 万港元存款。韩森的全部薪水收入不过 19 万多港元，但他 1971 年退休时资产已超过 415 万元。

韩森知道香港廉政公署调查他，先是移民加拿大，随后潜逃台湾，廉政公署 35 年如一日追捕他。

1976 年 6 月 22 日，香港廉署向加拿大警方发出要求引渡文件，韩森在温哥华的豪宅中被逮捕。监禁不过五天，韩森以 25 万加元获得保释，让香港廉署庆幸的是，法官收走了韩森的三本护照。

1977 年 3 月 2 日，引渡聆讯时，香港廉署援引《防止贿赂条例》第十条，指韩森财产与担任公职的收入不符，要求将其从加拿大引渡回港。韩森的律师指出，港府对韩的指控未能引用加拿大 1970 年修订的《逃犯法例》。加拿大联邦法院最终判决韩森上诉获胜，韩森被释放，三本护照也归还本人。

1978 年 1 月 24 日，加拿大联邦上诉法院根据香港廉署请求，再次下令拘捕韩森，重新开始有关引渡的聆讯，但是，狡猾的韩森早已料到这一步，已经提前偷逃台湾。

香港和台湾之间没有引渡司法协议,香港廉署对于潜逃台湾的韩森根本无可奈何。

当年参与韩森案调查的廉署执行处前副处长徐家杰表示,廉署当时只是一个新机构,经济资源和调查人员不多,负责反贪案件的举报、调查等任务的执行处人员更是少得可怜,一组人员同时调查几宗大案,通宵达旦地工作是经常的事。韩森出逃,令调查工作困难重重,"当时手上有很多资料,却找不到人,我们的挫折感很大。我们以为他会回港探亲,但后来他去了加拿大,我们没法引渡,最后他弃保潜逃去了台湾。香港廉署对他虽无办法,但是从不放弃追击。"

韩森终于客死台湾。香港廉署无法刑事起诉一个死人,就改为通过民事诉讼方式,向韩森的遗产受益人展开追讨。

2000年,香港律政司提起诉讼,申请将涉案物业冻结并充公,向韩森遗属追讨涉嫌贪污的全部资产。韩森家属根据香港《时效条例》据理力争,指出"涉及合约、侵权行为或清算账项的诉讼,不可于诉讼因由产生的六年后提出",指出香港政府早在1976年前已经知悉韩森涉嫌贪污,却迟至2000年3月才起诉追索贪赃,显然超过法定时限。

法官认定,韩森作为政府雇员,对其雇主拥有"受托责任","在韩森收取贿赂之时,政府便已即刻成为信托的受益人,其受贿得来的财产从未属于过韩森,而是应该属于香港政府"。

法官认定律政司并非基于韩森受贿行为提出诉讼,而是根据《信托法》,向韩森取回他应向政府交付的信托收益。并且,根据《时效条例》规定,如"关乎任何欺诈或欺诈性违反信托,而受托人乃其中一方或参与者",涉及信托财产的诉讼不受起诉时间限制,故法院裁决律政司的起诉并不受时间约束。

香港廉政公署几代人,经过35年的不懈努力,终于成功追讨回已故贪官韩森的资产。但是,香港廉政公署没有满足于赃款的"如数"追缴,根据香港资产升值等因素计算,他们为政府收归的资产,已经相当于韩森当年贪污数额的35倍。

第 4 章 裸死 有十八个理由可以避免

只要方法得当裸死可以避免

说完人家香港廉政公署对韩森虽死也要追讨的不舍不弃，还得回到我们的难题上，鉴于裸死影响重大，舆论沸腾，甚至有网友在网上发起人肉搜索裸死官员的后台，市里有关领导责成检察院先调查清楚真相，尽快给公众一个交代，然后再说怎么办。

办案人员很快查明，购买房款收据上的日期是几天前，交款 340 万元用于购房一套，交款人是曹山木，下面另有一条备注：房主必须登记为花子美。同一天，花子美的银行卡里转入 150 万元，经查汇款人名字是曹山木。而曹并非公司老板、房地产大鳄，不过是一位在政府机关上班的官员，他一下子哪来的那么多钱呢？显然涉嫌职务犯罪。

警察朋友有一天高兴了，告诉我，我就是讲几句对这起案子的猜测也不犯说道，因为我们已经退出该案。

他说，其实，那个男人跟那个女人之间，早已是秘密公开得没有人愿意谈论了，只有双方的家人还都蒙在鼓里听不见风看不见雨。据说前一阵子两人闹得不可开交，好像跟女人要送儿子去美国念初中有关系，人们猜测一定是男人赞助力度不够吧。现在，男人给女人买了一套房子，现金又给了 150 万元，女人发现这个男人还是真爱自己的，或者是重新发现这个男人还真值得爱吧，所以爱心大发，来了个痛快。

你这个猜测是不是太小人了？

朋友说我们在车厢里还找到一粒伟哥的包装袋，当然是被撕开的，这也足以证明双方情绪高涨，要痛快大干一场。

你也是饱汉不知饿汉饥，现在房价贵得赶上"杀人"了，一个女人又想要房又想送儿子出国，容易吗？你叫她怎么弄钱？她不是没有出去抢劫吗？朋友听我不讲理，只好抽烟。

反贪局的侦查人员找到男方家里，询问他老婆，有没有买过一套新房？男人的老婆奇怪地瞪了他们一眼，我家里有房子住嘛，干吗还要买新房子？新房子贵得要死！又问，你听没听说你丈夫买过房子？她连连摇头，他的工资月月上交给我，哪来的钱去买房？

调查人员只好撤退了,就在他们推开房门的时候,女人咦了一声,奇怪!你们跑来问我买房子的事,怎么前两天潘狗屎也来问买房子的事?调查人员马上问,潘狗屎是谁呀?就是那个房地产开发商啊。

调查人员马上找开发商潘狗屎,找了七八天才把他摁住,怎么问他曹山木买房子的事也不开口,问急了才说,我要等我的律师来,他不到场我屁话不说。

最后律师来了,明确表态:刑法规定,行贿人在被诉前主动交代,并有重大立功表现,不追究刑事责任。如果你们答应潘总作证人,免予起诉,他就会一五一十告诉你们实情,也同意你们做笔录;要是你们不答应免予起诉,对不起,免谈!

调查人员只好表示可以考虑,律师说那不行,你们得给我们写出保证书。调查人员笑起来,你这个律师怎么当的?能不能免予起诉是根据法律决定的,即使你的要求可以考虑,也得回去由检察委员会讨论决定,你要我们两个人现在给你写下保证书,不是要我们凌驾于法律之上吗?你不是逼我们知法犯法吗?

潘总听如此说,点头了,实话告诉你们,我也是没办法嘛,他跟我说女朋友闹着要跟他分手,他又舍不得,要我给他一套房子,正像我们的广告说的,你要是不能给她一个位置,那你就送她一套房子。

"那房子是你白给的?这么说,他没有给你交钱?"

"他白要我的房子,还交什么钱?"

调查人员拿出那张买房交款收据给他看。

"这是开给他女朋友看的嘛,他要我们把钱数写得大一点儿。"

"你是说,房子是你给的,没要钱?"

潘狗屎点点头。

"你为什么白给他房子?"

开发商刚要张嘴,他的律师马上拦住他:

"不是为了哄住他的二奶吗?"

调查人员恼火地盯住律师:

"你当过律师吗?这问题应该由你来回答吗?你是怕拿不到律师费吧?"

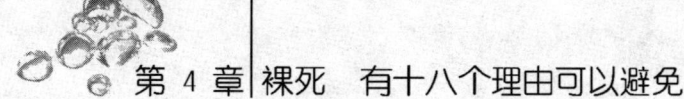

第 4 章 | 裸死　有十八个理由可以避免

潘狗屎冷笑起来：

"你们办案有啥了不起？实话告诉你，你们别以为我怕你们，你们就是起诉我，我也照样是开发商！"

"你说的我们都相信，不过，我们今天来找你，不是讨论你的钱够不够花一辈子。我们到你办公室里来传讯你，就是给你面子，你要是不想要面子，不肯配合我们的调查，那也没关系，大不了我们回去给你开一张传唤证，请你去我们检察院说清楚。如果你不想主动说清楚，不想配合，我们也不强求。"

地产大鳄潘狗屎顿时被封了口，再也不回话。后来突然一笑：

"你们到底是年轻火力壮，一句玩笑话也当真，你们想知道啥我告诉你们就是了嘛！你们问好了！"

调查人员就问他为什么送曹山木一套房子。

"我告诉你们也没什么！我又不痴呆凭啥白给他一套房子？他不是答应帮我提高容积率嘛，原来我们那块地建十二层，他帮我改成二十五层。"

"既然如此，你还给了他什么？"

看到调查人员虎视眈眈，潘狗屎低了头：

"还有一辆车，就是——"

他忽然打住，一脸的惊慌。

"就是他们死在里面的那辆新车？"

总裁再也不说话。

"你还给了他什么？就在给房子的当天？"

董事长叹口气：

"看来你们都知道了。那天，我还给了他150万元，用他的名义划给了他的女朋友。哪个像样儿的男人没有女朋友？"

律师说那个女人是二奶，因为刻薄；潘狗屎说她是女朋友，大概他也有不止一个女朋友，所以他比律师更理解此事。

1931年"九一八"事变之后，犬养毅曾出任日本首相兼外务大臣，进步党领袖，与孙中山是好朋友，一次聊天犬养毅问孙中山：

孙先生，你最喜欢的是什么？

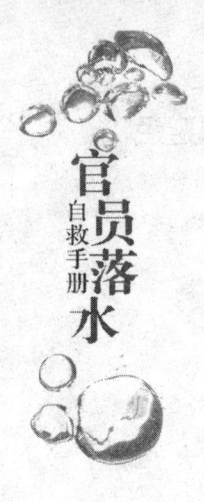

革命，推翻清政府。孙中山回答。

你最喜欢革命，谁都知道。除此之外，你最喜欢什么？

孙中山想了想，用英语回答：

Woman（女人）。

犬养毅立刻拍手：

很好！再其次呢？

Book（书）。孙中山回答。

男人喜欢女人再正常不过了，如果男人都不喜欢女人，这世界何以为继呢？发乎情，止乎礼仪，这是男女之间交往的礼仪规范。

裸死真相虽然搞清了，但还是不能立案。男方和女方家里天天找检察院，追要那套房子、那辆新车，还有那张150万元的银行卡。

折腾了好长时间，事情忽然有了转机，那个地产大鳄潘狗屎起诉了检察院，要追回属于自己的房子、车子，还有那150万元。原来是律师惦记上了那辆新车，鼓动老总起诉检察院，老总说你要是能弄回我的150万元，房子、车子都给你了。

检察院只得应诉。只要能够打赢这场官司，检察机关不就能把那套房子、车子、150万元上缴国库了吗？

大清王朝的某一年，皇宫里老鼠成灾，尤其一只大鼠长得快有猫大，经常出没于殿堂，闹得宫里天天都会传出宫女们凄厉的尖叫。亏得有海归学者官员，见多识广，建议管事者可用黄金进口名牌军猫，不怕老鼠再凶。军猫果然非比寻常，威武高大，毛如白雪，眼赛铜铃，看见的人无不相信老鼠有了灭顶之灾。太监将军猫牵进大鼠最喜欢光顾的御膳房，掩起门来，想看看这外国的将军如何制敌于死地。不想军猫蹲伏地上并不动弹，倒是老鼠可能闻见了猫味，探头探脑拱出来，看看军猫动也不动，吱的一声叫居然扑向军猫。军猫身子一长，跳上桌子，老鼠也飞身跟上桌子；军猫又跳回地上，老鼠也紧跟到地上，猫鼠就这样跳上跳下折腾百余回，不分胜负。门外的太监们尽皆散去，都说这军猫原来怕老鼠，没用的东西！也难怪它，它在国外没见过咱们这么大的老鼠。

第 4 章 裸死 有十八个理由可以避免

不知过了多长时间，人们忽然发现大鼠不再出来闹事，这才想起来去御膳房找军猫。军猫一时没有找见，却看见大鼠已经长得比军猫还大，躺在地上奄奄一息，踢它一脚也不动弹。海归学者官员听说此事，淡然一笑，这就是以静制动，不战而胜，高人也！

老鼠如果长得比猫还大，你不去管它，它也没有几天活头，因为心脏太小，负担不了巨大体重，它必然患上心脏病、高血压、糖尿病、脑血栓、富贵病、城市综合征。

谁不知道，没有吸到人血的蚊子，你听得到它的声音，却难以找到它，找到了它也是天马行空，很难打着它。一旦它吸足人血，死豆粒儿一样躲在哪个角落里，飞也飞不起，爬也爬不动，你只要伸出手指头一点，它就爆出一团鲜红。看着墙上那艳丽汁液，虽然有些令人生厌，可那却是你我心脏里滋养出来的精华。

这篇文字刚写完，又有新的裸死传来，为了防止一再有裸死发生，我这里也顾不得许多了，只好植入广告：

据了解，成人在一氧化碳浓度达到百分之三十的环境中呼吸，超过20分钟便会中毒；在一氧化碳浓度达到百分之四十的环境中呼吸，超过20分钟便可能死亡。尤其是在密闭的车库空间内，一氧化碳浓度提高的速率更快，中毒及死亡率更高。因此，相关部门提醒广大驾驶员，将车入库后，切记要把车熄火，并尽量缩短停留在车内的时间，以免中毒。

其实，这也是无奈，要是他们多有两套房子，何必要裸死车中？不是房价太高嘛，只好以车代房，这才屡屡发生这样的悲剧。怎么办呢？温馨提示喜好此道的先生们，爱好女人也不能不要命，性命大如天，好自为之好自为之。

那些还有此好的朋友，还是不要过分相信汽车里的安全，想明白才能做明白，在那里造事固然隐蔽避人耳目，但是结局往往不怎么美妙。

第 5 章
财富打造的神话不都是天堂

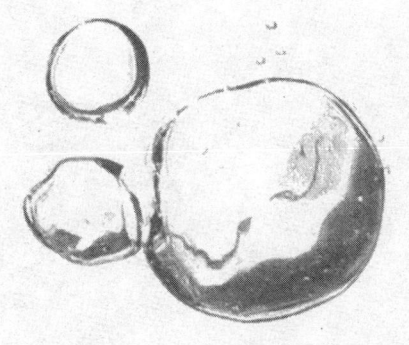

第 5 章 财富打造的神话不都是天堂

金钱养人金钱也杀人

临刑前,办案人员再三问过李友灿,你要不要见一见你老婆?

李友灿似笑非笑地摇头,再摇头,口气相当坚决,不见了,不见了吧,这样了还有什么好见的。

听他的口气,真像是不想再见到妻子。

办案人员决定还是让他们夫妻最后一次相见。

李友灿的妻子走到他面前的时候,我看到他突然两腿瘫软,浑身烂泥一样跌下去,是妻子抢前一步,将他抱在怀里,两人生死相拥在一起。

我相信,这是李友灿一生中最动情珍惜妻子的一次,也是最后悔的一次。这是真正的生离死别,看得人揪心难受。

这个录像画面我看过几次,每次都被震撼。

每每看到这个画面,我都会想起,李友灿逃亡之前与妻子的最后分手。

那是在北京他偷偷买下的房子里,在这之前他回过老家,收集了一批七老八十的老头、老太太的身份证,用他们的名字,把房子里的四千七百多万现金都变成了存折。妻子不知道自己的丈夫已经身价四千多万,只看到眼前有两万元现金,说你把这钱给我吧。

李友灿说你要钱干啥?你不是有工资嘛!

他们家住在旧房子里,沙发已经破旧得不能用……李友灿没有给爱他的妻子和孩子留下一分钱,就带着他全部的不义之财,去了俄罗斯。也没有告诉妻子他要亡命天涯,只说我出去清静几天,不用找我。

妻子没有觉得奇怪,因为他以前就这样干过,突然躲到穷乡僻壤,关闭手机,谁也不知道他是死是活。

其实,男人好像为了维护自己的男子汉气概,常常在一些细节问题上说谎,言不由衷地说谎。我猜测李友灿经历了人生的巨大变故,已经知道要离开人世,他能不想念自己的妻子吗?更何况他还有那么多对不起妻子的地方,有那么多对妻子的巨大伤害,也许正是因为如此,他想见妻子却又不敢见,想见妻子又没有脸面说出口要见妻子,当过兵的他只好就说不

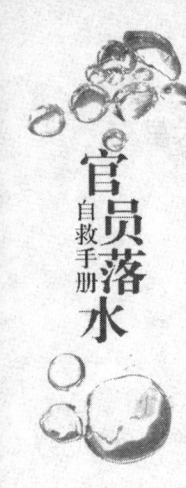

见了吧。

我真的佩服做出这个决定的办案人员,觉得他们太熟悉人性的奥秘,给李友灿带走了一个永远的思念。

为什么李友灿的死刑案,给我留下了那么多的困惑?

早在 2007 年打击商业贿赂的高潮中,我应邀为中国检察出版社音像中心撰写《远离商业贿赂》的解说词,就详细接触过李友灿案;2009 年我又受命采写《检察官的回忆》,直接采访了李友灿案的主办检察官刘宏,还有他的同事们,真正了解到李友灿案的一些细节,发人深思。

人活在这个世界上,真的是不能没有钱,所以俗话说一分钱难倒英雄汉。可是,如果一天到晚我们只盯着钱,天天把弄钱当做唯一的人生目标,悲剧也就开始埋下了苗头。钱养人,钱也杀人,我们看见钱杀人的悲剧太多太多。

主办李友灿案的检察官刘宏问过李友灿:

"李友灿,你弄那么多钱干吗啊?"

李友灿神色庄重起来:

"俺不怕您见笑,俺也闹不清你家怎么样,你知道俺小时候家里多穷吗?小时候穷怕了!俺从小就没父母,三岁的时候,俺跟着俺姐姐长大,她带着俺,光受气,谁都敢打俺。穷得也穿不上衣服,到了十多岁的时候,俺连鞋都没有,有时候还没裤子,后来俺学都上不起。再后来,俺就喜欢钱,俺觉得人没有钱不行,没有别的可以。"

我们一向有嫌贫爱富的观念,学校里常常是最穷的孩子最被看不起,也许有人说现在不这样了,但是,我念书的时候就是这样,所以我相信李友灿说的是真的。你想想,你十多岁的时候吃什么穿什么?穷坏了穷怕了的孩子,受尽了欺辱的孩子,长大了都想弄很多很多的钱。这种穷则思变的念头根深蒂固,严重制约着他们后来的生存欲望。幼年受到压抑得不到满足的欲望,会在成年之后得到补偿,有时强烈得变本加厉,甚至是扭曲变态。

我念中学的时候家乡有个青年,叫狄云,他右腿瘸右手跛,念了小学不能上中学,每天练习用左手写反字,字写得很好,写得也快。平时没处去,只能和我们混在一起,我们都瞧不起他,都要笑他用左手写反字,其

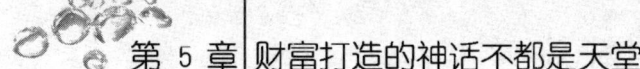

第 5 章 财富打造的神话不都是天堂

实他写得比我们哪个人都好，也许正是因为这个我们才更嫉恨他吧，我们都叫他跩子。后来我们升学的升学，就业的就业，就他一天穷得叮当响，姥姥不亲舅舅不爱。

新建林业局招工，到处招不到人，他才有机会在林业局一个小单位当上了食堂管理员。那个年代的食堂管理员既能管几个钱，也能管些柴米油盐的大事，所以他红得发紫。可是，后来我听说，周围的人依旧叫他狄跩子，依然觉得他很可笑，我的父亲都说过，这个狄跩子太狂了。他没有朋友，没有人愿意跟他交朋友。他穿得越来越好，戴好表，用好笔，经常喝酒，可是人们依然瞧不起他。他发誓要比周围的人过得好，为了逼迫一名漂亮女工嫁给他，骗奸了她。警察抓他的时候，他还在招待所里威胁女工跟他一起逃跑。他被判了重刑。当年我不过觉得这件事情怪怪的。随着年事增长，渐渐醒悟，好像我也曾参与过促使狄云犯罪的行列。

当人们把财富的价值推向极端，把穷富当成衡量人生价值的极端尺度时；当人们一切都唯利是图，有了钱就有了人的尊严、没有钱就没有人的脸面时，个人是很难战胜现实诱惑的，也就难免越来越多的人加入攫取财富的犯罪大军。

当李友灿到了十岁还穿不上鞋子，不能上学，有时候还没有裤子穿，而有鞋穿有裤子穿的孩子还打他取乐时，你说他唯一的出路不就是想要有钱吗？有了钱他就是人上人，他就能摆脱一切人间苦难。

我们无权指责他想有钱的愿望。他自小在穷困饥饿里长大，痛苦滋养了他的决心和顽强，发誓要弄钱要有钱，但是，没人教育他，君子爱财，取之有道，散之有方；没人引导他，要改变命运必须遵守游戏规则，他只凭着自己对生活的感悟，行走在人生的艰难里，结果他怎么也没有想到，穷得没钱的孩子，最后却被太多的钱害得没有善终。

难怪我们的一位领导会说，我们要招商引资，发展经济，但绝不能嫌贫爱富，整天就是围着富人转，淡忘了党的宗旨，疏远了困难群众。

好了，我这样说，是不是在为李友灿开脱呢？他成了巨贪，难道我们大家对他都有责任？

我也恨贪官，恨不能杀死所有的贪官，可是，你能杀得绝吗？

贪官并不是生下来就是贪官,也不是咣当一下子就长成了贪官,我们不能不看到,所有罪恶都有它产生的原因和过程。

一切犯罪的根源和动机,最初都是由社会先给了他一个起点。那些后来获得了人间真爱,寻找到了人生的正确目标,在成长中战胜了自己的恶欲和扭曲的人,才能够成为平安生活的人。

只有那些懂得控制自身缺点,不让缺点吞噬自己的人,才能成为强者。

人是社会关系的总和,人必须受社会规则的约束。法律规则不是道德标准,它没有同情不同情,只有应该不应该。李友灿不能战胜自身的先天不足,一再触犯法律,纵使你有万千理由,你也不能逃避法律的制裁。法律需要听你述说犯罪的理由,但更看重你行为的结果。对我们所有的人都没有例外。

常常有涉案的人说,比我贪得多的有的是,我才哪到哪啊!还是没被抓到的人多,只不过是抓到谁谁倒霉!我的事儿没人知道,知道的人揭发我也就等于揭发了他自己!能够为自己找出种种理由犯罪的人,其实是幼稚的,是不成熟的表现,是不懂法律的。你为什么不反过来看呢?有哪一个被制裁的犯罪没有一堆理由呢?结果,他们逃脱了吗?你敢保证你就不会像他们一样?你一定比他们高明吗?

拉封登的寓言说,乌鸦饿得昏头昏脑,到处寻找可以下口的食物,终于看见大地上有一只香肠,躺在温暖的阳光里,弯曲着,油光光,足够一顿美餐。它猛扑下去,飞快把它抓在爪子里,张口就咬,却不料香肠活起来,不问它的理由,也不管它的饥饿,张开蛇口先咬了它一嘴。乌鸦临死时才明白过来,我真不幸!虽然找到了这样可口的好食物,我却丢掉了生命。

不要再做至死也没明白事实真相的乌鸦。

李友灿就是这只乌鸦,他犯罪的最大受害者首先是他自己,还有他的妻子和孩子。

你要不信,我有手机短信为凭:

钱多钱少,够用就好;官大官小,愉快就好;家贫家富,和

第 5 章 财富打造的神话不都是天堂

睦就好；点点烦恼，理解就好；悠悠人生，平安就好。

即使换上别人也会照死不误

李友灿18岁中学还没有毕业，就光荣参军，自小吃不饱穿不上，现在不但穿上了解放鞋，还穿上了人们羡慕的军装；不但吃得饱，还能吃得好。穷人的孩子早当家，苦难中成长的李友灿，很快凭着吃苦耐劳勇敢顽强的品德，成长为优秀战士，当上班长，提升为排长，进入干部的行列，历任副指导员、指导员。

这时候的李友灿暂时忘记了弄钱，在解放军这个大学校里学习成长，想的是争当好兵，入团入党，立功提干，他找到了人生的自信，找到了做人的尊严，再也没有人欺负他，更没有人敢瞧不起他。部队生活是他一生中最快乐最辉煌的岁月。

1979年，李友灿跟随部队开赴前线，在对越南的自卫反击战中，出生入死，立下了显著战功。战争结束，战斗功臣李友灿被保送进入军校，经过军事院校培训之后，历任师作训处参谋、军作训处参谋、军作训处副处长，副团职军官，已经成为光耀家乡的高官。

在这个军纪约束严格的群体里，在这个没有机会权钱交易的环境里，李友灿展现了他优秀的一面，如果他就这样发展下去，是不是一定会前途无量呢？是不是就不会犯罪呢？

也不一定。

为什么这样说呢？在他涉罪之后交代时，他说过，我当兵的时候就知道没有钱不行。就是说，自小就想弄钱就想有钱的念头，像蛇一样盘踞在他的心里，即使经历过生生死死，他都没有放弃过这种念头。幼年生活痛苦造成的烙印终生都挥之不去，心灵受到的屈辱伤害依然没有平复。

一方面，李友灿表现了优秀、动人的一面；另一方面，自小就播种在心里的贪欲和仇恨，也在等待时机爆发。

35岁，正是青春好年华，李友灿转业到地方，被分配到河北省计经委工作，一年后就被任命为河北省计经委办公室副主任。转业的副团职干部多如牛毛，他能够得到这样一个任命真是幸运又幸运，现在，我们也没

必要再去猜测这个幸运是怎么落到他头上的，因为正是这个幸运加速了他的悲剧演变。两年之后，他荣升为河北省外经贸厅副厅长兼河北省机电产品进出口办公室主任。

从部队回到地方，李友灿如同蛟龙归海，开始落实自己想发财想找回尊严的理想。

机会永远偏爱有准备的人。副厅长李友灿带领本系统的干部去韩国考察，那时候出国，不但要做统一的服装，还要统一给每个人发放有限的外汇。别人都拿着外汇去买一些在国内见不到的小电器和时髦衣服，每名干部回国时，不管头脑里有没有观念更新，两手都拉回家来大大小小的旅行箱，里面都是可以让国人垂涎眼红的洋玩意儿。唯独李友灿，一分钱也舍不得乱花，走遍他能走到的市场，终于有了重大发现，一种品牌领带，他记得在石家庄应该是三十多块钱一条，可是在韩国的市场上，才折合人民币七块多钱。他当机立断，逮着机会就要倒腾点儿买卖赚点儿钱，就买这个！用上所有外汇，李友灿买下三千条这种领带，准备回国发个洋财。没想到，飞机到天津落地，他的商品在海关遇到麻烦，不能带回石家庄。他马上打手机找来天津一位老板，要他帮忙，老板说这种领带在我们天津劝业场零售28块钱一条。他说行。怎么样？就三千条领带，李友灿一次就赚到六万多块。跟他一起出国那么多人，谁的脑袋转得有他快？那时候这六万块钱也不是个小数目啊。

这件事很让李友灿兴奋了一阵子，不在于赚钱多少，他认为这件事足以证明自己有赚钱的灵活头脑，只要肯动脑，日后一定会赚到大钱。

为了弄钱，他又通过关系，代卖中国航空公司的机票，收入当然可观。

他说我这么弄了以后，别看小打小闹的，我也赚了有几十万块。他的同事背后则说他，李友灿逮住机会就能挣到钱。

外经贸厅副厅长兼河北省机电产品进出口办公室主任，就是这个有权有势、掌管全省进口汽车配额的职位，给李友灿铺下一条不归路。许多人就是这样，当平民百姓时，确实人品不错，从来不干祸害人的坏事，可是，一旦把他安放到高位上，有职有权，他们曾经隐藏在心里的许多贪婪、丑陋，就会加倍放大，就会急剧膨胀为恶性肿瘤，最后死于不治

第 5 章 财富打造的神话不都是天堂

之症。

省机电产品进出口办公室管不少事,不过管得最重大的事情,却是专管国家外经贸部分配给河北省的汽车进口配额指标。那个年头,计划经济和市场经济两套马车驰骋在中国大地上,计划经济把汽车进口配额通过行政命令下发给河北,然后由机电办把配额投放到市场经济的马车上去自由买卖,甚至还要进入黑市交易。

进口配额又称进口限额制,是政府在一定时期内,对某些商品的进口数量或金额加以直接的限制。中国对汽车进口配额的管理是通过对经销商发放汽车进口许可证来达到的,许可证由国家按地区统一分配,各地机电办发放。

每年国家两次把汽车进口配额指标下达给河北省之后,河北省机电办分配汽车配额从来都是严肃地认真地坚持原则办事的,绝对按照标准程序流水操作,先由机电办工作人员反复认真讨论筛选申报汽车配额的企业,而后拿出正式的初步的意见,交由机电办全体领导成员反复集体开会集体讨论集体研究,方案谨慎确定之后,再报副厅长兼主任签字并执行。

当时机电办的班子成员曾说过,工作人员预报的方案和班子成员开会讨论的方案,都是由"李友灿先提出意见,分给哪个企业多少配额,什么类型,比如吉普车、轿车、面包车。会后,工作人员根据李友灿的意见,制定出配额分配方案,再由李友灿签字"。

这种无人过问、无人干扰、无人反对、无人监督的合法程序,就是死亡程序,已经注定李友灿或早或晚要死于这种程序,即使换上别人也会照死不误。

原来机电办工作人员不过是人工流水线,给李友灿做好的豆腐打打包装,系系彩带。

每天总想着赚钱的外经贸厅副厅长,自然就能看到遍地都有赚钱的机会。人一旦钻到钱眼儿里,天天想疯了弄钱,哪里还会想到还有纪律还有规则还有法律,这就像老鼠只看到肉块,已经闻不到诱饵的剧毒,早晚必定将脖颈伸进法网。

谁不想赚钱?我也想赚很多钱,但是,永远不能偷窃、贪污、受贿,不然,我们就得抱着钱下地狱。

官升脾气长,情趣也变,单位里的同事们都知道李副厅长喜欢上了高雅的高尔夫,从石家庄打到涿州,又从涿州进军北京,哪里高档就到哪里去会友。

奇怪的是,李副厅长这么醉心于高雅的高尔夫,一张高尔夫会员证就是二十万元,上下左右的人都知道,怎么就没有人问问他哪来那么多钱来玩?

替李厅长埋单的全是汽车公司的大老板。

这种显示高贵身份的贵族游戏,让这个昔日吃不饱穿不上的孤儿,找回了苦难的补偿,似乎给了他洗去卑贱的陶醉,把他演化成为人上人。那种高贵环境里的漫步,那种人上人的被尊重,那种对金钱的无度挥霍,似乎让他有了回击当年欺负他的那些孩子的痛快,让他吐出了多年积压在心里的窝囊气。这种游戏越发坚固了他拼命赚钱的决心和勇气,因为他更清楚地体验到,唯有金钱才能够创造他梦想的神话,用他的话说,有了钱,我还想做惊天动地的事。

财富能够创造神话是有前提的,罪恶的金钱仍然是罪恶,从来都不会打造幸福,李友灿用生命又一次演绎了这个悲剧。

最后的遗嘱把钱弄回来

北京的大街,王者风范,来往车辆流水不止,两岸森林一样的建筑高耸入云,无处不闪烁着财富的艳丽和金钱的色彩,望着去往南北东西的人们,一脸的忙忙碌碌,他不禁停下脚步,刹那间找到了那么多他少年时候的瘦弱,单薄的肩膀上撑不起寒酸破旧的衣服,脚步比常人更急切,似乎前方正有一个丰盛的机会等着他们去吃饱又喝足。他们现在比自己从前好多了,毕竟没有光着脚走路,通通穿着他曾经羡慕了好多年的鞋子。直到当上了兵,他才穿上真正让人骄傲的解放鞋。

没人知道马路边上立着我这个千万富翁,要是我告诉来往的人们,说我那间房子里有几千万现金,他们看着我身上这些烂穿戴,会有人相信我的话吗?他们会不会把我当成疯子?忽然就觉得好笑起来,富有真的不能写在脸上,也不能说在嘴里,看来自己注定只能做个真穷人假富翁,就是

第 5 章 财富打造的神话不都是天堂

我有了千百万，也只能过着穷人的日子，难道人的贫穷真是命里注定吗？注定一生要过贫穷的生活吗？为了挣脱贫穷我才挣下这么多财富，却不能公示于众，却不能让当年那些打我挖苦我欺负我的人知道，我比他们富有一千倍一万倍。假如有一天，他能够找到家乡那些欺负他的大人和孩子们，他宁愿一人送他们一万元，让他们知道啥是耻辱。不过，他马上又后悔了，凭啥要给他们钱？他们配吗？

在这个世界上，除了怕贫穷怕受欺负，他什么都不怕。

刘宏问过他，你为啥要弄那么多钱？

他瞪大眼睛盯住刘宏，你不知道我小时候多穷！我从来没有摸过钱！我小时候穷怕了，到了十岁我还光着脚，没有鞋穿，冬天冻得满脚裂口，流血，都不知道疼，麻了。没有鞋穿就没有脸面，没有脸面就不能在人堆里露面，就像圈里的猪一样不能出头露面，永远打滚在粪土灰尘垃圾的烂泥污里。我想有钱，有了钱，我就再也不挨饿，就能穿上鞋，就能穿上衣裳，不再受冻。我知道钱是最好的东西，有了钱才能有一切，从我当兵那天起，我就发誓再也不能受穷了。

弗洛伊德认为，儿童时期的一些欲望得不到满足，就会有很多东西被压抑在潜意识里，从而形成记忆的错误。潜意识里没有得到满足的这些创伤性欲望，到了成年总要表露出来。社会给他的创伤，他还要回报给社会。

首长，你小时候穷过吗？你知道天天饿肚子的咋难受吗？真恨不得啥东西都想吃一口。

新兵连第一天，大米饭，我连着干了五碗，还吃了那么多大肥肉，带兵的老班长抓住我的手，你是饿死鬼托生的？吃的日子还在后头呢！你别撑死了再也吃不着了！当天夜里，我就出了洋相，轰动了新兵连。

一下子我就出了名，新兵背后都叫我造粪机。

现在我再也不饿肚子，也不再馋嘴。那些从我手里拿到配额的人，总想送礼给我，我会当着手下的面把他的钱给扔到地上。有人要请我吃饭，实在推不掉了，我会当着大家的面说，行，我是河南人，我们去路边，你

请我吃碗面，羊肉牛肉的都行。

没事的时候，我总要开车来北京，来这个只有我知道的金房子，老婆也不知道我买了这处房子，在这个金房子里，打开保险柜，搬出所有的钱，有时候我会在地下铺上一层，从客厅铺到卧室，铺满一地；有时候我把它们码成堆，摆出个万里长城；有时候我把它们摆成一圈，我搬把椅子就坐在天堂里边。

我坐在椅子上看着那些钱，望着那些钱，盯着那些钱，很有成就感，我真没想到我这个十岁还穿不上鞋子裤子的孩子，现在能弄来这么多钱。守着它们，我可以不喝也不渴，不吃也不饿，不睡也不困，我陶醉在自己的奇迹里。什么叫心想事成？有几个人能够心想事成？我才是心想事成！

这里保存着 4744 万元人民币，李友灿一块也没舍得花，他就是要来看着它们抚摸它们，这就满足了自己。这是一种挑战，一种报复，对他小时候受尽人间凌辱的挑战和报复，但他却没有勇气公开，他还没有失去更多的理智，只能偷偷地报复。占有本身就补偿了他过去的苦难，他不需要去挥霍，也不给亲人们一分钱。这些钱也把他变得六亲不认。他新疆的哥哥曾经以他为骄傲，跟他说你是咱们家最有出息的人，咱们家幸亏有了你，你千万不能犯错误，要是钱不够用，我捡破烂还攒了几个钱，你拿去好了。当时他也感动得热泪滚滚，可是后来，他哥哥的简易棚子被拆掉，跟他借钱想买房子，他却狠心不拔一毛。当他回忆起这些事情时，痛不欲生，哭喊着说检察官你打我吧！你打死我吧！我不是人！

长篇小说《欧也妮·葛朗台》，是法国 19 世纪伟大批判现实主义作家巴尔扎克的代表作，说曾经当过市长的首富葛朗台，爱财如命，全家人的衣服都要女儿和妻子亲手做，为了省钱，他每天亲自安排家里的食谱，多用一块糖、多点一根蜡烛，他都要拍桌子骂人。他终于活到了八十二岁，已经病得不能动弹，不得不叫女儿把他的金币一袋袋收到金库里，他将钥匙小心藏进背心口袋里。临死前，他要女儿拿出所有黄金摆放在面前，那金光在他看来就是不败的火焰，"这样好叫我心里暖和！"

我们可以猜测李友灿没有读过这部小说，不然，他也会觉得欧也妮·葛朗台很可笑，很可悲，也许他会有所改变。对于他们这种心理扭曲的

第 5 章 财富打造的神话不都是天堂

人,金钱已经不是使用的对象,而是已经变成他们人生的目的,金钱能给他们快乐,人间亲情他们都不再需要。他们已经被金钱毁灭成铜锈动物。

李友灿被贫穷伤害得灵魂如此扭曲,实在是人生悲剧。直到他临刑前,有关人员问他还有什么要交代的?李友灿在工作人员的搀扶下,很焦急、很认真地交代,要找黑社会那几个家伙,把那些钱弄回来,不能让他们白占便宜。

李友灿逃跑到俄罗斯以后,他的那几个所谓的朋友原来是个黑社会性质的团伙,强制他拿出随身携带的存折,你抢我夺分个干净。李友灿临刑前,这些人还握着那些存折躲在俄罗斯不敢回国。

我所知道的众多犯法官员里面,反侦查意识和反侦查能力没有人能超过李友灿。

中越自卫反击战里的中国兵已经多年没有打仗经验,而越南的军民却是天天打仗人人打仗,战火里我方伤亡很重。可是,李友灿自小吃苦耐劳,生存能力很强,战争中发挥了聪明才智,立下了汗马功劳。打仗嘛,当然是保存自己、消灭敌人,不善于保存自己当然也就不能消灭敌人。李友灿的反侦查意识和反侦查能力是用生命和鲜血换来的,已经溶化进血液里渗透进骨头里。待到后来,他成长为野战军的作训处副处长,更将自己的个体经验上升为专业水平。

不平凡的李友灿发挥自己反侦查的技能已经到了炉火纯青的地步。

他经常往来于石家庄和北京,去接受不良商人对他的贿赂,只要上路,他从来不打手机,还要买上很多电话卡,去路边打收费公用电话,用最简洁的话问清交货地点,再不多说一句话。电话打一次扔掉一张卡。卡也不会随便扔在路边被人捡到再用,那是不可能的,他要扔得没人再能找到它,也就是没人能在空中定位他的行踪。

只要一上路,他就要驾驶一辆专门去北京用来拉钱的车,他不会在北京驾驶石家庄牌照的公车,他不会给目击者留下好找的线索。

李友灿把房子买在普通的居民区里,没有显眼的装修,只要房间里放上新买的保险柜。他来往自己的密宅,从来不选择应该在工作岗位上的时

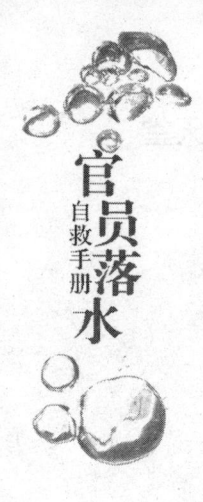

间,他要等到人们上下班的时候,随着上下班的人流,上楼,打开自己的房门,他要看到的人都以为他是有工作的普通市民。他要在上下班的人流里,一次次扛上编织袋里的人民币送进住宅,人们在那个时间看见他一次又一次扛东西,虽然没有人知道他扛的是什么,但绝没有人会认为他扛的是大宗现金。直到他出事,检察人员搜查他的房间时,邻居也没有人以为他是什么千万富翁。

他从来不收受有工作关系的人给他的贿赂,他会当着同事的面拒绝,或者把他们的钱公开扔出去。即使推脱不掉时他也只跟人去马路边的大排档,吃一碗面条,绝不会跟什么人去酒店、去卡拉OK、去桑拿房、洗脚房、按摩室等娱乐场所。他从来不抽高档烟,不用奢侈品,手机也是普通得不能再普通,更不会去招惹什么情妇。

他从来不炫耀自己的富有,也不穿名牌。

应该注意的事情都做到了,也果然没人怀疑他有什么不干净。

奇怪的是,李友灿的反侦查做得越是彻底,他的恐惧越是强烈,越发怀疑自己还有没做好的漏洞。

办案人员调查机电办的工作人员时,并没有注意他,可是,他却跑了,连夜找人说要去俄罗斯旅游,然后昼夜兼程去往不容易引起国人注意的国外。

无论李友灿的反侦查做得多么到位多么专业,他都无法填埋他内心的恐惧。那个恐惧与时俱进,越长越大越长越高,终于有一天他心里再也装不下它了,忽然听到别人一跺脚它就爆破了,炸得他魂飞魄散,水裆尿裤。

本来是调查别人的问题,他却坚信那是调查他的开始。

本来是调查刚刚开始,他却认为办案人员早已对他下手。

本来是还没有他的犯罪线索,他却认为自己的问题已经被全部掌握。

小时候听老人讲,秋高气爽时节,高手云集比试射箭,校场上个个百步穿杨,箭不虚发,比来比去比不出一个高低。关键时候,来了一个穷要饭的,身上也背了一张弓,却没有箭袋子,当着众多高手的面,肩膀上取下长弓,瞄瞄远处的靶子,惹得人们一阵哄笑。恰巧此时,天空雁声高叫,要饭的举起长弓,仰天拉了两响,人们正在莫名其妙,却有一只大雁

第 5 章 财富打造的神话不都是天堂

应声落地。

那么,李友灿们怎么能不成为那只应声而落的大雁呢?

我们人人心里都有杀手

前苏联的加盟共和国物质匮乏时期,有位司机带着年轻助手,驾驶冷藏车,给一家副食商店送食品。货物卸完后,商店经理为了表示感谢,特意请司机去办公室落座喝茶。喝着喝着,经理发现司机的助手没有来,急忙出去找,没有找见。司机觉得很奇怪,也出来和他一起找。

他们找遍了屋里屋外,都没有看见那位助手。

司机突然想到一种可能,慌忙跑去拉开冷藏车的两扇后门。

助手就坐在冷藏车里。

他一脸的恐惧,一脸的绝望,脸上、手上起着水泡,绝对是冻死的症状。

但是,有商店经理作证,有死者脸上两行干掉的泪水作证,有现场的检查结果作证,那冷藏车的冷冻设备根本就没有启动,车内温度完全是常温,和车外环境同温。

可是,法医做的尸体解剖证明,助手的的确确是被低温冻死的。

可怜的司机,虽然竭尽全力申辩,证明自己没有谋杀助手的动机,但是没有谋杀动机的司机,还是被法庭判处谋杀罪关进监狱。

若干年之后,亏得心理学家通过实验和论证,才为那位冤枉的司机洗清冤枉。

心理学家认为,是那位助手自己的心理活动过程杀死了自己。

这就是说,当那位助手发现冷藏车后面的大门已经被锁死,他马上就想到,完了!一切都完了!他们开起了冷藏设备,现在温度降下来了,越来越冷了!我完了,我会冻死的!我身上这么冷!然后他就会感到浑身发冷,体温逐渐下降。于是他越发坚信冷藏车温度明显下降,自己肯定会被冻死的,肯定会被冻死的,绝对会被冻死的,所以他也就没有想到可能会有什么自救办法,只管坐在那里恐惧,自己的身体慢慢冻僵变硬,听任自己悲惨地一点点死去。

他的机体是被自己心里想象的冻僵过程活活冻死的,这个心理过程与外部环境的温度毫无关系。

也可以说是他内心固有的恐惧杀死了他自己。

李友灿不能战胜内心的恐惧,因为那笔巨款4744万元永远压迫在他的心头。所有的犯罪男女都永远无法摆脱内心的恐惧。

直到临死前,李友灿还是认事不认罪,他认为全国卖配额收钱的不止他一个,人家就没事;说腐败,他也不是最腐败的,比他捞得多的人还有。他这样说自有他的道理,也许就是事实。他真的做过调查,掌握一些外地买卖配额的情况,也了解一些高层官员的情况。

这又是李友灿的一个悲剧。

法律本身只是条文,它不会无所不知无所不能,它只能靠有限的司法资源,查处那些被法律认定的涉罪人。至于没被追究的涉罪者肯定大有人在,但法律并不因此就不追究或者从宽追究已经被证实的犯罪者。涉罪的人像李友灿这样自我安慰者多的是,但这只能是夜间走坟茔吹口哨,它不能帮助你逃脱制裁,也不会减免你的罪行,一旦你被摁住,法律对于你的制裁就是百分之百,就没有什么概率不概率。法律给你定罪时只根据法律条文和你的犯罪证据,它从来不会考虑可能有人犯罪比你还重,所以对你就要网开一面,这是绝不可能的。法律只能追究被查处的人。你想把宝押在总有人没被制裁上,你也就一定不会出事,这和鸵鸟把头拱进沙堆里,却把屁股留给猎人,是一样的道理。

为犯罪寻找开脱的理由,是自己欺骗自己,是自己把自己推进火坑。

第6章
三毛钱买出来两场意外灾祸

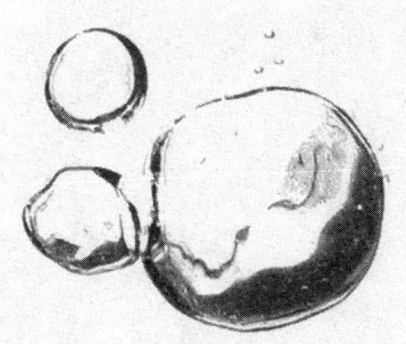

第 6 章 三毛钱买出来两场意外灾祸

茶叶盒一转就转进了看守所

八月末的一天,晚上七点多钟,一家著名的咖啡屋,来了个年轻男人,订下一间带套间的包房,服务人员看他的脸色好像有些紧张。等到上咖啡的时候,服务员感觉到好像套间里也有人,不止一位。这很正常嘛,客人花钱订的房间,愿意怎么用就怎么用。

八点钟左右,服务员又看见有四五个男人去了那个包间。通常情况下,服务人员不会这样心细的,但今天的情况太特殊。说实在的,每天来喝咖啡的并不都是多高档的人,不过,肯定不会有农民打扮的人,今天后进来的这几个人里,有两个人一看打扮就是不该来喝咖啡的,所以服务员就觉得奇了怪了。另外,服务员还注意到马路对面停了好几辆警车,还有一辆押送犯人的大车,这越发让人觉得今天晚上好像要上演惊险大片。

说时迟那时快,服务员已经听见包间里有异常响动,跑过去看时,门口一名穿一身黑的男人喝叱道,我们是警察,正在执行任务!你赶快躲开!吓得服务员没有瘫倒地上,赶紧躲回服务台里。

六七个穿黑衣服的人,押着后来的那几个男人出来了,马路对面的警车不知什么时候已经停在门口了,他们很快上了车。其中一名便衣跟经理说,打扰你们了!你们正常营业吧,我们抓的是几个搞敲诈勒索的人,没事了!

后来有人说那被抓的是五个男人。

没被抓的男人女人还照常过日子,没人知道这五个男人为什么被抓了。再后来,搞到全世界都知道这五个男人为什么被抓了,还缘于他们的家属。

五个男人被抓不久,他们的家属就写了文字揭发材料,交给河南当地的新闻媒体和中央驻河南的新闻媒体。可惜他们没有把材料捅到网络上,这种极富当代传奇色彩的经典,捅到网络上就会爆炸成无限传递。

他们家属的文字材料说,当年八月中旬,一天早上,被抓五人中的农民甲跟农民乙,从新密市驾驶三轮车进军郑州收废品,因为不熟悉现代大都市的布局,误闯了新华南街的一个大门院,当时也不知道大院是哪里,

要是知道那是哪里，打死也不敢去了，去了是因为完全不知道那是哪里。结果被那里的保安驱赶出来，保安同志还是很负责任的。到了中午，大门院不再把守了，他们就趁机走了进去，然后就受到一位大姐和蔼的欢迎，大姐说她家有好多他们不用的东西，但对你们农民肯定还是很有用的。她拿出来的东西，果然都是好东西，都是新东西，对于我们农民来说，那些东西都是很有用的。有的东西，像小孩的玩具，我们农村还没见过呢，人家大姐家就已经淘汰了。有的女人时装、皮鞋都还没穿过呢，过期的月饼点心，一看都是高档的，没见过。农民甲和农民乙经常拜访郑州收购废品，从没像今天这样，付出了高昂的二百多元，一般人家哪里有这么多值钱的废品？

大姐也真好，看见两个农民兄弟忙得满头大汗，又回到家里找出来一大盒子茶叶，说你们拿去喝吧！上等名茶！不遇到我，你们这辈子恐怕也喝不到这么好的名茶，看都看不到！家里头名茶太多，喝不过来！双手捧过大个茶盒，噫！包装得金光耀眼，名贵得沉甸甸，真不好意思白拿。可是，两个人带来的钱全部都拿出来了，所有的口袋翻了个遍，两个人才凑出来三个钢镚儿，三毛钱，不好意思递给大姐，大姐还真没嫌弃，收下了。

一车废品拉回新密收购站，果然卖了个好价钱，农民甲和农民乙两个一高兴，就把那个宝贝茶叶盒拿出来，赠送给老板当礼物。老板拿到茶叶盒左看右看舍不得放下，这是极品铁观音！福建铁观音茶王，咱们哪里能看得见！好茶！绝对好茶！能喝上这种茶的人家肯定不是平常老百姓，你们知道这得多少钱一斤？最便宜也得两千多块！说得甲乙两个人你看我我看你，这礼不是送赔了吗？

把玩半天，老板打开茶盒沏茶，只喝了一口就连声叫绝对好茶好茶！

他又看那个茶盒，倒过来反过去地看。甲乙两个人好笑，说你还能看出啥名堂来吗？包装再好也不能当茶喝！老板说你们土包子，不懂！名酒的包装里都另外藏有礼物，打火机呀，钱呀，还有别的什么东西。名茶也有！你看它这个盒子，底座明显像是能够转起来，说不定也有小礼物在里面放着。老板到底是老板，人家见过世面嘛。

说着话，见过世面的老板就把茶盒底座转开了，这一转，不得了，把他们几个全都转进了看守所里。

第 6 章 | 三毛钱买出来两场意外灾祸

底座一转开,里面果然摆着东西,不是打火机也不是金钥匙,好像是几个小折子。倒出来细看,三个人幸亏没有心脏病没有高血压没有脑血栓,不然就得死几个!那是什么东西?他们这辈子见过吗?三个男人用尽吃奶的力气数了又数数了又数,那是八个存折!八个存折里面的存款,他们加了又加算了又算,竟然是二百多万元!

再看看名字吧,三个字,汉字,虽然三个人没上过北大清华,这三个字笔画不多,对付着还能认识。

到底是谁谁谁?对不起,现在真还不能说,说了你把钱给取出去怎么办?

这个谁谁谁是哪里的大老板?这么有钱?房地产开发商?国企老总?联通移动?大公司经理?股票大王?加拿大移民?这人可真尿性!光是扔掉的过期茶叶盒里忘掉的钱就有二百万,你说人家得多有钱?人家那里二百万元都当做废品处理,要是咱们,别说二百万元,就是两千两百放到哪里咱们临死都不会忘。

三个人越想心里越是不平衡,这也太不讲理了,咱们拼死拼活,一天到晚还不一定弄到够全家填饱肚皮的,人家随便就能扔掉二百万元,这叫啥事儿呀?还讲理不讲理了?还叫不叫穷人活了?狗日的,不能便宜了他!得把这个狗日的找出来。

老板就到处打电话,查问这个谁谁谁是谁。问了一圈,谁也不知道谁谁谁是谁。

老板说,我就再问个当官儿的吧,看看他知不知道。

他给一位局长打了手机,问对方知不知道谁谁谁是谁?

对方半天没言语,后来又追问你搞出了啥事儿落到他手里了?

老板说我没有啥事儿,我是打听这个人。对方说,那我就告诉你他是谁。

听他说出谁谁谁是何许人也,老板差点把手机掉到地上。

别等到监狱里去算安全账

农民甲和农民乙看着老板白了脸不说话,顿时感到事情大概像刺猬,

有些绷不住。老板再喝了几口铁观音茶王，顿时被提起神来，就说，你们两个也沏一杯喝两口，好壮壮胆量，免得我说出来谁谁谁是谁吓得你俩尿了裤子！两个人把极品铁观音一喝，果然挺起了精神头。

老板说，原来你们去的那个大院，是市委家属大院，怪不得那么有钱！

农民甲听老板这么说，马上就问，你看他那么有钱，能不能？没等他说完，那两个喝过铁观音茶王的智商也高了，马上抢着动手把从市委家属大院收来的废品通通搬出来，把那些个人头马、XO的包装盒、茅台的包装盒、月饼的包装盒、十全大补的包装盒、假白金年轻不了的包装盒、手提电脑的包装盒，还有那些个电视柜、折叠椅、茶几、沙发，通通打开、扯开、撕开、撬开、捅开、拉开、锯开、踹开、踩开，凡是缝隙、角落、折口一律翻个底儿朝上，生怕又落掉一个二百万。

折腾快到天黑了，虽然没有找出来又一个二百万，但他们还是把这些拆卸得狗屁不是的垃圾单独归堆，另用苫布单独遮挡好，准备将来慢慢再找宝。

老板打电话找那位局长，说你马上过来一下，我有个天大的事儿跟你商量！

对方说你收到恐龙了还是收到了航空母舰？你一个收破烂的还有天大的事儿？你就说吧啥事儿？

老板说，可不敢瞎说！你快过来，俺请你喝酒！

响不响晚不晚的，喝啥酒？你叫我犯错误！

噫！那俺就请你喝极品铁观音！

听说有极品铁观音，局长马上就过来了。

没想到局长看过八个存折就不会说话了。老板马上给他倒了杯铁观音，这才让他精神起来。又连着喝了两杯铁观音，他才把桌子一拍，我认识个朋友，这小子好像认识那个谁谁谁的儿子，咱们再把他也找来，人多壮胆儿，这事儿，人少了谁敢惹那个人哪！

局长的朋友来了，看过存折，乐得直拍手，好哇好哇！没想到他也有今天，他也会落到咱们手里！咱们得慢慢修理他！我有办法！

人多了果然壮胆，农民甲总算敢提提裤子问道，你们说了半天，这个

第 6 章 三毛钱买出来两场意外灾祸

计委书记是不是管计划生育的？我想要个指标是不是得找他？

农民乙说，"噫！计委计委，是管吃、管用、管玩儿的计委，不然他家里的东西咋那么多？"

局长没笑掉大牙，说我的好兄弟你们没当过官儿，不懂这当官儿的事儿，跟你们说了也白说。

长话短说，局长的朋友就去找谁谁谁的儿子，没想到第一次就没沟通明白，人家根本没理他那个话茬儿，人家说最近我父母家里没失窃，怎么会丢东西呢？你不是吃错了药，找事儿吧？

几个人一合计，好了，拿存折去复印，还不敢去街头上的复印社，得保密呀！局长说，那还不好办！我拿单位去偷着印。

谁谁谁的儿子一看见存折的复印件，真像吃错了药，半天没上来气。后来就问你们想咋办？咋办？你给俺们50万元呗，那你还剩下150多万元，还是剩下的多，要不，你就200万元都别要，我们就给你送个地方去！

好说好商量，就算我求求哥儿几个，少点儿行吗？这年头，弄点儿钱都不容易，你以为我们容易？那是我们做生意挣下的几个钱，想买房子还不够，藏起来就是为了攒钱嘛！成天担惊受怕的，要不是这藏那藏的，能忘了叫你们拿到吗？你们也得体谅我们的难处。

漫天要价就地还钱，买卖不成仁义在，经过双方反复磋商反复讨论反复论证，终于达成互惠双赢，以30万元拍板成交，于是双方郑重严肃约定，还记得本篇开头时间吗？约定八月末的一天，于一家著名咖啡屋，一手现钱，一手现货，从此天各一方，永不反悔永不来往。谈判在诚挚而热烈的氛围里结束。

其实，谁谁谁这个儿子跟老子商量应对此事时，就说给他们点儿钱吧，破财免灾。老子说你还是年轻幼稚啊，还认为他们拾金不昧呢，这些无赖哪有这样的品德？你今天答应给他们钱，他不但不会感谢你，还会认为你好欺负，明天会来找你要更多的钱。他们就是把存折给了你，也一定还得留下许多复印件，日后好不断敲诈勒索你。必须跟他们彻底了断，永除后患！儿子马上觉得老子到底是官场上混得年头多，一眼就看到他们骨子里了。

没办法，贪财的人就是忧愁多，他不能像农民甲、农民乙一样吃饱了就睡，他不算刑行吗？有位被判处死缓的副省级官员，对办案人员说过，天天都得想，我的那么多钱放在哪里才能不出事？要不要退回去一些？晚上一有敲门的，就怕纪委来人……

要出发的那天晚上，农民甲问农民乙，这事儿我咋觉得玄呢？咱们能是人家当官儿的对手吗？咱不能小孩子打狗，狗没打着，倒叫狗咬了咱们的家伙？农民乙听了顿时说不出话来。好在局长的朋友见过世面，就说你们不懂，这不是麻杆打狼两头怕，咱们这是铁夹子套狼，他敢不老实，他就被勒死了。

他说得没错，只是被勒住的却是他们五个人，他本人就被法院以敲诈勒索罪判处有期徒刑一年；局长、老板、农民甲、农民乙被认定为敲诈勒索嫌疑人，刑拘后被取保候审。

有朋友就说你太能胡编乱造，你讲的是真的假的？

你说的也不是没有道理，但是，我告诉你，对于这起事件我不说我不知道的，只说我能猜到的，上面说的那些小事儿，即使不发生在他们五个人身上，也会发生在别人身上，起码会发生在我心里，我就是这么想的，再去找找看，说不定哪里还藏着200万元呢！想想还是未遂吧？还不可以吗？

农民丙走在大都市的大街上，尿急，到处找不到方便的地方，眼看得就要尿了裤子，忙躲进一处角落里，解开腰带，伸手掏出来，背后突然一声响亮，随地大小便罚款！他忙慌回头看，警察？细一看，嘻！他们身上那套警察制服假冒伪劣，也就慢慢说道，我这家伙可是真的，长在自家身上，又不是买来装在身上唬人的，掏出来看看还不行吗？

胡扯到这里，你还没说谁谁谁到底是谁？你什么意思啊？

不是我什么意思，而是他们五个男人被处理了，只是第一个阶段嘛。

赶巧的是，这个谁谁谁还有个特定关系人，也就是我们普通人所说的二奶、情人、女朋友之类的，这个时候也不断写材料举报谁谁谁，据说17封举报信寄往纪检部门和检察机关，举报谁谁谁修建了带花园的豪华别墅，别墅的花园里有巨大游泳池，有高尔夫练习场，还有亭台楼阁、人工飞瀑、地下防空洞，别墅里有中央空调、有冷冻库。节假日的时候，谁

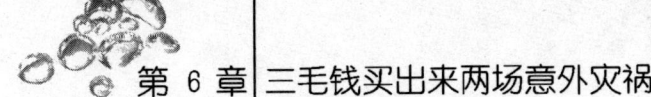

第 6 章 | 三毛钱买出来两场意外灾祸

谁谁这里飞车如流,达官贵人,往来无白丁。

好在有新华社主持公道,以内参的方式,披露了此事。新华社内参迅速引起中央领导的高度重视,要求立即对内参所反映的情况进行彻查,并对涉及的主要领导干部进行调查。

据说批示发出不到 24 小时,谁谁谁即被纪委"双规"。

再后来,谁谁谁被开除党籍,撤销正市级待遇,依法收缴其违纪所得 387.2 万元。

说到这里就想起一件痛心的事,从前采访时曾经见过一份悔过书,他最后算的一笔大账,深深触动了我,那真是说尽了老来无靠的凄凉:

> 当我面对高墙、电网、铁门、铁窗时,我万念俱灰,悔恨的泪水往肚子里流,不到一个月,原来满头的黑发变成灰白,沉重的打击接二连三,真是应了一句老话,"屋漏偏遭连阴雨",我母亲原有高血压,得知我出事,巨大的刺激使她跌倒后再没有起来,母亲去世,我不仅不能尽孝,而且是在半年后才知道;女儿背上了沉重的思想包袱,不久与刚结婚的丈夫离了婚;我家属天天以泪洗面,岳父岳母至今没有原谅我,一个好端端的家被搞得家破人亡。
>
> 一张判决书宣告我政治生涯结束,公职没有了,党籍开除了,经济上为钱犯罪,想钱、捞钱,到头来落得倾家荡产,以前虽然没有积蓄,但工资、奖金每年 3 万多,还有医疗保障,生活还算富裕,我给自己算了一笔账,我如果活到 80 岁,30 年内按不涨工资也可以拿到 120 多万元,是我现在所贪污的 2 倍多,医疗保障更是个未知数。
>
> 现在一切都没有了,等到我 60 多岁出狱,体弱多病,老年生活怎么过?

就算是你自私,你也得在没出事之前就把自私账算清楚了,别等到进了监狱里头再算。

这钱为什么藏到茶叶盒子里,然后又忘了?藏钱,显然是因为这钱来

得不干不净,怕万一出事被抓到证据,就乱藏起来,想必藏的时候很匆忙很惶恐,所以后来才忘得一干二净。由此也不难推断,虽然手里很有钱,但日子过得并不坦然,这种心态注定容易出事。心理学上有个规律,焦虑造成过失,恐怕我们都有过这个体会,比如你学自行车的时候,因为不会骑你就会很紧张,特别担心轧到路上那块小石头,可是,活见鬼,你偏偏就能撞上那块石头。等你学会了,来了兴致,你想去轧上那块小石头,你也很难轧上了。

有了赃款藏来藏去,就是怕出事,越怕出事越出事,想不出事都难。这就像是一个人走在独木桥上,越是告诉自己别落水别落水,你就非落水不可,你这种焦虑已经强化了你的恐惧,导向你的身体和心理必定出事。

有位朋友说,既然那五个人已经敲诈上门,不赶快安抚他们了事,怎么还敢报警呢?这不是自己找死吗?其实,怎么办好,他们全家也是商量再三,也不是没考虑花钱免灾,但是,他们不甘心,觉得不能被这么几个无赖欺负住,更担心他们日后会没完没了地敲诈,他们想彻底了断不安定因素。再者,也是过高估计了自己的影响,以为不会有人举报他,那些个警察当然会站在自己这边,好好保护自己的,不曾想反而被自己套上了绞索。

有些官员天天都想受贿,想占大便宜,岂不知常常是吃了大亏。那些没有占到大便宜的,其实是没有吃到大亏。既然你做了官员,你就得站在官员的立场上,学会算官员的安全账,不然,一旦出事就不是赔钱的事,而是赔性命的事。我们许多官员,常常犯一个常识性的错误,身为官员却像商人一样考虑问题,像商人一样用生意经谋算手里的权力,岂不知这种商业经营就是犯罪,怎么能不下地狱?

第 7 章
一位副部级干部与
一位举报人的较量

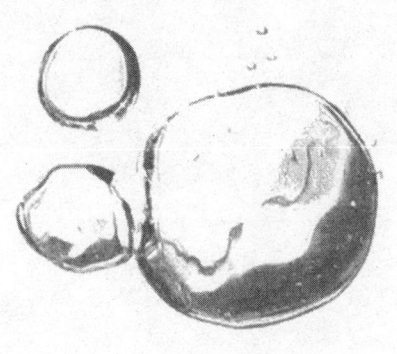

第 7 章 一位副部级干部与一位举报人的较量

市长怎么会跟他有十年仇恨？

说他跟妻子离婚这件事的时候，咱们还得偷偷地说，不敢公开他的名和姓。他已经不止一次跟妻子商量过离婚，妻子总是不答应，好好的一家人，无缘无故为啥要离婚呢！后来他说，你不想想我们的孩子，要是叫人给下了黑手怎么办？一句话说得妻子满脸泪水，就这样，他们办了协议离婚手续，他把房子还有那点儿有限的存款，全都给了妻子和孩子。

你说他有工作吧，成天上班没人找他，领导也不理他，单位有他不多没他不少。马克思教导我们说，人是社会关系的产物，他现在被人家从社会网络里驱赶出来了，那种心灵上的煎熬、那种孤家寡人的日子，像是当年耶稣被钉在墙上一样无奈，还不知道哪一天能够结束。你要说他没工作吧，单位还有他一张烂桌子，到时候还发他的工资，别人的工资年年见涨，他的工资却害了"侏儒症"，从来不涨。

难怪不少人说他是怪人，他还自得其乐，他自己跟自己说，我每天就做一件工作，这件工作做成了，我对全市人民对国家都有贡献。你看，人家觉得他可笑不是没道理的，成天上班都没人招呼的家伙，居然还想做大贡献，不是痴人说白日梦嘛！

北京的大学同学见多识广，听他说了那些鸡毛蒜皮的破事儿，好心劝他，你这个观念太落伍了，市委书记好坏跟你有啥关系？你一个小科员想告倒市委书记？告诉你实话吧，成天的举报信都用麻袋装。再折腾下去，你也老了，工作也耽误了，你不如趁早借坡下驴，挣钱过日子。生命有限，你赔得起吗？

苦口婆心，有道理。要不人家说这个男人缺心眼儿呢，他居然傻笑了，还跟同学讲，你说得对，举报也许有结果，也许没有结果。但是，不举报永远没有结果，我是要一条道走到黑了。

蜜蜂选择了勤劳，一生都要酿造香甜；白杨选择了蓝天，就要蒸蒸日上；江河选择了大海，奔流向前不回头。他选择了什么？一条道跑到黑，现在，一条道跑到黑的男人，可是凤毛麟角了。

说到现在你不觉得他好笑吗？一个被整得靠边站的男人，非要把市委

书记告倒不可，还把它当成自己的工作，还给自己开列出几条优势：

我在纪委工作差不多十年，中纪委还培训过一年，熟悉纪监工作程序，所以我从来不写匿名信举报，我的举报信末尾从来都复印上身份证，写上单位、家里电话，还有手机号码，行不更名坐不改姓。我就是干司法的，懂得法律。我熟悉坏人的情况，我有人脉和渠道，能拿到他犯罪的证据。

就凭他开列的这些也能算是必胜的条件吗？人家市委书记不比他更有优势吗？人家整他真是探囊取物不费吹灰之力。

俗话说，不怕贼偷，就怕贼惦记。他哪里知道，人家已经惦记他十多年了，只是没有找到他，结果他自己撞到了枪口上。有退休干部说过，你招惹一条狗，它不过当时咬你几口，它总不会没完没了地跟着你。你要是招惹了这位大爷，他要是盯上了你，非把你拿下来不可，还得踩到你死。不管任何场合，他只要看见他不喜欢的人，马上就要组织部处理人家，霸道得很！

说件小事儿，男人有次整理完举报信，想打印出来多复印几份，打字社的人接过他的稿子，正要上机，打开一看标题，举报市委书记，还没等看完手就哆嗦起来，你，你，你这是坑我们呢？还让不让人活了？你爱找谁找谁去！他还要解释，人家把稿子塞给他就把他推出了门。他走到腿直了，没有一家打印社敢陪他玩命。天黑了，总算找到一家愿意冒险的打印社老板，三页纸的小稿子，开价多少钱？五百元，一分不能少！老板说这是冒险的保密费，你给我五百元，我不给你泄密。

他以为他是在给全体市民干好事，那些享受他干好事的人，却在揩他的油水，其实，他的日子很艰难，哪里还有油水？五百元，对于他来说，那真是放血，瘦驴拉硬屎。

传说，要是有干部受了气，就对那个给他气受的领导说，你等着哪天的，我跟市委书记好好说说这件事。对方要不马上道歉，也得事后道歉，没人不怕这位书记，没人敢招惹这位书记。

从头说吧，那年有关部门召开一个座谈会，他还在司法局当副局长呢，春风得意马蹄疾，所以有关领导特意点名要他这位年轻干部参加。主持人照例说完形势大好的开幕词，就点了他的名，这里你曹副局长最年

第 7 章 一位副部级干部与一位举报人的较量

轻,熟悉法律,你先发言吧。

他没有说上几句,就把开会的人吓了个半死,大家突然听得会场中央一声响,像是把茶杯摔碎了,当年的龙市长站起来指着他说,你胡说八道!你简直胡说八道!他懵了,主持人也很狼狈,会场上最大个的领导就是这位龙市长,领导发话说他是胡说八道,你还敢继续叫他胡说八道吗?没人敢惹龙市长,只好再请别人发言。参加会的人也很奇怪,就是一个普通的座谈会嘛,别说年轻人没有说错什么,就是说错了,一个大市长至于这么喊叫有失身份吗?这件事在机关引起很大震动,没人能理解,但是,人们都知道了,以后在龙市长面前说话要万分小心。

打人不打脸,说人不揭短。市长这哪里是揭短?这不是置人于死地吗?就是父亲当着外人面如此羞辱儿子,也会遭到强烈回击的,好在小曹还算有涵养,没有当面回击他,不然,那种场面该是多么狼狈?人做事不能做绝了,你不能无缘无故往死里整别人,不然,你肯定要搬起石头砸自己的脚。何况你一市之长,这样做的结果,是让更多的人觉得龙市长太古怪,人们不能不同情小曹。由此也可以看出来,龙市长性格里有明显的缺欠,如果这样执意下去,就是不在小曹身上出事,他也难与其他人共事。

最好的满足是给别人以满足。龙市长作为领导干部,不能为下级创造成长的条件,反而与人为恶,他性格里这种根深蒂固的致命弱点,注定了他的悲剧命运。个性即命运。人贵有自知之明,龙市长却从来不知道自己的鞋子什么地方挤脚,任是这么一味盲目地走下去,能不打出脚上的泡吗?他太拿自己当回事儿了,所以他也就不懂得,在命运面前,没有哪个男人是天生的强者。

尽管丢尽了做人的面子,但小曹还是忍住了,开会完马上找到龙市长向他解释,没想到龙市长手一摆,根本不听他说话,"我问你曹长征,八五年八六年,你去没去过晶体管厂?你敢说你没去过?"

曹长征承认他去过。

那你就等着吧!龙市长说完就走了。

曹长征还是没有想明白,他今天的发言跟他去过晶体管厂有什么关系?十年前他从纪检委被抽调到市委整党办公室,秦岭晶体管厂几名工程师反映,厂领导倒卖国家划拨的工业用黄金,曹长征带人去调查,情况属

实，厂领导被处理。他还是想不明白，这事跟龙市长有什么关系呢？后来他再三打听才知道，龙市长当时已经不在晶体管厂当厂长，已经是电子工业局的领导了，那他和处理厂领导有什么关系？人家又告诉他，当时龙市长的婆姨还在晶体管厂当技术员呢。曹长征还是不明白，当年处理的人里也没有他老婆呀！人家说你真是木头脑袋，你不好想想这里面怎么回事？

曹长征还是很疑惑，就为这件事他记恨我 11 年？能吗？

市长升为书记之后

曹长征被龙市长无缘无故骂过不到三个月，龙市长摇身一变，成了市委书记，龙书记坐上书记宝座第一件事，就是招来组织部的副部长，责成他马上处理曹长征的问题，声称上一年考核时很多人投了曹长征的反对票，必须免去他的副局长职务，改任助理调研员。免职通知很快下到司法局，通知后面还附有曹长征同志的三条错误：

一、1995 年曹长征曾经在纪检委和司法局各领一份奖金。

二、多报销 2000 多元药费。

三、向单位报销了自己参加公选领导干部考试的费用。

龙市长已经犯下一个小错误，虽然不应该公众场合教训下级，但也不是原则性错误，为了掩盖这个小错误，龙书记又犯下更大的原则性错误，这不是因小失大吗？

组织部门选任干部，只看资历看能力看业绩，很少注意领导者的性格缺欠，像龙市长这样小肚鸡肠的男人，与人为恶的男人，谁能不怕他呢？他整人不整死就不算完，怎么能团结大家一道工作呢？最后只能落得个孤家寡人，没有善终。

曹长征忍无可忍，要组织部拿出他三条错误的证据，人家居然跟他说：领导已经这么决定了，你要服从组织安排嘛。没办法他给龙书记写过信，请求谈话，市委书记理都不理他。这事当时闹得机关里尽人皆知，都知道只要龙书记在这里管事儿，曹长征一辈子都别想咸鱼翻身。

此处不养爷，自有养爷处，别一棵树上吊死了，走！另找树去上吊。他先后在市里和省里报考公选干部，一次都不成，事后打听都说是龙书记

第 7 章 一位副部级干部与一位举报人的较量

有交代不能录用他。他狠狠心,去广西参加招聘,这回行了吧?广西有关单位已经表示他人才难得,准备录用,后来突然一百八十度大转变,问及再三,对方无奈表示:你们市里有关领导说你这人不能用,我们也没办法。他怎么也没想到,这是非要把他整死不可了!

人人心里都有两扇门,一扇通往天堂,一扇通往地狱。老龙当时没有想明白,也许现在已经明白,你非要把别人拉下地狱,你首先就已经站在了地狱的边缘上,你栽进地狱的几率和对手已经对等了。

朋友们纷纷劝曹长征承认错误,有的干脆跟他说,你干又干不成,走又走不了,这一辈子不就完了吗?你快找龙书记主动承认错误吧!他这个人是说一不二的。曹长征只好厚起脸皮,找了几位能跟老龙说上话的领导,给自己捎个话儿,事后有关领导都告诉他,龙书记态度明确,这个人不能再用!有位领导看他实在走投无路了,就明明白白告诉他,你自己去一次龙书记家里,主动向他承认个错误,送给他五万元,不就把敌人变成朋友了吗?

这说到家的知心话叫他想了好久,可是他的脑袋不转弯,他不但不想办法筹款变敌人为朋友,反倒认为自己抓到了玄机,这个家伙很可能受贿卖官!既然看明白了,你倒赶快去买呀!谁知道他像是吃了兴奋剂,不断接触老干部,打听老龙的一些事,知道了他有两个女儿在美国留学,一年要花销几十万元费用,他更加兴奋了,居然自己跟自己说,别看没人录用我,你不准我工作,我也不能白待着,我自己找工作干,这个工作就是举报你老龙,我要是能把你这个贪官拉下马,也算是一个大事业,也算是党和国家没有白培养我!从此他就像个地下工作者,连老婆都不知道他成天忙些什么。

举报要有真凭实据,不然不就是诬陷吗?说得容易,谁敢告诉他真凭实据?谁敢落得他的下场?有些干部看见他马上躲开,很怕别人以为自己跟反叛者一伙,你想调查市委书记那么简单呢!

有一年战士复员不再由地方安排工作,改为哪来的回哪去,一时引起农村战士的强烈波动,三十八军复员四川和东北的农村兵,把送兵干部关进闷罐车厢里,抢走自己的档案,一时轰动军内外。这件事让我思索了好长时间,我发现那些长期受到纪律约束的人,一旦解除纪律约束,他们会

比普通人还具有反叛性。后来我在省委工作时,我就发现那些谨小慎微的老干部,退休以后却变得无所不谈,无所不敢谈。

为什么说到这个?曹长征后来找到敢于向他提供真实情况的,正是这些退休的老同志,有些甚至是第一手材料,甚至只要说到某件事,老龙马上就能知道是谁谁谁提供的。还有一些同盟军,就是像他一样遭受老龙打击的干部。

一篇题为"我市输水管道五年爆六次"的新闻成为轰动全国的新闻。

曹长征了解到,老龙是这个豆腐渣工程的总指挥。根据设计要求,输水管道要使用钢套管箍的水泥管道,爆裂的管道内壁根本没有钢套管,只有细钢筋,显然是劣质管道。引水工程原来选定的管道由本省一家水泥制品厂生产,管道质优价廉,但是后来选用的管道是工程副指挥亲属注册的一家皮包公司,这家公司跑去兰州低价购买了一些劣质管道,后来自己还用土法制造了过亿元的伪劣管道用在工程上。

冯家山引水工程管道连续三次爆裂,舆论哗然,怨声载道,老龙公然溜到美国去躲了一个多月。后来可能知道有惊无险,赶回来的当天晚上立刻要求电视台露出他市委书记的嘴脸,不过是过坟茔地打口哨,自欺欺人。

老龙还在没有取得经营金融业务许可证的情况下,亲自批准、指派人员成立了宝证公司,长期非法从事金融业务活动,搭车超发巨额国债,用于投资房地产、期货交易、炒股票等,致使9800多万元国家资金到期不能归还。该案涉及金融证券单位、党政司法机关近20余人,被检察机关批准或决定逮捕的涉案人员达15人之多。其中时任财政局局长的李增邑也因玩忽职守罪,被法院判处有期徒刑三年。

问题败露后,老龙却突然说这件事他什么都不知道,把责任全推到了李增邑的头上。在当时检察院第一份起诉书中,有确凿证据能证明老龙批准该公司成立以及同意发行国债的情节,但提诉到法院后被打回。第二份起诉书中,删去了凡是涉及老龙与宝证公司关系的内容和字样。

有了底气的曹长征,直接找到市委书记办公室指责老龙,居然给老龙下了最后通牒,也算是对他当年打断自己发言的回敬吧:

第 7 章 | 一位副部级干部与一位举报人的较量

你干了那么多坏事,你自己心里最清楚。要是没人告你没人揪你,你也许浑水摸鱼青云直上,要是有人告你有人揪你,你就会粉身碎骨。你知道吗?我比你年轻15岁,我要告你一辈子!

对方满脸冒火,拍着桌子啪啪响,我不怕你,我不怕你!

看见老龙失控的样子,曹长征忽然平静下来,走着瞧吧。说完把门一摔,跨出他的办公室,不知道这办公室你老龙还能霸占几天了?

监狱里度过晚年是什么滋味?

时不我待,转眼曹长征从副局座上被掀下来已经五年整,也已经举报人家龙书记三四年了,现如今总算有了一个结果:人家最近荣升省政协副主席。

职位不能给人智慧,也不能给人德性,它只能给人权力、责任和义务,也能给人脸面和尊严。遗憾的是,常常有居于高位的人,以为职务晋升自己也就德高望重了,也就聪明智慧了,也就更可以随心所欲了。其实,这正是不幸的开始。随着职位晋升,脸面越来越大,要求属下的尊重也越来越多,必然他听到的假话也越来越多。

朱元璋小时候很贫穷,给东家当个农民工,挣碗稀饭喝喝,后来当皇帝了,就有个从前的哥们儿来看他,说起当年哥儿几个饥渴难挨,抢一罐子黄豆汤,抢打了罐子,只好捡吃地上的豆子。朱皇帝龙颜大怒,立刻叫特种兵把他拉出去砍头。另一位哥们儿听说了,马上来见朱皇帝,说当年跟着皇帝爷,手持勾镰枪,胯下青龙马,砸了罐州城,跑了汤元帅,活捉豆将军,天下美名传。朱皇帝龙颜大悦,赏他黄金布匹,还叫他做了一个管宣传的官儿。

龙副主席履新之前于百忙之中,单独安排与曹长征相见,还说不上是向他炫耀,但他一改往日的飞扬跋扈,脸上笑开了花,幸福花,对不起了小曹同志,有关免职你副局长的事情嘛,现在回头看,处理得有点儿粗糙了,我代表市委给你道歉,希望你能够谅解。关于你的职务安排,我已经跟组织部长交代好了,马上妥善安排。以后嘛,你就不要再举报我了,到

此为止吧。

曹长征坐在龙副主席对面，听他安抚自己怎么像是对牛弹琴？难道你给人民造下的灾祸这么几句话就能抹掉吗？你想逃你逃得了吗？你看看，他又犯傻了不是？你倒是趁此机会提出来你的要求嘛，弄个局长当当，弥补一下这些年来你的经济损失，你比你那些同事少赚了多少钱？少得了多少荣誉？多担了多少痛苦和挣扎？你怎么吃了五年生豆子还不嫌腥呢？人家已经成了省里领导，到了这步田地，你再斗下去还有什么意思？

龙副主席去了省里，曹长征的复职不过是他扔出的一个玩笑。

命运跟曹长征开了一个很痛心很疾首的玩笑。

曹长征终于认识到形势的严重，就在老龙出任省政协副主席的第二年，跟妻子办理了离婚手续，他知道前途离光明还很遥远，一旦踏上不归路，何年何月能出头谁也不知道，更可怕的是他已经感觉到老龙心狠手辣，你不知道他会下多大的黑手，搭上自己是没办法，怎么也不能让老婆孩子跟自己遭殃。他含泪在心里给老婆许诺，等那个家伙判刑了，我们就复婚。

冯家山水库第六次大面积爆管，曹长征再次向中纪委发出了举报信。可喜的是，这次举报信的署名已不是孤孤单单的一个名字，在他身后又站起来六名同路人，大家都是真名实姓跟龙副主席对着干。

已经国庆节了，曹长征总感觉过得不如意，因为他在等待一个消息，多少年的日日夜夜，他都挣扎在那团乱麻里，总想理出个头绪来，也能像别人一样跟妻子孩子过平静舒心的日子，再也不想这样生活在别人的白眼之下，好像他是角落里的人，是被社会抛弃的人。奇怪的是，为什么会有那么多人恶意中伤自己？我只跟那个家伙过不去，从来没有伤害别人，却被别人找上门来。

好像是一个下午吧？曹长征一向安静无事的手机响起来，对方声音很轻，你是长征同志吗？听得如此问，他慌乱作答我是我是我是！请你找个方便地方听我说话。

我是中央纪委的，你们几位同志的来信，我们收到了，谢谢你们！

对方告诉他，他们将要到陕西查办此案，希望到时候能够跟曹长征见面。

第 7 章 一位副部级干部与一位举报人的较量

好像抗日战争又要胜利了,好像解放战争就要打赢了,他重新感到了一次解放前夕的喜悦。

终于盼到过完春节,中纪委前期调查组就要来了。他再也睡不着觉,准备了一遍又一遍,其实,老龙那些烂事早已经烂熟于心,还用准备什么?曹长征像送女儿出嫁,像送儿子上大学,一遍一遍地检查自己准备得是不是充分完好。哪里想到他准备得这么周到的文稿、腹稿,还没等他讲到一半,专案组就有人拍桌子打断他的发言。

拍桌子的同志喊道,这么腐败的典型!一定要查到底!

办案人员调查到市财政证券公司案件,已经出狱的李增邕交代,当时调查他的时候,有人当面捎话给他,龙书记要我告诉你,只要你能主动承担责任,我就保证判你三年缓刑,还保留你的公职,你要是不主动承担责任,就要判你死刑!你一定想明白了!他不甘心,在看守所里给市里的主要领导们写信反映情况,很快他写的那些信又都拿回来摆在他面前,吓得他屁滚尿流。

原来的市公安局局长已经出狱,他向办案人员交代,他在任期间先后给龙书记行贿 40 万元,当年他被捕后,有人告诉他龙书记要他小心说话,他知道龙书记的霸道,哪里敢指证他?

说起这位前局长倒也很有故事。市公安局曾经连续失窃十多起,尤其叫人困惑的是局长办公室一再被盗,公安局就是干破案的,连续失窃很让他们没面子,所以就有人说,这事只能是家贼干的,不然,怎么会破不了?

说来也巧,那天晚上有位警察临时有事,要回局里,可是怎么也打不开办公楼大门,他就找来收发室值班的帮他看着,他爬上窗户手电一照,门里边有个家伙,披着棉被,硬拧住门锁。抓住他扯掉棉被,原来是他们从前雇佣打扫卫生的临时工。

局长听说抓到了小偷,就要局里刑警支队严加审讯,一定要把所有他偷盗的案子搞个水落石出。谁也没想到,这个大盗嬉皮笑脸,根本不理会他们的审问,一再说,不是局长审我我啥也不说!刑警觉得奇了怪了,只好汇报给局长。

局长只好亲自召见窃贼,你小子敢偷到公安局来了,你想找死啊?今

天你要不好好给老子交代,老子就拿枪崩了你!小偷马上说,局长局长我交代我交代,我就在你的办公室偷了三万块,我可没偷你别的东西。然后不管局长再怎么追问,小偷死也不开口。

小偷说的这几句话,据说是话里有话,我不知道读者君听没听出来,反正我是没听明白。

局长看他一副死猪不怕开水烫的样子,我哪有时间陪你玩儿呀?就把自己丢失的钱财物品拉一清单,交给属下去追赃。他这个清单,我得拉给你看,要不也就没有故事性了。

经查,1998年春节—2001年7月,局长办公室失窃物品如下:

现金75000元

白金戒指一个

黄金手镯一个

飞亚达手表一块

金质毛主席徽章11枚

怎么样?你看这份清单有点儿智慧没有?

就因为这份清单,省纪委出面,把大盗带到省里去问话。

后来,这个天天把军用挎包背在身上的廉洁奉公的局长,被以受贿罪判处有期徒刑10年,并处没收个人财产人民币两万元,依法没收其赃款15万元。

如果按着常理来想,既然你的钱来得猫腻,你只能吃个哑巴亏,可是,这位局长根本不在乎小偷的威胁,还开列清单命令下属查办,就是他太把自己当成局长了,一来小偷不交代是不行的,二来下属当然得对他奉命行事,他就没想到当你以身作则当局长时,部下会爱护你,并不等于你干了违法勾当,还没有人敢惹你,所以他开出的这张清单就成了货真价实的犯罪证据。

他满心里想的都是自己的钱、自己的宝贝,怎么能被大胆毛贼占有,必须给我拿回来!当他脑袋里只有这种强烈的念头时,再荒唐的事情他都

第 7 章 一位副部级干部与一位举报人的较量

能做出来,要不怎么会发生这种利令智昏的笑话呢?

这位前局长自从当上局长就注定了穷途末路,他跟前面说到的老朴属于同一类人,千万不能掌权,一旦掌权就害了自己和家人。

书归正传,龙副主席在办公室被调查组带到南郊宾馆,向他宣布了中央纪委对他"双规"的决定,就在下午,办案人员押送他飞往北京。

后来有人说,一到候机厅,眼看就要坐上飞机了,他再也高兴不起来,止不住的眼泪在眼圈里转来转去找不着路。

最后,法院认定老龙犯受贿罪、玩忽职守罪,判处其有期徒刑十二年,没收个人财产人民币 20 万元。

这一年他已经 65 岁,是省里第一位入狱的副省级干部。

老龙为什么混到了这步田地?

当官的人,尤其是领导干部,必须心胸开阔,能够容纳不同意见。而他呢,小肚鸡肠,斤斤计较,十年前的经济问题如果牵扯到你,早已经过去,本该见好就收,改过自新。人家曹长征都不知道是怎么回事,你反而打上门去,这就是一大忌。

到处给曹长征下腿绊,不但不准起用他,还不准他离开本地区本单位,如此斩尽杀绝,显然你已经被嫉恨烧昏了头脑,做出了如此丧失理智的举动,这又是一大忌。既然曹长征年轻有为,必然心理素质不错,工作能力也强,廉洁奉公,对于这样一名青年你下死手,葬送他的前途,必定会激起深仇大恨,他就要竭尽全力葬送你的未来,其实,正是你自己给自己选择了不屈不挠的掘墓人。

你已经升为省政协副主席了,已经向曹长征承认"粗糙"、"道歉",也许事情会有转机,但是你答应的安排复职却是谎言,这只会激起更大的举报勇气。这是你最后一大忌。

其实,你既贪财,又像暴君一样欺压部下,等于天天都在打造给自己掘墓的人,到监狱里去度过晚年也就不足为怪了,这实在是个痛心的教训。

你能在所有的时候欺骗某些人,也能在某些时候欺骗所有的人,但你不能在所有的时候欺骗所有的人。这就是欺骗者的必然悲剧。

这个世界本来是大家的,你要活得好,你也得让别人活,就算你不能

给别人创造机会，你也不该把别人的活路都给堵死了。生命对于每个人都只有一次，生活都不容易，你活活就想将别人整死，那你所激起的仇恨必然是别人要给你掘坟挖坑。

这样说，小儿科，是讲做人的ABC，已经身为领导者的人应该是全心全意为人民服务的，要是连起码的ABC都做不到，你只好去监狱里从头学起了。

监狱是个大学校，好多在位的官员没有认真想过人生ABC，能够在监狱里从头学起，虽然失去了自由，却也找回来一分心安理得，找回来一分本真的思索。

有人捎信给曹长征说要他千万注意自己的安全，他叹口气，我倒不在意自己的安危，倒是希望国家能够出台保护举报人的具体措施，不能让举报人流血又流泪，国家要善待举报人。

他还说，我在每封举报信后面，都要留下身份证复印件、详细通信地址和联系电话、本人的亲笔签名。他说，只有这样，领导才可能相信你的举报是真的。匿名举报效率低。举报信不要太长，一般两页半最好，长了，领导没时间看。

每个英雄的背后，都隐藏着一段难说的悲剧。老曹，复婚了没有？能分我们一块喜糖吃吗？

第8章
一对一的时候
也是你最危险的时候

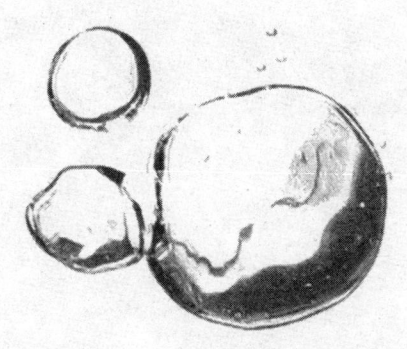

第 8 章 一对一的时候也是你最危险的时候

最危险的时候反而最安全

我当兵在连队做了指导员以后,天天最怕出事故、最怕死人。

我的连队是机械连,平均三人一台机械,人人动机械,天天动机械,常在水边走,哪能不湿鞋?可是,我却发现一个怪事,最危险的道路、最困难的环境、条件最不好的时候,也就是在我看来最容易出事故的时候,我的连队从来没出过事儿。换个角度说,出事故的时候,都是最不应该出事故、最没有理由出事故的环境。

野营拉练,要翻越太行山,站在山根底下,仰头望着先头部队的汽车,火柴盒一样蠕动在九曲回肠的盘山路上,我喘不上气来,能不能平安翻过这样从没走过的线路,心里一点底儿没有。我怎么也没想到,全连车辆走得井然有序,没有任何疏忽和失误。

另外一些时候,我去看事故现场,怎么也想不明白,一马平川的道路,太阳当头照,没风没雨,对面、后面都没有车辆和行人,闭着眼睛也能跑二里路,可是,我们的军车硬是翻进了路边的水沟里。

我了解其他单位的事故,也都有这个规律。

你来帮我想一想。

农村青年进城替人家打家具的木匠,多的是。这个男孩到十二岁就念不下去了,家里实在供不起,好歹混到十六岁拜师学木匠,然后就进城给人家打家具。

你说这个青年日后能干什么?最大能出息成什么人?

在胡润与国际著名传媒集团"欧洲货币机构"共同推出的首个中国内地富豪榜上,他名列第九十来号,总资产人民币9.5亿元。

有媒体说他不到三十年顺风顺水成长为首富。

你知道他为什么会顺风顺水?就因为他没念过中学,也没念过大学。

你说我胡说。这回,我真没胡说,我是经过调查研究的,经过取样考证的,我对我的结论负有书面责任。

从某种意义上说,世界上古往今来的知识也都可以简单地归结为两大

类，一类曰显性知识，就是你上学、读书、看报、听人讲课都能学到的知识。换句话说，这类知识是可以言说的，父亲可以传给儿子，儿子也可以教给父亲；你花钱不花钱都能学得到，偷也能偷到，不是说北大清华都有蹭课一族吗？总而言之，这种知识是能够传授的知识，看得见摸得着闻得到。

对立于显性知识的另一类就是隐性知识，看不见摸不着闻不到，只可意会不可言传，花钱学不到，不花钱更学不到，想偷连门儿都找不到。

人是很奇怪的动物，常常因为某种功能受限，他就会畸形发展别的功能，你比如，哑巴的眼睛特别尖，他会观察到你所有不经意的动作细节，然后他比你还知道你下一步想干什么。你比如，眼盲的人耳朵特别灵敏，他能听见你使尽吃奶力气也听不见的针尖落地的声音。只有双手不能用的人，才能训练出比我们手还要灵巧的脚。

你上过中学、大学，然后又读研，反正我们每个人的脑袋就那么大，怎么也赶不上牛头，你那有限的大脑空间里装满了小学、中学和教授们过气的知识，还装满了十七年的英语等待发挥作用，内存一旦占满，想清理一下磁盘碎片都不可能，你每天就顶着那个沉重的脑袋坐地铁挤公交，上班下班，累不累呀？

那些没有上过中学和大学的人呢？他们没有课堂上也没有书本上的知识，更没有教授们过气的垃圾知识，脑袋里几乎是空白，他们就像哑巴、眼盲一样发达了另外的功能，他会根据他的理解寻找筛选对他有用的知识，有脑袋转得快的还能创建自己的知识库，个别的还能创造奇迹。

他们靠的是什么？至少，前面讲的那位第九十来号首富，靠的是直觉，靠的就是他悟出来的隐性知识。国内此类隐性学者大有人在，比较知名的像赖昌星、刘涌，还有后起之秀"四川第一贪"——从铁匠自学成为县委书记的费玉田，《新财富》杂志新财富劳斯莱斯500富人榜第141位、《福布斯》大陆富豪榜第167位的王德军，还有重庆的陈明亮，等等，如果他们上过中学上过大学，像你一样脑袋里没有空白，多装了许多的原则道德理想，他也就不会把若干亿元人民币装进自己口袋里，也只能像你一样每天顶着一个沉重的脑袋坐地铁挤公交。

可见这隐性知识的厉害，能变钱！

第 8 章 一对一的时候也是你最危险的时候

读者君问我怎么知道他有隐性知识？你听我慢慢道来，反正天还没有黑下来，咱们得等到黑夜里来讲他的隐性知识，隐性知识是不能曝光的。

趁天还没黑下来，先讲一位叫郝坚强的人，他不像小木匠，或者现在应该尊称他为大木匠，咱们丑话说在头里，郝坚强比大木匠有文化有原则有道德有理想，可就是没有大木匠的直觉。

郝坚强跟几个谈得来的人合股，组建了泰华房地产开发公司，办好各种烦琐的法律、银行、行政等等等等批准手续，缴纳了应该的不应该的反正都应该的费用之后，开始承建城市五里铺的排洪沟治理工程，然后要在这个治理好的工程上开发商业用房。

造福百姓嘛，彰显政绩嘛，所以该工程受到当时的市长牛大水同志的大力支持，尤其是临近开工的时候，来了一位气度非凡的马女士，自称某某某，代表牛市长跟他们股东对话，为了表示政府方面的支持，由她出面拥有 30% 的股份。郝坚强是有原则的人，虽然说了一些客气的话，就是不肯出血。

女士走了，先生又来了，自称代表父亲牛市长母亲马主任（作者注：后经查实该同志确实为一个协会创办的青少年活动中心第一主任），要对治理工程控股 40%。可惜，郝坚强没有大木匠的直觉，他还是不答应。年轻先生说好，你不是不答应吗？那我们就要控股 49%。49%，一半了？理所当然坚决拒绝。先生说，那好，我们就要控股你 51%！要 30% 郝坚强不答应，现在变成了 51%。但郝坚强的信念和知识结构告诉他，我一切法律的行政的手续都齐全，我就不信你能把我怎么的。他相信阴云会过去的，明天会更好的，面包牛奶都会有的。

即将开工之时，他收到有关当局一纸通知，"拟建工程不符合有关规定"，开工告吹！可是，先期的 800 万元已经投进去了！

从此以后，有原则有道德有理想的郝坚强开始求助、上访、起诉，漫漫八年，抗日战争都打赢了，他还没有希望，但是手里却重握两任省委书记、两任省长督办的批示。

说到这里你还不明白，咱们再往下说你就懂了。

大木匠行事正跟郝坚强相反，他一眼就能看出牛市长的喜好，也能看出他夫人和儿子的喜好，所以他采取的是主动上门，给市长同志送去几万

元的厚礼。但是,能够把郝坚强调教得八年走投无路,任凭他拿着尚方宝剑也奈何不得,市长也非等闲之辈,所以他把金睛火眼一睁,就看出大木匠这号人人品靠不住,今天给了你,明天就能揭了你,所以赶紧打发家人把他的真金白银如数奉还。

牛市长在看到危险的时候,能够保护自己,所以他没有被大木匠拖下水。可是,他在认为安全的时候,却把手伸向了别个商人,结果,他自己下了水。

这回你明白了吗?大木匠没有郝坚强那么多原则道德理想,他凭自己的直觉,想怎么干就怎么干。他不受郝坚强头脑里文化的约束,他凭生活经验知道这些个官员们喜欢什么,一次次猫捉老鼠的成功,发达了他的直觉、他的胆量、他的疯狂。

无知者无畏,头脑里没有公认的做人准则,没有神圣需要敬畏,也就无所谓道德不道德、犯罪不犯罪,怎么干怎么有理,你比如赖昌星,你比如刘涌,自认为老子只能做老大,就是要横踢马槽,打破禁忌和神圣,不择手段直奔目标。

越是智者越知道畏惧。说这话的是"二战"时期美国著名的军事家巴顿将军,他身经百战,出生入死,他的话字字都凝结着鲜血,他说,尽管有所畏惧却能勇往直前的人,才是勇士。

谁把官员拉下了水

据说,大木匠早在1996年,就用香港一家国际贸易公司的名义加上他的有限公司,注册了一家中外合资企业,要不说没文化就是好呢,人家跟香港公司都能注册个中外合资,了得!可是,大木匠被中纪委带走协助调查之后,有关当局经调查证实,他这个公司纯属虚假注册,非法领取营业执照后,多年骗取税费减免560多万元。

大木匠在父母官的帮助下,曾经低价拿到一块黄金地段,市区核心地带东方红广场,虽然是用公益用地名义廉价拿到手的,他却在这里建起了寸金寸土的大商场。

据说,政府最初描绘的美好蓝图,是要在东方红广场建设一座国际博

第 8 章 一对一的时候也是你最危险的时候

览中心,作为商业洽谈会一个永久性的主会场。看准了这个美好蓝图,政府又找不到更有钱的人,非他不可,大木匠就开出了优惠自己的条件,建设八层的国际博览中心,一二三四层产权归他所有,政府拥有五六层的产权,七八层呢?商洽会期间政府可拥有 40 天的使用权。

工程动起来之后,又起了变化,大木匠又在父母官的帮助下,重新签订一个合同,合同规定他免费取得东方红广场的土地使用权,而后,省政府、市政府还要分别支付给他 6000 万元和 4000 万元建设资金,作为国际博览中心五层到八层的建设资金。

你看看吧,那边郝坚强自己投资八百万元治污,不用政府的钱,他却遭受了毁灭性的打击,而这位大木匠呢?却是出奇的顺风顺水。

大木匠更有出奇制胜的高招,为了筹措工程资金,博览中心还没有模样的时候,他就把一二三四层层层划分为精品屋,全部预售一空。业主怕是怎么也不会想到,大木匠玩的是诸葛亮当年的草船借箭,等拿到业主的钱把博览中心建成了,他又像有关当局对付郝坚强一样,说了个兔子不拉屎的理由,就把业主全干掉了,把精品屋通通收回来。

有文化的人敢这么干吗?有道德有原则的人能这么干吗?大木匠只有金钱和疯狂,有人背后支持他,他怕什么?

工程完工,他又提出属于政府的五六层要收取物业管理费,谈来谈去,不知哪位父母官答应五六层也归他免费使用,待到召开商洽会时再归政府使用。

有媒体说,凭借在国际博览中心建设中的一番腾挪,大木匠的事业如日中天,他的购物广场销售额为全省 40 多家商业零售企业之首,他的财富事业被推上了一个前所未有的顶峰。他是怎么腾挪的?

大木匠知道自己要想顺风顺水成长为首富,必须离不开父母官的关照,每每拜求关照肯定不去办公室,不去人多的地方,只去没人的地方,一对一,都要赌咒发誓告诉官员们自己绝对可靠,让父母官一百个放心。跟他打交道的官员们果然都很有信心,觉得这人事情办得很明白。可惜,他们只能看到他当面的表演,没人想到他的拿手戏全在后头。大木匠每送出一笔钱,回到家里,马上拿出自己的看家本子,一一记录在案,父母官的姓名、时间、地点、钱数,清清又楚楚。就差没有附上一张照片。

受贿官员们真是小看了这个大木匠，他在给他们放下诱饵的时候，已经把毒汁搅拌在里面，可惜，他们只陶醉于里面的甜蜜，没有品出后面的巨毒，他们能不下地狱吗？

大木匠的成功一再证明金钱是万能的，没有金钱铺不平的路，没有金钱爬不上的坡。男人要有钱，和谁都有缘。乐得他私下里透露，每年用于联络政界的灰色消费就有五百万元。你想想，他这笔巨款每年会诱使多少官员鞍前马后为他效力？这些个隐性的潜规则，郝坚强哪里懂得？他能不翻车吗？

大木匠被中纪委带走协助调查，黔驴技穷，交出账本吧。媒体说，在向中纪委提供的一个账本中，他详尽记录了向官员们行贿的情况。由此而来的"行贿门"，引发了该市一场史无前例的官场地震：原市委书记、市长、副市长等众多官员纷纷落马。

媒体称，早在大木匠东窗事发之初，就有报道说，他可能与40多位官员"有染"，一时舆论哗然。

前面说到的牛市长虽然已经荣升为省政协副主席，但还是因为受贿170万元，被判刑12年。你看，他对于大木匠很有警惕，自我保护意识很强，没有在他手里入账，但是，他却去跟那些他认为不能出事的商人索贿，认为你知我知，太平无事。结果呢？全家妻儿老小齐上阵，最后闹得一个妻子两个儿子两个儿媳妇，全军覆没。人一贪就变傻，傻得瞪大了眼睛全家一齐往火坑里跳。

大木匠协助调查半年后，被解除限制，恢复自由。

备受社会关注的原西安市长受贿一案，由定西市中级人民法院，在其羁押地甘肃省国家安全厅看守所作出判决：被告人犯受贿罪，判处有期徒刑十年，并处没收个人财产人民币两万元；对追缴的赃款人民币84万余元依法没收并上缴国库。

关于这次庭审，有媒体报道说：

> 原市长受贿80余万元受审，反问行贿人哪里去了：
> "我发现，现在这些生意人有一种倾向，明白我们的纪检部门如何查处官员，把好多事往官员身上推。把官员的问题说得越

第 8 章 一对一的时候也是你最危险的时候

严重,他们的罪责就越轻。所以现在,领导干部全都按受贿罪判刑了,可没有一个行贿的企业老板被判刑,难道只有受贿,没有行贿?"

他的辩护律师也同时在法庭发问:"今天,受贿人坐在这里受审,行贿人到哪里去了?行贿人的行为难道就不是犯罪行为了吗?他们的行为就不用追究了吗?"

于是乎有人指责,涉案人不反省自己,难道肚子疼还要埋怨灶王爷吗?

要我看,他倒是问得很好,说出了事情的真相,他也应该有这样严肃的思考,即使对于他来得太晚,但对于后来者还是一个警醒。可惜的是,不知他是被法律追究时才明白的,还是早就明白了?如果早就明白你还能钻进套子里吗?你也就不用埋怨灶王爷;如果是现在才明白,你也真的太迟钝了。现在的形势是,大木匠拉你下水时他是首富,把你送进监狱后人家照样还是富得流油。只要不把行贿者也拉上被告席,接受法律的严厉制裁,还会不断有官员成为他们新的牺牲品。

问题就出在这里,其实,这位前市长并不是现在才明白,他早就知道:"现在这些生意人有一种倾向,明白我们的纪检部门如何查处官员,把好多事往官员身上推。把官员的问题说得越严重,他们的罪责就越轻。"

为什么心里明明白白,还钻进了人家的套子?

没看见谁是圣人,我们潜意识里多少都有贪欲、淫欲、犯罪欲,人人有,只有那些抓得住后天修养的人,才能去除这些杂念。古人为什么讲究"慎独"?"所谓诚其意者,毋自欺也,如恶恶臭,如好好色,此之谓自谦,故君子必慎其独也。"

如果按着我们现在的理解,这里说的应该是人在潜意识里就要对自己诚实,不要自欺,这就像我们厌恶恶臭喜好美色一样,君子要谨慎坚守自己的内心。

前面说到的那位意大利法学家、现代犯罪学创始人加罗法洛,在他的《犯罪学》里告诉我们:

"如果道德仅仅是个体推理的结果,显然最聪明的人应该是最诚实的

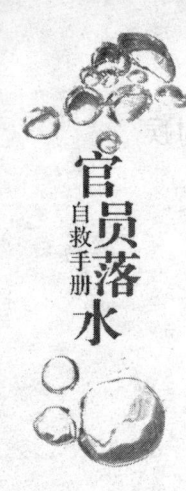

人。一个人越聪明，他就越容易获得利他主义思想，这种利他主义是最高的道德概念，而按照实证主义的观点，这种最高道德在于利己主义和利他主义最大可能的融合。"

不诚实，何以聪明？

多少人受贿不就是没想到"你知道我知道"吗？

也想到了，他想的是那家伙怎么敢揭发我？他揭发我我死不承认，又能拿我怎么办？再说他揭发我，他自己不也完蛋了吗？他的工程还要不要了？

其实呢，哪一次不是那个夜里送上门信誓旦旦的哥们儿揭发的你呢？你说你冤不冤？当真相信行贿人的山盟海誓，你就是自欺欺人，你只能是太幼稚，你就是放任了潜意识里的欲念，为了满足贪欲你就跟那个行贿人合伙欺骗自己，到头来，你不是自己害了自己吗？

细想想，行贿人所以要山盟海誓，难道不是他已经感觉到了犯罪的恐惧吗？不是他已经预感到东窗事发的可能性吗？其实，所有的山盟海誓都包裹着恐惧的肉馅，包括爱情上的。只是你鼻子迟钝，没有闻到。

英国17世纪的教育家洛克说，恐惧是对我们的一种警告，假如我们见了灾难不知道害怕，对于危险不能作出正确的估计，自欺欺人，不管它是一种什么危险，不管有什么用处或结果，甘冒危险，这不是理性动物的果断表现，只是一种兽性的狂暴而已。

用金钱维持的忠实，到头来必将因为金钱而背叛。

别看有人职务很高，道德心理上有时还是不成熟，仨瓜俩枣就被忽悠了。

不是商人改变了你的生活原则，是你误解了他的原则，他经商就是为了谋取最大利益，他行贿是能从你手里低价拿地；当他知道已经被套住，要想保护自己的最大利益就得揭发你，他为什么抓你做垫背的？首先是因为你失去了自尊，你已经被人家用诱惑牵着鼻子走。我们真的应该自重，不要总是成为不良商人手里的财富工具。

自欺欺人实在是我们常犯的一个错误，如果你是个孩子，你是个普通公民，倒也无所谓，可是，重权在握的时候，你还不慎独，那可是失之一毫差之千里。职位越高，你所犯的错误也被放大得越高。贪点儿小便宜，

第 8 章 一对一的时候也是你最危险的时候

无非是在超市里多尝几口试吃食品,别的也贪不到,但当了市长还想贪小便宜,一贪就是几十万几百万,那不是睁眼往火坑里跳吗?

人在大的背景里,身边有人监督、有制度约束,或有什么你认为的不安全因素存在,像前面牛市长看出来大木匠是个人品靠不住的人,那个时候你不容易失去自我保护的警惕性,你不会出事。越是你觉得没人管你,没人发现你,只有天知地知你知我知的时候,你的自我保护意识也是最脆弱的时候,你的判断力也是最迟钝的,当然也就是你最容易出事故的时候。你丧失了警惕,自以为是,自欺欺人,你不出事谁出事?

越是你独自一人能够决定一切、能够任意行事的时候,也就是你已经站在悬崖边上的时候,为了自己还有老婆孩子,这个时候,你一定要看清脚底下的万丈深渊。

慎独就是自我保护,就是警惕我们最容易出现的致命疏忽,就是约束心理的犯罪意念。

无欲则刚,无欲才能保持平常心。你贪的时候肯定就是你最愚蠢的时候,大木匠那点儿平常人都能看清的把戏,只有你看不明白,身在其中,让贪婪蒙住了你的双眼。

这就是你认为最安全的时候,往往是你最不安全的时候。

世界著名未来学家阿尔文·托夫勒,《第三次浪潮》、《权力的转移》、《财富的革命》等名著的作者,他说,21世纪的文盲不是不识字的人,而是那些不会学习、不会丢弃旧知识并重新学习新知识的人。

这个重新学习既是向书本学习,也是向生活学习,让自己适应不断变化的新形势。

审讯胡长清的检察官王德合告诉我,已经被处以死刑的原副省长胡长清,交代问题的时候,没有规避法律的技巧,一直是直来直去,说:"我收了人家的钱,就应该给人家办事,不然,我这人就太没人品了。"他把前后这些事情说到一起,就是一个犯罪的完整过程。我说你还是法学家呢,你收受人家的钱,给人家办事,"国家工作人员利用职务上的便利,索取他人财物的,或者非法收受他人财物,为他人谋取利益的,是受贿罪"。法律规定得非常清楚,你既然是法学家,你懂得法律,为什么还这样做?他就说我这个法学家是假的,我不懂法,我手里拿的大学教授、法

学家的证书,都是假的,是别人帮我办的。

难怪他一再犯法,他凭着自己的无知,理直气壮地收钱办事,还认为自己很有人品,这不是胡长清天大的悲剧吗?

行贿者要改穿布鞋扔掉皮鞋

大木匠从"行贿门"全身而退后,他的一位好友说,"他以后的路,将会用布鞋代替皮鞋:布鞋和皮鞋一样走路,但是布鞋没有声音。"

经验总结得多快!何等的智慧!何等的可怕!隐性知识嘛。

从此,路还是要走的,不能不走,但是,你再也抓不到他的脚步声,再也抓不到他的足迹,他要羚羊挂角,无迹可寻了。据史前资料记载,史前是啥时候?就是有人曾经看见猴子变成人的那个时候,那个时候的资料说,羚羊们属高智商精英一族,掌握隐性知识,为了躲避猎人追踪、虎狼猎杀,用自己的弯角把自己挂在树上,让你找也找不到。

2009年12月31日,美国司法部宣布,UT斯达康在华行贿1100万美元,其中700万美元用于邀请某国有通讯公司高层官员出境旅游,资助数百名雇员到夏威夷、拉斯维加斯、纽约等美国观光胜地参加短期培训,UT斯达康现在已经同意支付罚金300万美元,用于和解本案,并保证不再发生此类违法事件。

请注意这最后一句:保证不再发生此类违法事件。如果再发生呢?

2006年,《关于国外防治商业贿赂的研究报告》称:

商业贿赂行为严重违背公平竞争原则,极易滋生腐败。因此,市场经济体系比较完善的发达国家普遍把反商业贿赂与反腐败联系起来,在制定的综合型反腐败法律中对商业贿赂行为严令禁止、严厉惩处。如英国的《英国公共机构防止贿赂法》、《防腐化法》,美国的《罗宾逊—帕特曼法反价格歧视法案》,新加坡的《预防腐败法》,等等。

在西方许多国家的法律中,对商业贿赂内容的界定十分宽泛,不局限于财物,而是把作为交换的利益好处都算做贿赂。如加拿大相关法律中规定商业贿赂涵盖"金钱、兑价物品、职务、住所或雇佣、货款、奖赏或任何利益",也就是说包括所有物质利益和非物质利益。芬兰明确规定,国

第 8 章 一对一的时候也是你最危险的时候

家公职人员不准接受商界的任何吃请和游山玩水，否则，均被视为受贿行为。日本将受贿行为的形式分为事前受贿、事后受贿、斡旋受贿和第三者受贿。对贿赂的内容，规定凡是能够满足人的需要或者欲望的一切利益都可以算做贿赂，包括金钱、物品以及其他利益好处，甚至提供性服务以及高规格的宴请和接待等。

全国十佳反贪局局长、五一奖章获得者、长沙市检察院反贪局局长谭学军认为，在商业贿赂犯罪活动中起着积极主动作用的多是行贿方，所以如果只注重打击受贿者而轻视对行贿者的追究，必然影响惩治商业贿赂犯罪专项斗争的成效。

检察官普遍认为，对行贿人打击不力将导致行贿更加肆无忌惮。因为医药销售代表、工程承包商等行贿者犯罪成本太低，风浪过后，在追逐商业利益最大化等诱因下，他们可能继续进行商业行贿。如此恶性循环，商业贿赂犯罪活动难以有效遏制。

可是，中国学者关于贿赂的研究成果是极具超前意识的，是彻底开放的，不但我等鼠民小人跟不上潮流，连美国人也只能望洋而兴叹。不信？我说几句他们的成果你看看，你能不能跟进？

改革中的许多变通措施和非正式的制度安排，往往是由腐败和贿赂行为涉足，再由正式的安排加以确认，腐败和贿赂成为权力和利益转移和再分配的一个可行的途径和桥梁，是改革过程得以顺利进行的润滑剂，在这方面的花费，实际上是走向市场经济的买路钱，构成了改革的成本费。

改革要利用腐败和贿赂，以便减少权力转移和再分配的障碍。

曾在数学上严格证明，在公有制下，官员索取剩余可能是一个帕累托改进：因为它有利于降低监督成本，调动官员的积极性。私人产品腐败的存在，对社会、经济发展来说即使不是最好的，也是次优的、第二好的。

帕累托，意大利的经济学家，他提出一个经济学概念，在不损害一方福利的状态下，通过改变现有的资源配置，提高另一方的福利，这就是帕累托改进。可惜，他老人家已经过世七八十年，没有看见其他的经济学家是怎么借蛋生鸡的，也不知道他老人家愿不愿意被借一把？更不知道他喜不喜欢他们生下那么多的金蛋？

说上面这些话的经济学家，早都已经抱回家很多金蛋了。

第 9 章
当贪官遇到神佛

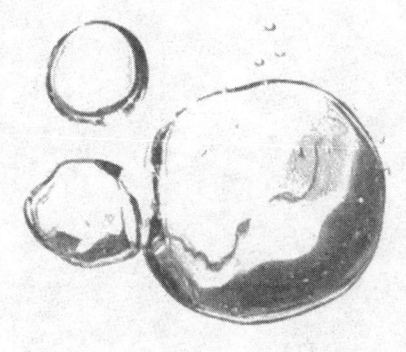

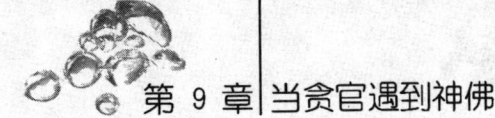

第 9 章 当贪官遇到神佛

内心恐惧的人崇拜神灵

临时抱佛脚，没用也安慰，你看高考临近，古刹老寺，人满为患，香火一时涨价，供不应求，就连媒体的新闻也香烟缭绕，祈祷声声，你看那些个标题，哪个不闪烁着神佛味道？《高考临近一些考生家长开始求神拜佛》、《阿弥驼佛！广西大批高三老师上山拜佛 祈祷学生高考出彩》、《广东考生求神拜佛忙 寺庙推出高考专用护身符》、《为减压求安慰 广西有部分高三教师求神拜佛》、《苏州：高考学子烧香拜佛祈求》、《老师为高考生求神拜佛用心何其良苦》、《高考要凭真功夫 "求神"不如求自己》、《考生集体烧香求中榜买贵重香》、《求神拜佛上大学，高考更疯狂》、《学子参加高考 家长求神拜佛》……

我们中国人进庙就烧香，现在又受了快餐文化的影响，不进庙也烧香，见佛见神见有用的就作揖就磕头，是佛是神六分敬。我们头脑里的神谱，和广东人的食谱一样，都是广谱，无所不有，无奇不有，从最原始的图腾、动物、树木到神佛、菩萨、玉皇大帝、阎王爷和牛鬼蛇神，还有手持大刀的关羽、倒骑毛驴的张果老、哭倒长城的孟姜女、脚踩风火轮的哪吒，还有土地爷、财神爷、灶王爷、门神爷、门坎爷、灯台爷，还有民间的红、黄、白、柳，甚至还在同一座寺庙里，同时供奉着儒、佛、道三教的神像或圣贤。

一些人所以要信佛敬神，不过是为了消灾去病、刀枪不入、升官发财、妻妾成群、多子多孙、大吉大利、鸿运高照、降雨除虫、五谷丰登、一生平安、全家安康……甚至是为了去除仇家、打败对手、克敌制胜、无敌天下、贪污不被查、腐化没人管、杀人也平安。一些人修庙、塑像、献祭、念经、磕头、烧香、许愿，不过是为了换来神佛对他们的保佑和赏赐，这就像是跟神佛做生意、拉关系、走后门一样，不过是公开向神佛交费行贿，求它们对自己多加照顾保护。

看着每天烧香拜佛的人有增无减，庙里的和尚也深有感触：佛家讲求无欲无求，可现在来拜佛的人，大都是福禄寿喜财要求得齐齐全全一样不肯少。

由此你就不难看出，每个人心目中的神佛往往是不一样的，他们用自己的需求去打扮寺庙里或者他们家里供奉的神佛，贪官污吏供奉的神佛自然也不会干净，杀人凶手也供佛，那佛身当然少不了血腥味，奸商们供奉的神佛个个贪利忘义。

所以就有一种怪现象，越是有愧、有鬼、有罪的人，越是罪孽深重的人，越是勤谨、虔诚、死心塌地地侍奉神佛，希望依靠神佛的力量保护他们不被揭穿、不受惩罚、不坐牢狱；他们相信，即使神佛不能保护他们，也不会出卖他们。结果你就到处都能看见，那些个低价买高价卖牟取暴利的生意人，更是家家必供神佛，有了神佛供奉在家里他们就可以更加肆无忌惮，更加投机欺诈，更加心安理得，因为神佛已经成为他们生意的共谋者、保护神。

被萧伯纳称赞为"他是我见过的人类中最美的一位"的印度哲学家克里希那穆提，在上个世纪的讲演中，告诉西方国家的青年："我们崇拜神是因为我们惧怕它，我们的心中只有惧怕没有爱。庙宇、祭供、念珠，这些都不是神，是出于人类的虚荣及恐惧的产物。只有那些不快乐、充满恐惧的人才崇拜神。那些拥有财富、地位及权势的人不是快乐的人。一个有野心的人是最不快乐的。"

贪官也是人，信神可是真的从心里往外地信，全身心地信，真希望神佛能救他们于水深火热之中，能让他们洗白成平安无事，能让他们成就大业千古。如今，我们不妨说一位职务最高的俗家弟子，看看这位官员礼佛信佛敬佛到了何种程度。

剃发为僧，衣食起居严守寺内戒规；又想礼佛，又想过世俗生活，那就是留发的俗家弟子。我们说的这位男人，天天烧香拜佛磕头作揖，名寺拜师，弘扬佛教为国教，却还要天天做高官管大事拿大钱，不也该算做俗家弟子吗？不过，他不是少林寺的。

话说当年查处厦门特大走私案初见分晓，大量走私、腐败犯罪被揭发，树倒猢狲散。香港有关系人向办案人员透露，有位港商，曾经跟赖昌星的九洲公司搞过走私，有意想向政府讲清自己的问题，还可以提供他所知道的重要情报，但是，他只能在香港说事，不可以回大陆。

办案人员了解到，这人就是厦门特大走私案的走私犯罪嫌疑人丛某，

第 9 章 当贪官遇到神佛

香港一家公司的董事长。他原本是厦门大学的教师,心血来潮改行经商,后来全家迁居香港。他跟九洲公司走私数额巨大,即使他不露面,也是要抓他归案的。

等办案人员赶到香港,通过关系寻找丛某时,他却不愿意见面了。要么是他因为恐惧改变了主意,要么就是厦门远华的涉罪人员威胁他封口。办案人员为了让他放心,提出会见地点、时间全由他自行安排,办案人员不会带警察与他见面。

丛某精心安排了两天两夜,总得找一处便于逃跑又不便于抓捕他的地方,也确实够费心伤神的,然后告知办案人员会面的时间和地点。

刚刚见面,丛某就给了办案人员一个下马威:我的赴港单程证,你们凭什么给我吊销了?你们知不知道,香港是一个讲究法律的社会?我要到香港法院起诉你们!

他说的这个赴港单程证,是大陆公安部门发给有条件的申请人,去往港澳地区定居的通行证,如果丛某的单程证被吊销了,他也就不能家居香港了,你想他能不恼火吗?

见办案人员没有回话,他又开了一炮:你们有什么话就说吧!我不怕!

毕竟是教书匠出身,历练太少,他就没有想一想,能够跑到香港坐到你对面看你的表演,那都是些办过多少大要案的专家?什么阵势没见识过?他的先下手为强,反而暴露出他的软肋不堪一击:单程证被吊销让他很受伤很郁闷。

"你的单程证怎么拿到的,你不知道吗?有没有问题你不知道吗?凭什么吊销你不知道吗?"

三个提问扑头盖脑,丛某顿时找不着北了。

"你已经没有香港的居留权,你必须返回大陆。现在你起诉我们,欢迎啊,只是香港法院还能受理你吗?如果受理,你就去请律师大把烧钱吧!闹到最后,你还得返回大陆,还得接受法律对你的制裁。"

"我们来找你,是想帮助你选择一条出路,你别搞错了。"

开始时的气焰已经灰飞烟灭,丛某脸上满是落水者寻找不到抓手的无奈和焦急。

副省长索贿却显得很神秘

话是开心钥匙,丛某明白了出路在哪里,也就开心了,表示一定好好配合工作。为了配合立功,为了自己的出路,丛某老实交代了自己跟九洲公司勾结走私的事情,此外,还提供了一条重大线索。

他在内地经商期间,跟一位副省长打过交道,为了要这位副省长提供便利,先后送给过他50万元人民币,还有价值5万港币的东西。后来这位高官又主动索要25万美元,丛某从香港银行取出25万美元,直接送到他的办公室。当年的25万美元,相当于人民币170多万元。

听说丛某如数带来他要的美元,副省长飞快起身,拉紧房门,又咔咔将门锁死,然后回到巨大写字台后面,表情神圣起来,低声嘱咐丛某,这事很重要,干啥用,现在还不能告诉你,以后我会很好地帮助你的……给人的感觉就是这钱不会乱挥霍乱腐败,而是用做很神圣的事情。究竟用做什么事情,丛某当然不能过问,时至今日他也不知道这钱究竟干成了什么大事。

这样重要的线索,急速密报中纪委,领导指示有关人员立即组织办案组与丛某核实线索,并去香港取证,只有按着丛某说的时间在银行拿到提款的证明,才能构成闭合的证据链,然后经中央领导批准,才可以给副省级当事人立案。

中央领导作出批示,正式成立调查专案组,代号"6·25",十多名办案人员赶到石家庄。

花开两朵,各表一枝。

1942年出生在东北的傅胜长,当时还是一个县"三讲"教育的联系人,有趣的是,6月25日,上面中纪委成立调查他的专案组,他正忙着赶到怀安县昭化寺去拜佛,烧香磕头罢了,这才带着佛爷的祝福和喜悦,打马上路去作"三讲"的动员报告,少不了要讲廉政建设,要讲反腐败的措施,要讲——总算忍住没有讲出他的宏论:尊佛教为国教是最有效的反腐败。

报告结束,秘书告诉他中纪委明天要找他谈话。顿时他心花怒放,刚去过昭化寺烧香拜佛祷告祈求,这么快佛祖就显灵了?据说他当时的感觉

第 9 章 当贪官遇到神佛

就是自己可能有希望进步提名做正职。佛家讲求无欲无求,四大皆空,佛法无边,回头是岸。可是真心拜佛的他白天黑夜都想弄个正职当当,你说他不是个俗家弟子吗?俗得不能再俗。

老傅急于赶回省里,此时的心情,可谓大江东去,大浪淘沙,会当凌绝顶,一览众山小。

再往下还不好讲了,有人说正在他得意的时候,突然接到一个长途电话,告诉他厦门有人撂了,一下子就叫刚刚做了升级梦的他从"正职"宝座上栽了下来。可是,谁听见了?谁能证明?如果说他没接到意外电话,为什么他突然会想到大难临头?真是佛祖显灵了吗?也许他上来了高人智慧,总算想明白了,中纪委哪里还管提拔升职的事儿?中纪委不是管党内纪律吗?中纪委找谈话不是凶多吉少吗?天不怕地不怕,就怕中纪委找谈话。

想到大难临头,他马上跑去北京拜见大师。

大师兴奋得脸上直掉渣,尖声说道我早就给你掐算过,你要当老大了!等着吧!

大个狗屁吧!这可咋整?他小声骂道,回头看看身后,有没有人偷听。

6月27日下午,专案组找老傅问话,问什么听什么就是什么也不说。点击他相关的涉案事情,触到了神经,就滔滔不绝开讲他如何廉政如何不过问女儿上学儿子找工作,妻子还在家乡没有办过来,一直在外地养病,他从来不为亲属谋私利。后来倒是工作人员证明了,他讲的这些也都是真话,可是专案组要调查的不是这些事情。

再问得急了,他就给你来个盘腿打座,佛爷一样两眼不闻天下事,嘴里却是念念有词喋喋不休,办案人员听了好半天,才明白敢情人家那是诵经念佛,邀请佛祖出门来保佑他脱离无边苦海。诵经容易解经难,口诵不解总是闲。

给了他写交代材料的几页纸,也被他涂得满纸经文,普度众生脱离苦海,明眼人看来他俨然一位佛教大师,一心向佛不二心,清心寡欲情境真。

办案人员从来没有领教过这么有道行的大师,一时无从下手,只好休

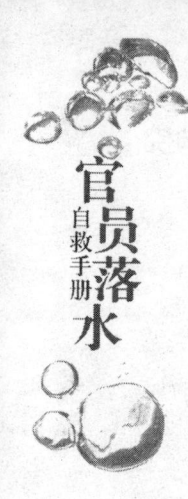

战,回头研究策略。他们也找来几本佛教知识的书读一读,回头再来理论大师。

办案人员就请教他,你的佛教知识很丰富,很渊博,好像你对佛教很有研究,你这样推崇佛教,一定有你的道理吧?

当然有了!大师突然放眼看世界,逐个瞅瞅办案人员,开始点拨众生,我告诉你们,佛教讲究抑恶扬善,劝人向善,劝人行好,佛教本该立为国教才是反腐败的上上策,释迦牟尼当年菩提树下那啥……

等着他讲到歇气儿的时候,办案人员才问他,你既然如此真心向佛,你不能光是念经烧香吧?你总得有些实际善举吧?

不做善举还叫啥真心侍佛?四大佛教圣地你们知道吗?就知道你们不能知道。山西五台山、安徽九华山、四川峨眉山、浙江普陀山,我通通都去拜过!

你去拜过,不是去旅游?一走一过也算善举吗?

他恼火地瞥瞥他们,提高了声音,你们以为我就是去那疙瘩旅游啊?去那疙瘩走走看看?那还得了!我是去给佛镀金身、装佛心、建寺修庙,你们以为我去干啥?

你有那么多钱吗?你哪来那么多钱哪?

我募捐哪!我找朋友化缘哪!我……

下边的话他突然吞进肚子里,显然他想起来自己还不是大师,坐在对面的也不是佛教信众,而是调查自己的专案组,怎么可以信口开河呢?他随即说道,侍奉我佛理所当然,咋能居功自傲呢?不该妄说的不该妄说的!

说说吧,你都找了什么人捐了多少款!必须说!

既然踩住了他的尾巴,肯定揪住没完,最后逼得老傅一脑袋臭汗,到底交代了动员丛某捐款 25 万美元,又动员几名个体大老板捐款七八百万元人民币。

佛教气功大师料事如神

专案组搜查老傅的家,发现他的写字台上放着一摞照片,全都是他跟

第 9 章 当贪官遇到神佛

一个女人的合影,两人相偎相依,无论动作还是表情都在彰显两个字:暧昧。奇怪的是,副省长喜欢的这个女人很像一名三流演员,连化妆也不会。

好在老傅身边有工作人员,拿给这些人辨认,无人不知无人不晓,他们都叫她殷大师。

把这些老傅和殷大师亲密的照片,拿给他本人观赏,他说啥也不看,脸红脖子粗地争辩,六根不净,酒后失态,不能当真。细心的办案人员马上发现,他立刻规矩了好多,再也没有了那副狂妄的领导架势,他们也就明白了,他很怕这些照片,说明照片上的女人与他的关系绝非平常。

殷大师很快被抓捕到案。据说,拘捕她的时候,她很恼火,又蹦又跳,高声警告办案人员:下午三点,我要去首都机场接贵宾,国民党主席连战!知道吗?连战!我要跟连战谈中国统一的大问题,耽误了国家大事,你们负得起责任吗?你们有几个脑袋?

要跟连战谈中国统一的殷大师,俗名殷凤琴,当年四十有六,她出生的时候,吉林省德惠县黄鱼圈村还有水,只是黄鱼已经吃不上了,所以她只得在本村好歹念完了小学。因为有点儿喜欢画画,还说不上像高庚那么天才,就去一个叫什么沟沟的地方美术班深造几个月,果然大有长进,出师以后就在村里村外给人家新房画门框,给人家新棺材画棺材头画棺材尾,成为十里八村的著名画手,画到了27岁,结婚生子。忽然之间春风吹战鼓擂,全国大学气功,开发特异功能,一时间云山雾罩,多少气功大师气功二师红遍大江南北,组场发功让截瘫病人站起来,让担架抬进来的跑着回家,让没腿的人长出脚,让哑巴开口唱歌,在北京发功给上海的人治病,在中国发功给美国总统克林顿诊病,子夜神功平熄了兴安岭大火,男女双修免除了伊拉克战争……殷凤琴受了这种大气候的提携,也先后被几个气功班中医班大力教导过开发过,渐渐也就成了气候成了不发证的大师,在吉林省眼见得已经施展不开,就进军首都北京大展宏图。

既然是大师,就免不了有些稀奇古怪的事儿,那年春天闲来无事,突然有老乡从外地赶来,求她出面为自己谋个更好的官位。既然是佛爷大师,就得来者不拒,大师又找了一位北京大机关的老乡给首长写信引见她。前面咱们说过,那位高官傅胜长也来自东北,广义说来也是来自吉林

省的殷凤琴的东北老乡,这就像是你到了伊拉克,炮火连天逃难时,突然听到有人说汉语,错不了,那人就是你老乡了!如果你乘宇宙飞船降落到月球,突然听到下面有说人话的,不管他说的人话是图图语还是意大利语,肯定就是咱们老乡了!所以现在,殷大师跟傅胜长也就认老乡了,就从北京扑奔他来了。

没想到不顺,老乡的秘书后来说,也不能什么人都往首长的办公室里领啊!她说她姓殷,脸上抹巴得厚厚的,像农村那个黄泥墙上抹的白灰,怎么也抹不平,说话的时候你都担心她脸上会掉渣,能让这人见首长吗?再说,殷凤琴穿了一身大白西服,里面却是艳红的衬衣,一下子就让人想到红白喜事。

可是,红白两色的大师说了,我们都打电话联系好了。那就见吧。

秘书的感觉没错,首长也不喜欢这个上不了台面的女人,听她说是为干部调动工作的事情,马上把她的名片扔到写字台上,一脸的领导神色,那是组织部门的事,你们找我干啥?殷凤琴长这么大也没见过这么大个儿的官,听了首长抢白就想抬屁股走人,没曾想跟她来找后门的那个干部,还真有些见识,马上另开个头说,咱们临来时,赵部长不是要你给首长看看病嘛,你看看咱们领导有啥毛病没有?

听得老傅一愣,咋的,你真会看哪?

殷凤琴也不说话,看一眼领导,忽然闭起双眼,对着他嘟嚷念叨两声,睁眼说道,首长没啥大毛病,就是胃有点儿毛病。

他马上点头,脸上也没有了居高临下的气势,对!你说得对,我是有点儿胃病。

会见就在不热烈的气氛里结束,他们没敢正式提出宴请首长,首长也没想宴请他们,酒逢知己千杯少,话不投机半句多嘛。

怎么也叫人想不明白,也许,我们都是世俗的常人,不懂一心向佛的人是怎么想的,过了3个多月,老傅突然心血来潮,到处找殷凤琴的电话,还好找到了那张扔在桌子上的名片,立刻给她打电话说,我要马上给你看病,不对!我要你给我看病。

殷凤琴问清楚原来是首长要来找她看病,吓得没跳上桌子,你要看病你得去医院哪,我看不了啥病。老傅说那也不行!我就要你给我看!

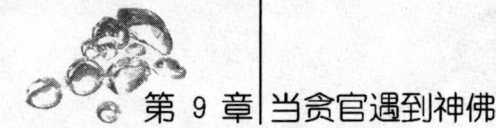

第 9 章 当贪官遇到神佛

殷凤琴打完电话,咋也没想到老傅会赶到北京来找她,她也没有别的办法,只好给他周身拍打一通,还不能给他按摩足浴,因为没参加过按摩足浴班嘛。

从此两人开始交往频繁,终于有一天,老傅向她表白自己的心意:多少年我都没有找到你这样的人,我要跟你一边治病,一边念佛。咱俩一起干吧!

后来,老傅的秘书和司机都说,他跟殷凤琴来往频繁,一周至少要见一面,然后他就发生了很大变化,性格更加内向,很少跟别人来往,一些厅局长想看看他,基本都被拒绝。烟不抽了,白酒也不喝了,肉也不吃了,好像真的变成了个虔诚的佛教徒。

深圳有家公司,老板当然是大老板,年纪却不过三十多岁,因为在这个省有几个投资项目,到处找人搭桥想结交官员。那年春节前夕,老傅的秘书打电话告诉大老板,首长要去北京活动,你给安排两间客房一辆车。大老板没有乐昏过去,好事总算落到自己头上了,忙叫手下安排。到晚上,司机电话约他去领导房间,拜见国内一位著名鼎鼎的佛教气功大师。

大老板有些纳闷,我想结交领导,怎么还出来一个佛教气功大师?

大老板还是不敢怠慢,按时赴约。进到房间里他有些意外,首长身边偎依着一位女人,穿得一身上下鲜红,像刚端上桌子的红牛,也不敢看她的脸,好像带着一个白色塑料面具,倒叫他想起来港片里的女僵尸。

正在胡思乱想,那女人反而受了惊吓,猛地站起来,从头到脚打量他一番,哎呀一声指着他说:

了不得了不得!你这个人是大难过来的人,你以前出过啥事儿!你出过啥不好的事儿?

大老板顿时被钉在原地,好久没敢动弹。

神佛也会帮助贪婪和腐败吗?

这叫敲山震虎,仙人指路。

江湖术士、打卦算命吃开口饭的人,惯用这招,讲究见面一句话就把你震住就把你抓死,让你五体投地,然后牵引你跨上独木桥。三四十岁的

人了,能没有点儿人生的挫折吗?失恋、涉黑、打架斗殴、丢了火车票……能没有个七灾八难吗?小时候险些脸盆里淹死、吃面条噎得一口气没上来、老爸烟头烧了你的屁股、回家脑袋撞到门框上、臭虫钻进耳朵眼儿里……

虽然殷大师没学过书本上的心理学,不等于她不明白生活中的人情世故,她抛出来的那叫引子,也是钓鱼的诱子,就是给对手的心理暗示。大老板这人既然三十多岁就成了亿万富翁大首富,一定机敏过人,脑袋转得比机器还快,不然木头脑袋怎么会赚得来那么多钱?这种人最容易接受暗示,对暗示的反应格外快,就像小学生见到老师的填空题,马上就自己找东西往里填。

果不其然,大老板马上摊平右手掌给大师看:我出过车祸,捡了一条命……

我早就看出来了你大难没死,你脸上有!你知不知道中国有句神话?

大老板蒙了,神话太多了,连电影还有个什么神话呢。

神话知道吗?神仙说的话,就是佛说的话,大难不死,必有后福。明白不?现在你的福还不大,以后你的钱比现在还多老鼻子了!

大老板虽然没见过老鼻子是什么鼻子,不过也知道将来自己比现在还要富,他也相信,今天能够见到他们就是个大喜的预兆嘛。

还有仙人指路呢。

大师又说了,成事在人,富贵在天,你大难没死,是你命大造化大,是上天给你的照顾,你不顺应上天,你就还得遭难。咋办呢?今天我给你指条道儿,以后你要多烧香多拜佛,去灾得福。

这出大戏上场的主角是大师,配角也得出面捧场啊,所以傅大官人要恰到火候地说出自己该说的台词,当然也都是赵本山说话那股酸菜味儿。难怪人家网友说小品里的明星出场规则如下:说东北话的是农民,说上海话的是知识分子,说广州话的是大款。傅大官人既不会说上海话,也不会说广东话河北话,只会说东北话:那啥咱们出家人不打诳语,殷大师法眼无边,啥看不透?她要是没有两把刷子,我当领导的能信服她吗?不是啥一般人她都给看的,这是我请她出山给你看一看,她才高看你一眼。

听到这里,大老板心里头倒江翻海五内俱焚,望着大师倒头一跪,发

第 9 章 当贪官遇到神佛

自肺腑里一声感激：谢谢大师！

大师淡然一笑，朱唇半启，报上你的生辰八字来。

大老板一时急了，小的没念两天书，生辰八字的不懂，家住农村，老娘告诉我生日是农历腊月初八。

殷大师"哎呀"一声险些跌倒，忙扑到大老板身边，摸摸他的脸，你是佛你是佛！

大老板被她吼叫得三魂出窍，慌乱得不知如何是好。

你喝过腊八粥吗？你知道腊八是啥日子？腊月初八是我佛主释迦牟尼的成道之日，腊八是我们佛教的佛成道节，你说你这天来到世上，你不是佛你是啥？难怪你大难没死，佛咋能死呢！你和佛结下了不解之缘！

过了些日子，大师又召见他，傅大官人作陪。

大师说五台山要修庙，没有五千万不行，你跟佛有不解之缘，不用多奉献，你就出一千万吧。我给你个账号。

看看大老板吓得一声不吭，老傅赶快帮衬：出钱修庙，是行善积德，善有善报，佛爷会保佑你一生平安。那些贪图享受的腐败奸商贪官，恶有恶报，佛爷早晚会要他们下地狱受苦的。

大老板冒出一身臭汗，从此再也睡不好觉，想来想去，为了不下地狱受苦，只得给大师事先留下的账号里打进 100 万元。

后来这事不怎么让傅胜长的司机知道了，小伙子心好，私下里警告大老板，那个大师神神道道的，我看不靠谱，你还是小心点儿。

大老板也真就小心了，趁着"五一节"去了一趟五台山，果然看见正在起庙，去翻翻那里的功德簿，捐款人里果然有殷凤琴大师的名字。大老板越发相信大师真是真大师。

从此以后，他们为佛募捐善款很灵验的，哪个老板没有点毛病没有点儿亏心事？经他们一点拨，立刻心领神会，出钱免灾。这两个人像说相声一样，大师说，哪哪哪要修庙，你出个一千万吧。傅胜长说，佛家不打诳语，这修庙是行善积德的大事，只要你捐了，佛就会保佑你个人、你的家、你的公司。还不明白咋的？据说凡是被找来听了这些开导洗了脑筋的老板，没有敢不出血的，还都出大血。

其实，这一男一女是真敬佛，所以凡是他们以佛的名义化缘来的大把

107

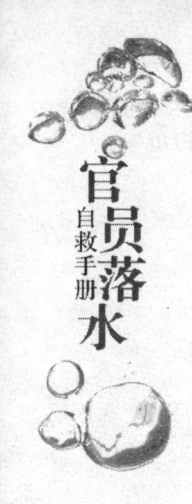

的钱,都是把小头捐给庙里,把大头给自己留下,或许准备将来再敬佛。还有的钱,一时来不及捐一点给庙里,老傅就会打发殷凤琴去寺庙找和尚,花几个钱,搞几张捐款证明、捐款收据出来,给自己下账。还有的时候,干脆当着捐款老板的面,把殷凤琴的哥哥叫来,指给捐款人说,信佛的人不打诳语,这位师傅就是佛教协会的理事。既然领导亲口这样说了,谁敢怀疑他不是佛家理事?

难怪后来这位理事和他妹妹都被判刑时,深有激动地说:"喝凉酒,使赃钱,早晚都是病!我妹妹她要真是大师,法眼无边,我俩咋能这么倒霉呢!"

法院一审宣判,这位傅胜长身为国家工作人员,利用职务便利,接受他人请托,为他人谋取利益,索取、非法收受他人财物,总计折合人民币1700多万元,其行为已构成受贿罪,因受贿数额特别巨大,情节特别严重,论罪应当判处死刑,但鉴于其归案后,认罪态度较好,并能主动坦白部分犯罪事实,且涉案赃款已全部追缴,对其判处死刑,缓期二年执行,剥夺政治权利终身,并处没收个人全部财产。

佛教大师星云来自台湾,做客凤凰卫视接受专访,被问到时下很流行做了坏事的人、贪污受贿的腐败官员,很喜欢进庙烧香拜佛,他们的坏事真能得到神明的原谅吗?他们的命运会得到佛的保佑吗?星云大师回答说:"这是不对的,不符合因果。种瓜得瓜,种豆得豆。种瓜怎么能得豆呢?做了坏事要得到好的报应是不可能的。如同一块石头靠自身重量沉到河里,无论你怎么祈求,这块石头都不会浮上来。"

电视台做节目嘛,星云大师话说得有些客气。佛教讲究的是因果报应,那就是善有善报,恶有恶报。

威廉·布莱克是19世纪英国浪漫派诗歌的先驱、画家和雕刻家,狂热的宗教徒,对宗教有独到的研究,他说:"人类永存的肉体是想像力,也就是神,神是肉体,是耶稣,我们构成神的四肢。""神是人,神在我们当中,我们在神当中。"

日本当代著名作家、诺贝尔文学奖获得者,一生都在追随鲁迅的男人大江健三郎认为,"布莱克认为神的实体是由想像力构成的。人类最终也是如此。人通过想像力变成神。当人类都变成一个神的肉体时,就从堕落

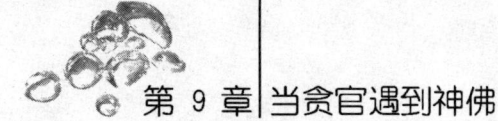

第 9 章 当贪官遇到神佛

的错误的今世中解放出来，达到这种状态的过程、手段就在想像力中，终于，所有的人类变成一个永存的肉体，即合成为神，这正是想像力的成就。"

他们说神是由我们人类想像力所创造的，是我们人类纯净的化身，美好的化身。佛教说佛祖心中留，心诚则灵；菩提本无树，明镜亦非台，本来无一物，何处惹尘埃？看来他们说的都是一个意思，在我们自身之外，并没有在天之灵，所以你就不难想象，凡是我们能解决、能排除、能躲避的，也就是神佛所能做到的；既然你犯了罪，不能逃避法律的制裁，神佛也就弃你而去了。

这位前高官敬佛足够虔诚，家里到处供奉佛尊，整天佛香缭绕，天天不忘诵经，还拜了师傅，取了法号，经常去庙里捐款捐物。可是，他敬佛不是无欲无求于佛，不是为了满足自我精神上的追求，他幻想靠拜佛敛财靠念佛腐化，富贵升天。他每天想的是，既然我如此诚心侍奉我佛，我佛绝不会在弟子有难的时候抛弃我，一定会保佑我一生平平安安。所以，他在跟殷大师募捐的时候从来都以为是在替天行道，一向心安理得、理直气壮。

如果神佛在天之灵真的对他有用，他怎么会险些丢掉性命呢？如果神佛真的会主持人间正义，它也一定会严惩用敛财腐败破坏神圣的邪恶。

如果你廉洁为民，不信佛你也会快乐生活；如果你犯了法，如何拜佛也逃脱不了法律对你的制裁。

神佛原来不管人间事。

第10章
司马迁说与其任用小人不如任用愚人

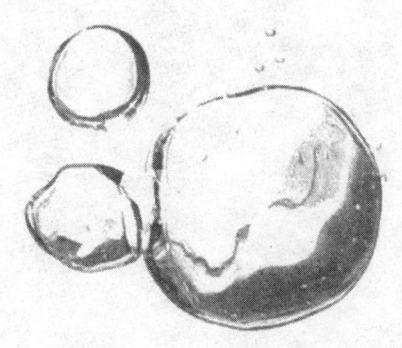

第10章 司马迁说与其任用小人不如任用愚人

路边上打草鞋,有的说长有的说短

　　偶然来自必然,男的不会偶然变成女的,苍蝇不会偶然飞成天鹅。偶然多了也就长成了必然,偶然不过是必然的皮毛。费玉田可能不喜欢听我这么说,这就好像是说他与现任妻子的一次偶然邂逅,偶然碰倒了他脚底下的第一块多米诺骨牌,最后让他倒在了死刑缓期的牢狱里。

　　犍为是四川省乐山市第一大县,那个犍是多音字,用做地名时读做钱,钱为。费玉田当年就是这个人口大县红得朝霞一样的书记,就是为了搞钱差点丢掉了卿卿性命。费玉田手里也有名牌大学的文凭,实际上他很聪明,全靠自学成才,从小铁匠自学成县委书记嘛,所以他也有满脑子的隐性知识。自学嘛,难免有时候就不规范,你像犍为县有条马路,也不知什么人给起的名字,显然是想难为我们老费,把个路名叫做漱玉路。老费刚当县委书记视察时候,看了半天路牌,点头了,这名字好听,嫩玉路,嫩玉叫人想起妹崽儿的名字,好。估计老费也许不刷牙漱口,不过漱口也不一定就认识漱口,所以也就难怪老费把犍为县看成了钱为县,居然一搞就搞到了3200万元大钱,搞大了!

　　犍为流传老费好多笑话好多故事,路边上打草鞋,有的说长有的说短,应该说他为发展犍为民间文学做出了不朽贡献。

　　说是费玉田位子越爬越高,车子越坐越好,老婆越换越小,老费越来越老。

　　跑远了,回来重说,偶然来自必然,老费与现任妻子的一次偶然邂逅。老费这任妻子,年轻漂亮,所以她邂逅的另一位主角当然得是个男士。不过,你最好不要先入为主,不要以为这一定是个艳遇的故事。

　　那是成都市一个普通的早晨,奔忙的人们正赶着上班。这个居民区住的领导干部多一些,所以轿车也就多一些,楼下到了晚上常常停车紧张,外地赶来的好多车往往找不到停车位。经常发生你占了我的停车位,我被挤到了别处去。

　　这个普通的早晨,一位看似普通的男人,匆匆下楼,走到自家的停车位,看到自己的奥迪A6,随手拉开车门,停!为什么停?他不能进去坐

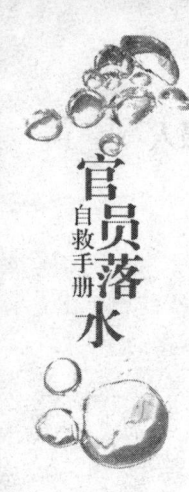

下,他的司机的位置上坐着一位女人,正盯着他笑呢。男人很困惑,我的司机哪去了?为什么她坐在这里?一身的名牌,比茉莉花还香。

您好主任!您坐吧,我送您上班去吧!

看来女人还认识自己。

小黄去哪了?他……

女人笑起来,对不起主任,是我把车停错了,停在了您的车位上,我跟您的车一样,都是奥迪A6,我正想开走呢,您就下来了。

往下就不好说了,有人说她是故意停在这里,想找个机会认识这位男人,然后进一步交往,好办事。

男人笑了,没关系,你从外地来辛苦了,你停这里还是去办事,随便好了,我去找我的车。

女人说我就住在你楼下,你住三楼我住二楼,你在上我在下,我们是上下邻居。

这话听着这么别扭呢?男人皱起眉头说,你?那你啥子时候搬来的吗?

女人说你不晓得嘛,两个月以前在这里买的房子嘛。

男人想能买到这个小区的房子,你也是有些来头,说不定还是哪位同事的亲戚。

至于后来又发生了啥子事情,谁也没有看见,也就不好往下演绎了。

有一天,坐错车的男人忽然起了好奇心,就叫他的秘书查一查,他家楼下新搬来的住户是什么人?

他的秘书很快回复,他楼下住的是单身年轻女人,据说是犍为县委书记费玉田的堂客,新近调来省直部门工作。他问,她买那套房子要多少钱?秘书说至少也得六七十万吧,还没算装修呢。那再加上她的奥迪A6呢?我看她那是新车。秘书说那可就得一百二三十万了。

男人说一个县委书记,哪来那么多的钱呢?

后来男人就给有关部门说了他的疑惑,对方笑起来,咱们是不谋而合,我们已经接到许多群众举报,正要查他呢!

也不知怎么搞的,费玉田似乎感觉到了什么,一天无数遍电话催促该死的婆娘赶快回到县里,别在省城里臭显摆了,别给他招风。可是,老夫

第10章 司马迁说与其任用小人不如任用愚人

少妻就是有这么个好处,她是老费的第三任妻子,一个比一个嫩玉嘛,总给你撒娇,你也不能打她,也不能派人捉她回来,她就继续在省城里给他打招牌。这就是,强汉难过美人关,美人难过金钱关。有钱的女人从来不肯错过表现俗气的机会,所以他越来越小的老婆再也忍受不了小县城住宅的寒酸马路的灰尘人们的土气,爱上了大都市的豪华傲气和放荡。

眼看着乐山市副市长竞选的日子就要到了,这是老费眼下关键的一步棋,只能成功不能成仁,这个节骨眼上千万千千万不能出事。

又得说到偶然来自必然。那天,费玉田偶然跟一个老乡吃饭,他也不是轻易跟谁都吃饭的,就因为这人是个画家。也不单单因为是画家,画家也不画他,何相干?因为这位画家从北京回来,犍为这里传说这人在北京人气很广。当官的都比较注重人气网络,在家靠父母,出门靠朋友,当官靠关系嘛。所以费书记也就迟到一会儿。

好在很快喝到高潮,到了高潮人们就要互相吹捧互相提携互相打气,丰都城拉二胡,鬼扯嘛。画家也就说起他在北京新近结识一位四川小老乡,杜太平,仪陇县人,中央组织部的处长。他说中组部的处长,你们哪里晓得嘛!可是相当于咱们省里厅长啊,实际权力比副省长还大呢,他管全国的干部嘛!说到这里,费玉田出了一身热汗,想起了自己的心事。

费玉田马上记下这位中组部处长的名字和电话,马上热线联络,不过,没有实质性的进展,虽然他一再邀请杜处长回四川观光,可毕竟山高皇帝远,回一次不容易,但是,费玉田说只要处长肯光临,所有路费花销啥子我通通报销。

既然说了不能来,一来处长政务繁忙没有时间,二来拜佛不烧香佛爷不动心。想来想去,谁的鞋子挤脚谁知道,谁吃了耗子药肚子疼谁知道,赶紧吧!现掘的茅坑屙不了屎,等着公鸡下蛋没得指望。费玉田赶紧打发手下买飞机票,亲自进京拜佛烧香。

费玉田亲自给杜处长打电话说,好多工作我都推掉了,明天我就飞到北京看望您老人家,给您老人家请安。对方听他这样说,大半天没讲出话来。

第二天,费玉田果然直飞北京,亲眼看到货真价实的杜处长,他还觉得这杜处长平易近人,满嘴家常土话,没有一句官话套话。吃过饭问过

安,费玉田着急就直奔主题,听说处长女儿要出国,我特意赶来祝贺,50万元不成敬意,你啥子时候还需要,就说一声。说得杜处长顿时不知道姓啥了,总算没给他跪下磕头。

费玉田还说,我就是真心想跟领导交个朋友,您别忘了四川还有我这个朋友,我没啥子事要求领导帮忙。

俗话说不见真佛不烧香,可是,人要干了亏心事就会变得糊涂,真佛假佛一概认不清,只要听说是佛就磕头,被人卖了还会跟着人家去数钱。

其实,费玉田真想找个机会,老老实实告诉杜处长,自己跟王德军干下一桩大事,说出来吓死人。

砸碎工人的铁饭碗铸成窃贼的金饭碗

王德军何许人也?

得先说李玉书,四川省乐山市原副市长,被成都市中级人民法院以受贿罪判处死刑,剥夺政治权利终身,并处没收个人全部财产。王德军是李玉书的亲外甥,还不到一岁妈妈就病逝了,他这个亲舅舅跟他也就亲不起来。直到后来他拉起来半死不活的公司,李玉书坐上乐山市交通局局长的宝座,掌管投资总额31.56亿元的成乐高速公路建设,两个人才亲戚起来,他才从舅舅手里拿到工程,打下了发家的底垫。

王德军瓦匠出身,初中毕业就在乡下骑辆自行车,除了铃铛不响哪都响,响得满世界去给人家修锅灶砌堡坎,要是就这样下去,他也可能出息个好瓦匠,只是中国就少了一位首富。据说他所以能上富豪榜成为巨富,是因为受过两次刺激,一次是他在建筑工地当小工,天热汗多,还是累得打瞌睡,他把砖头砸了瓦匠的脚,瓦匠就骂他你个砍脑壳的龟儿子,眼睛长瞎了?他冒火得很,拿起板砖就要拍他,瓦匠说有得本事你当个老板去,别在工地上捡饭吃!一句话说得他扔掉砖头,坐到地上,心想,这老板真不是人当的!另一次是他听说营销也是门学问,站书店不花钱翻了几本营销书,说是你也能当老板,你也能当百万富翁,只要你学会了营销。他就去了一家营销白酒的公司应聘营销员,可是,人家嫌他没有营销员气质,营销员要把死的说成活的,要把星星说成太阳,要把太阳说成月亮,

第10章 司马迁说与其任用小人不如任用愚人

嘴巴两张皮,说死说活全在你自己。受了两次刺激的王德军发愤图强,决心要自己做老板。

长话短说,后来,赶上他亲舅舅做了交通局局长,他也跟着捞了一桶,后来舅舅被判死刑,吓得他老实了两年,看看没人找他,脑袋还长在自家脖子上,弄到手的钱还在口袋里,他的胆子又大起来。

他和赖昌星、刘涌一样,都是无师自通,他结交官场上的朋友,常撒钱给他们打牌,据说有一次他找上门跟管事的官员说,要弄哪哪那块地,让他想办法,那人不敢答应,他就从包包里拿出录像带来,那人一看,他把自己打牌都给录下来了。你说那人能怎么办?

已经有著名经济学家到处宣扬了,"通过腐败搞垮公有制来促进私有化。公有制是一个大饭碗,需要有人往里面吐唾沫;有人吐唾沫后,其他人认为这碗饭不能吃就走开了,一碗饭就属吐唾沫的人私有了。"王德军深受启发,他要给犍为县电力公司吐上一口浓痰,然后这个金元宝就攥进他的手心了。

那个时候,他的舅舅李玉书还不知道自己必死无疑,上蹿下跳马不停蹄,带着他认识了犍为县委书记费玉田。王德军当面公开告诉费玉田,你能帮我收购犍为县电力公司,你要多少我给你多少!看来光是吐口痰还不行,没有汉奸带路的日本鬼子怎么进中国?

王德军知道,如果按照法定程序竞买,犍为电厂至少也要卖出4亿元。他早就学会了日本鬼子那一套,他要寻找大汉奸,小汉奸的不要,堡垒最容易从内部攻破嘛。

犍为县电力集团公司,由犍为县电力公司、犍为县火电厂、犍为县水电厂组建而成,1997年4月经四川省体改委确认为以募集方式设立股份有限公司,集"发电、供电、用电、建设、管理"于一体,员工1038人,下辖一个电气化工程公司、两个电厂、一个供排水公司、一个硅酸盐制品厂,总资产8.6亿元,净资产4.6亿元。

犍为电厂经营遇到困难,费玉田来搞研究调查,看到这样的大包袱,就觉得某位经济学家的话句句都啃到了骨头上,字字都能咬下肉来:"在改革过程中,国有资产的流失是必然的,不必大惊小怪。只要把企业财产经营权改为法人财产权,国有企业的一切难题就迎刃而解了。为了达到改

革的目标,必须牺牲一代人,这一代人就是3000万老工人。8亿多农民和下岗工人是中国巨大的财富,没有他们的辛苦哪有少数人的享乐,他们的存在和维持现在的状态是很有必要的。"

"没有他们的辛苦哪有少数人的享乐?"真是一言十八鼎,叫人振聋还发聩,费玉田感动得心里涕泪交流:狗日的,老子就这么干了!就让他们下岗吧,这里面的差价大了!

费玉田接下来要找买家,这个买家必须保证要有两个"出":一个他得保证给我——给我个人出高价,二一个他得保证不给我出事。王德军一见面就答应给他要的数,凭啥子叫他不动心?无知者无畏,无知往往比知识更容易催生自信,他们脑袋里没有常人的良心道德和人品,有的就是他们在无知和混沌中自己摸索出的人生信条,唯利是图,所以他们行事毫无顾忌。

王德军天不怕地不怕,费玉田不怕天不怕地。

那天傍晚,成都青城山的鸟雀早早归林,太阳也提前下山,盘山路在密林里冷得曲曲弯弯伸不直,似乎都预感到要有恶魔进山。王德军不带保镖,亲自为费玉田驾驶豪华靓车,费玉田不带秘书,屁股坐上王总的座驾,他们一路风雨赶往青城山深处的秘密巢穴。他们一房同居,谈判秘密,当天晚上就洞房花烛夜,互利双赢:费玉田保证将犍为县电厂作价4000万元卖给王德军,一分钱也不多要;王德军保证回报给费玉田1200万元,一分钱也不少给。4000万元,还不到原资产的十分之一。

这一夜,哥俩就先富起来了,他们和许多人一样,借着改革的大潮,砸碎了工人的铁饭碗,然后将它们打造成窃贼和强盗的金饭碗,供他们世代享用。难怪有官员看到他们的财富,提出要给这些暴富的老板原罪。他们的财富来自哪里再也不要追究了,曾经为共和国献出一切的工人、农民怎么办?难道他们真就要成为被剥夺者吗?

两个自学成才的人物,头脑里没有传统的道德观念,没有做人的起码良心和准则,一个被权势供养得泯灭了曾有过的善良,一个被金钱诱惑得丧失了曾有过的诚信,两人都把心里的恶演绎到了极致,成为厚颜无耻的恶魔。

费玉田不顾一千多名职工的生死存亡,把他们几代人辛苦创造的财

第10章 司马迁说与其任用小人不如任用愚人

富,一夜之间贱卖给窃贼强盗,出卖公众利益,出卖国家利益。一千多名职工,就是一千多个家庭,就是三四千人被扔到了旷野里,被赶出昔日温暖的生活,让他们身心遭受空前的巨创。作为县委书记,费玉田这样干,就等同于战场上的叛变投敌。任何军队都有这样的军法:无论任何人军官也好士兵也好,只要临阵变节,无论任何人军官也好士兵也好,都有权当场处置他。你的枪法好,你就射击他的头部,一枪打碎他的脑壳,或射击他的胸膛,一枪洞穿他的心脏;你的枪法不好,你就用冲锋枪机关枪打得他遍体是洞,让他碎尸万段,或用手榴弹炸得他血肉横飞。

变节的人一开始总是非常谨慎,但最终忍不住连他自己也一起出卖了。

对于王德军这样的窃贼强盗,歌是怎么唱的?"要是那豺狼来了,迎接它的有猎枪。"

周朝的时候,贵族家里先生下来的儿子就能继承爵位,后生下来的儿子只有等先生下来的死了才能递进。渐渐智者发现这先生下来的儿子也不见得就一定比后生的优秀多少,有时就是个废物,于是,就改为从众多成年儿子里挑选有德行的做接班人。晋国三大家族之一的掌权人荀申,召集族人家臣,讨论选择他的接班人,其实,他已经相中了智瑶,众人知道一把手的心意,无不随声附和举手通过,就要一锤定音的时候,长子智果却跳出来嚷道,智瑶不如智宵好,荀申当即指出,智宵这孩子面相太凶残,选他接班怕影响外事活动。

听得荀申如此说,智果急了,老爷子您听我细细道来,智宵确实面目不善,但是他狠在表面,狠在一目了然,你能从面目看到他的内心。智瑶呢,他狠在心里,你休想知道他在想什么。他确实有五大过人的长处,身材威武,须髯飘逸,美男子;善射百步穿杨,驾车没人能比;无所不精,无所不晓;能言善辩,死的能说成活的;坚强果敢,毅力过人。除去这五大优点,他只有一个短板,就是没有仁德在心里。如果日后他掌权,必然不会用仁德去施政,断然凭借他的五大本事去治理政事,必然落得众叛亲离,咱们家族必有灭门之祸!

荀申哪里听得进他的胡言乱语,举行隆重仪式,立智瑶为接班人,授

予爵号伯。

公元前403年，先秦古晋阳城，暴雨连降，山洪暴发，危急时刻，三军总司令智瑶派兵围绕晋阳城筑起堤坝，使得洪水四面围城，几乎与城墙平齐。向来城市都建在山下平地，城内已经汪洋一片，居民不得不上树，在房顶上支锅做饭。士兵没有粮食，只好杀掉战马喝血吃肉，民众饿得互换孩子煮而食之。再也坚持不下去的时候，赵国领袖赵毋恤秘密派出公关，用唇亡齿寒的道理说服智瑶的两方联军司令官，我们晋阳城一旦被智瑶攻陷，你们就是他下一步打杀的对手。两军答应反叛智瑶，因为智瑶这人威武高大，神思敏捷，英勇善战，无往而不胜，根本不把联军哥们儿放在眼睛里，他们已经受够他的傲慢和凌辱。

其实，智瑶部下已经发现赵国有人进入友邻部队，报告给总司令，他不过一笑，赵国灭亡不是明天就是后天，司令手脚不得闲正忙于跟美妹饮酒作乐，没心思去管这些屁事。夜里酒醒，听得外面山在摇动海在呼啸，情不自禁走出营房，去看看晋阳城墙垮于一旦，察看再三，却找不见他们修筑的围城堤坝。赵军已经杀掉他的守坝官兵，扒开大堤。智瑶眼见得洪水排山倒海一般进入自己的营房，睡梦中的士兵们逃命都来不及。更没想到赵军正面攻打过来，两方联军又从侧翼进攻，转眼间不可战胜的智瑶军队溃败成落花逐流水而去。

当年他们四方还同在晋国的时候，智瑶曾经当着赵毋恤的部下将酒泼他一脸，现在，战胜的赵毋恤砍下智瑶的头颅，做成酒罐，天天拿它喝酒。

从此，智氏家族就从历史上灭亡了。早就预料到会有这一天的智果，已经带领家族投靠别国去了。

大智者司马迁笔下，详详细细、有头有尾的故事并不多，但却特别在《史记》开篇里，生动细腻叙述了这段历史，最后还发表了长篇评论，足见他老人家对此事的重视，极力想把他的研究成果无偿奉献给后来的执政者：

智伯造成的灭亡，是因为他的才能过于仁德。才能与仁德并不相同，常人往往分不清，笼统称之为贤明，也就看错了人。其

第10章 司马迁说与其任用小人不如任用愚人

实,聪明、敏感、坚强、果敢是才;正直、公道、客观、平和是德,所谓才不过是德的工具,只有仁德才能统率才能。

云梦地方多出竹子,人们说它们坚硬无比,如果不矫正取直,不配上羽毛,它们就不能成为穿透坚物的利箭。棠那个地方很出铜,人们认为它锋利,如果不经过冶炼铸造,它们也不能做成兵器击穿盔甲。所以,德才兼备的人被称为圣人,无德无才被称为愚人,德高于才被称为君子,才高于德被称为小人。

挑选人才的原则应该是,如果找不到圣人、君子而加以委任,与其任用小人,不如任用愚人。原因何在?

君子持有才能会做善事,小人只会用才能作恶。持有才能而行善,会处处行善;凭借才干而作恶的人,必定无恶不作。愚人如果想作恶,因为智商低,气力不佳,小狗一样咬人,人们还容易制伏他。而小人一旦得势,既有足够的阴险狡诈制造邪恶,又有足够的手段兴风作浪,他就会危害四方不得安宁。

人们常常尊敬有德的人,喜爱有才的人,而对于喜爱的人容易信任专宠,对于尊敬的人则敬而远之,所以掌管人事的大员经常被才干所蒙蔽,疏于考察他的品德。从古至今,败亡国家的奸臣乱党,毁灭家族的奸佞浪子,因为才干有余品德不足,导致毁灭灾难的,岂止智瑶一个人呢!所以掌管治国治家的人能够知察德与才两个不同的标准,何必还怕没有人才呢!

司马大侠竟然能把用人的机要,针针见血刺进我们今天的现实里来,眼光超前了一千年。

不是说没有文化没有知识,就一定会犯罪。多少没有文化没有知识的劳动者,在支撑着这个世界?

费玉田没有受过系统教育,无可厚非。他铁匠出身,靠自己在生活中的磨砺学习人生,所得无非是求生之道、养家糊口的能力、投机取巧的精明,虽然内心缺少根本的德行,没有博大的胸怀,没有为人民服务的志向,但他靠勤劳汗水挣饭吃,也是自食其力的劳动者,也算是贡献了社会,作为常人他这样生活完全可以。德行比人情世故更难获得,青年人失

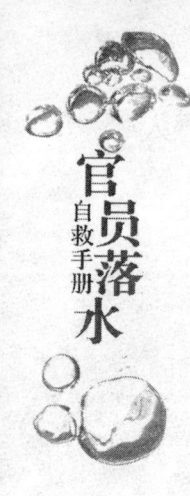

掉了德行是很少能恢复的。可是，他的精明能干一旦被领导发现，给他一官半职，让他崭露头角，他就快速生发了他的诡计，而他的那些底层社会沾染的恶习也成了他为官的手段，甚至用流氓手段从政，内心里完全没有德行的约束，放任贪欲为合法为精明为得意，根本不把人民放在心上，这人还怎么能为人民服务？还怎么能为人民掌权？权力已经成了他自家的玩意儿，想怎么玩儿就怎么玩儿。把这样没有品德没有廉耻的人放到高位上，无异于在炉火中焚烧他，必然让他粉身碎骨。

小铁匠耍点私心，无非是打造你的锄头少放二两铁，虽然也是贪占取巧，还不至于毁坏你的青苗地。可是，他当了县委书记私心一动，就把人民的电厂当成自家的东西给卖掉了，他就变成了人民的公敌。

多年来考察干部，习惯于看资历，看政绩，看形象工程，看他们能说会道，一时让费玉田这样的人得到重用。

道德是永存的，人民是不朽的，而财富每天都在更换新主人。

贪婪无度的后果是一无所有

既然想要大动作，就得赶快创理论，费玉田马上组织有关部门有关专家学者，召开犍为县电厂出售招标协作组工作会议，公开讨论改革开放的新形势、新任务，他要大家明白，只要把电厂卖给民营企业家，电厂就能摆脱困境，财政就能增加一笔很大收入，大家就会都有甜头；他要采取得力措施、强硬手段，防止国有资产流失。他还起草了《关于进一步深化企业改革的意见》，设计了加速把犍为县建设成"农业稳县"、"工业强县"改革年的蓝图。他振振有词，六个月内，要对全县涉及资产17亿元、职工2.44万人的87户国有企业通通改制，要以"无情推进、有情操作、平稳着陆"的方式，着力实施"两个了断，一个有偿解除"（了断政府与企业的产权关系，了断破产企业的债权债务，有偿解除职工与原企业的劳动合同关系）。

费玉田的牌坊修理得何等金黄灿烂！

你别小瞧费玉田没文化，越是没文化的人越是要拿起笔，没钱的老婆兼秘书，有钱的秘书兼老婆，没文化的假装有文凭，有文化的假装有修

第10章 司马迁说与其任用小人不如任用愚人

养。费玉田广交媒体的朋友,越是主流记者越要当做上宾,不但礼遇,还要物欲,所以犍为县委书记费玉田的大名会经常在主流媒体上如雷贯耳。想当年雄心壮志,《人民日报》上也发表他署了名的《夯实党在基层的执政基础》、《农民增收是县域经济的重中之重》。东瓜花,南瓜花,人家不夸自己夸,所以他每篇文章的后屁股上一定要有一段文字,专门介绍犍为县委书记的响亮身份。

辛辛苦苦三十年,一夜回到解放前。犍为电厂一千多名职工,发现一夜之间他们共同拥有了一个新名字:下岗职工,这个名字一时间响遍大江南北长河上下。他们把青春和热血都献给了共和国、献给了建设事业,一夜之间他们再也没有权利跨进工厂的大门,他们已经沦为无业游民。这就是经济学家说的:"必须牺牲一代人,这一代人就是3000万老工人。"字字句句血淋淋!

媒体报道称费玉田的这次大胆改革,另有玄机:

> 这次国有股权转让,根本没有按规定进行招标投标,头顶"四川工业最佳效益100强"、"四川省工业企业最大规模100强"、"四川工业企业最大纳税500强"等多项荣誉的川犍电力,最终被东能集团以4000万元的价格控股收购。而这宗交易,是在当时国务院下发文件停止电力国有资产转让后。费玉田"顶住压力",连夜开会商量对策,于2002年11月27日,将拥有4.6亿元总资产、1.9亿元净资产的"犍为电力"仅作价4000万元,匆忙签约卖给了王德军的东能集团公司。王德军的身价在一夜之间陡然飙升4亿元!而事先有人出价8000万元,还有一家出价1亿元甚至更多欲收购"犍为电力"的,均被时任犍为县委书记的费玉田否决。

狗戴帽子马穿靴,王德军用几个小钱收购了犍为电力,好像屁股底下点燃二踢脚,一下子两响儿,先是《新财富》杂志的新财富劳斯莱斯500富人榜公布,王德军先生以总财富价值11亿元人民币序列第141位,紧接着2004福布斯大陆富豪榜在北京热气开屉,王德军阁下以0.98亿美元

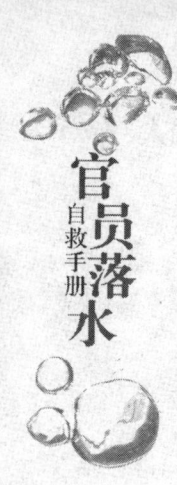

的身家序列第 167 位。一颗新星——乐山水电大亨诞生在四川的土地上,沐浴着众多电力职工的眼泪和仇恨。

首先富起来的费玉田,又放飞了新梦想,他正在找人策划低价购买乐山市三百亩土地,然后急流勇退,隐身自己的财富。就在他夜夜美梦不醒的时候,发生了来自必然的偶然。

川犍电力员工十分不满,多头上告,引起了相关部门的高度重视。2004 年 12 月 24 日,四川省纪委和乐山市纪委、乐山市委组织部主要领导一行,前往犍为县,紧急召集犍为县全县科局级以上领导干部开会,宣读了四川省纪委对该县县委书记费玉田实施"双规"并立案调查的决定,免去费玉田的县委书记职务,县人大常委会主任一职也被提请按程序罢免。

有了更多钱的王德军,名牌衣服、名牌车子、豪华房子、高档食物都有了,唯独缺少装潢门面的文化,所以王先生进北京,自费攻读清华大学经济管理学院 EMBA,深造期间忽然传来自己的内线已经住进单间,他的心也像中了弹,天天乱跳七八次,一直跳到四川省检察院来人把他收走。

王德军归案后,积极揭发他人的重大犯罪行为,具有重大立功表现。别看青城山别墅那一夜跟费玉田山盟海誓,那都是临时的台词,保护自己永远是唯利是图者的人生本能。

2008 年 1 月,成都市中级人民法院以行贿罪判处王德军有期徒刑五年,东能集团被判处罚金 500 万元。

历史上没有上过大学没有受过系统教育,却做出重大贡献的男人女人多的是,比如孔老夫子,比如庄子、老子、孙子,比如西施、花木兰、貂蝉、武则天,但是,不等于他们不学习。一个人人品如何成就,很大程度上取决于后天的学习。老费既然能够从小铁匠成长为县委书记,必有过人之处,确实干出了成绩,如果肯于再努力,说不定也会成为将帅之材。他太沾沾自喜已经取得的官职,他太喜欢利用权力去谋取个人私利,渐渐堕落为人民的公敌,实在可惜。

话又说回来,老费今天的下场也算是他最好的下场,如果他真的竞任成功,坐上乐山市副市长的宝座,恐怕要不了几天,他就得去另一个世界拜会他的前任李玉书。我真的为他感到庆幸,一个人要是贪得胆大包天,

第10章 司马迁说与其任用小人不如任用愚人

只能走向绝路。

要不说费玉田对发展犍为民间文学贡献独到呢,他身上总有说不完的故事,这次他也像他的难兄难弟一样,急于揭发别人好保住卿卿性命。他如果不揭发,谁能知道他单飞去北京烧香拜了假佛?

你别看后来记者去监狱里采访他,他死活不承认揭发过别人,那不过是虚张声势,掩盖揭发过别人的恐惧,他害怕遭人报复,他总算尝到了弱者的恐惧是啥子滋味。

有关方面很重视费玉田揭发的那个中组部的处长杜太平,查遍中组部也找不到杜处长,只好报北京公安局立案,警方很快捕获杜太平,原来是四川进京跑江湖的小包工头子。北京市二中院以招摇撞骗罪,终审判决杜太平有期徒刑六年。

被称为"四川第一贪"的费玉田,因受贿1859万元和1330万元巨额财产来源不明罪,被判处死刑缓期两年执行。

法院认定,费玉田先后收受36人财物,折合人民币1800多万元,其行为已经构成了受贿罪;另外有1238.3万元巨额财产,费玉田无法说明其来源,构成巨额财产来源不明罪。同时,认定了费玉田的自首情节和立功表现。

费玉田能够走到县委书记的岗位上,理应感谢民众和各级组织,理应更加努力以报答培养之恩,可是,老费官升脾气长,妻子换了又换,车子买了又买,位子升了又升,就是贪婪本性不改。老费小时候没有上过幼儿园,上过也不行,现在幼儿园早已不讲《渔夫和金鱼的故事》。被老渔夫救过命的小金鱼,为报恩满足渔夫三个愿望,老太婆逼他回去要一只洗衣服的新木盆,果然得到了;老太婆又要一套新房子,也得到了;于是老太婆再也忍受不住寂寞,要当世界的女皇。老渔夫哭着走向大海,向小金鱼述说自己的无奈。生活就是这个样子,对付野心的最好办法,就是将野心放逐回一无所有。于是,老太婆重新守着的还是自己从前那只破旧木盆,而老费落到每天早晨十几个人排队使用一只马桶的处境。

贪婪无度,到头来,连起点都回不去。官员们在冒险敛财的时候,事先一定要想好结局再下手,通往天堂的大门不是天天都敞开着。现在他唯一的出路,就是服法认罪,改过自新。

第 11 章
狼狗看家看不住内心的恐惧

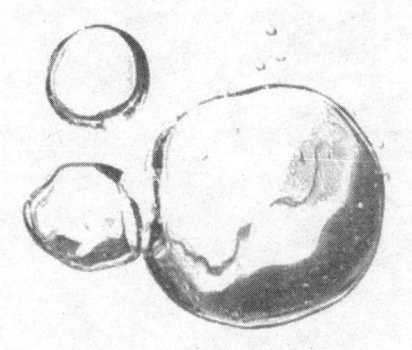

第11章

外別貨客査下店
員記録高

第11章 狼狗看家看不住内心的恐惧

贪官被审讯，必然乱阵脚

当兵十年，打过仗的老兵们关照我最多的一句话让我至今难忘：战场上，越是怕死的人死得越快。我当然相信，他们都是从死人堆里爬出来的幸运者，这当然是他们的生死经验，不然，大家为什么都这样说呢？因为相信，我也就从没想到那背后的原因是什么。直到我经历无数坎坷磨难，几次死里逃生，我才悟出为什么越是怕死的人会死得越快。

怕死的人必然恐惧，恐惧必然动摇信心，失去应付战场变化的毅力、智力和能力。信心和勇敢才能激发才智、潜能和生命力。举个最能说明问题的简单例子，白天，我们听到身边的声音都不会轻易紧张，我们会随即做出正确反应，可是，夜晚，我们单身走在树林里、空无人迹的黑暗里，甚至是坟地，随便传来的喘息声、咳嗽声，甚至小鸟儿的叫声、风吹树枝的声音、树叶落地的声音，都会让我们心惊肉跳不已，虽然我们明明知道没有鬼，也知道不会有危险，可是，我们依然没法控制脚步平稳，没法控制身上的冷汗不出，我们失去了正常反应的能力，白天里的常识被我们通通忘到了脑后。

我曾经采访过审讯专家吴克利，写了长篇纪实《与贪官面对面》，有几位读者朋友就问我，这些审讯的规律或者经验，如果让贪官们知道了，还怎么审讯他们？他们不会用来对抗审讯吗？

贪官们一旦坐到被审讯的位置，面对检察官，就像夜晚走进坟地里一样，他就会忘记白天的常识，自我保护的反应能力明显下降。

小时候生长在山区，很懂得什么叫打草惊蛇，每逢上山打柴，走到草深处，大人总会提醒你手里拿根棍子，打草惊动长虫逃走。山里人怕蛇，忌讳直呼它的名字，就照葫芦画瓢叫它长虫。

可是，不做亏心事，就不怕半夜鬼叫门。如果做了呢？

上世纪90年代，各种书刊报纸卖疯了，印刷纸张奇缺，出版商带着巨款成天等在造纸厂，就是为了抢纸，印书就是印钱嘛！那时候造纸厂赚了大钱。有家造纸厂，厂长许贵文很能干，连续八年，平均每年上交利税上千万元，最高时候上交9000万元。许贵文先后被官方授予劳动模范，

官员落水 自救手册

被国家计经委、国家体改委、团中央评为全国"十佳"优秀青年企业家，被全国总工会授予"五一"劳动奖章，并荣获"全国劳动模范"称号。

许贵文每天起早贪黑，经常加班加点。他经常深入车间，了解生产经营和职工生活情况，没有不良口碑，有关部门从没收到有关他违法乱纪的举报。

要说一点反映都没有也不是，人们倒是偶尔议论过许厂长警惕性很高，防贼防盗有一套，他家是一座独门独院的独楼，白天、晚上门口都拴着一条大狼狗，蹲在那里就有半人多高，凶得很！不要说没有人敢靠近它，就是你走在路上离他家多远，只要那狼狗咬住你的脚步声，就能咬得你心碎胆裂迈不动步。据说有一位大娘，外地来的，不知怎么走到了离厂长家门口还很远的地方，猛地被那狼狗一顿狂吼，两腿一软跪到地上就尿了裤子。平时根本没有哪个工人敢去他家里串门。有人猜测说，是不是厂长家里有值钱的东西啊，很怕丢了不是？也有人说人家当厂长的，家里能没有点儿吗？再说，人家也把咱们厂子治理得明明白白，有几个钱也不为过。所以说，人家许厂长门口拴条大狼狗，说明不了他一定有什么经济问题。

许厂长因为功勋卓著，基层抗战八年之后，一步登天荣升省里总工会副主席，副厅啦！他很快去省会城市报到，进入官员角色。可是，就在他高升四个月之后，他所在工厂附近的银行储蓄所出了怪事，有人连续提走现款13万元。那个年头13万元相当于现在100多万元，那时候要想从储蓄所提走五千块钱，你都得提前申请，好让储蓄所事先给你准备，所以有人提走13万元必须向上级领导报告。小镇，巴掌大的地方，算上那些常年泡在厂子里等着抢纸的人，人口也不过两万，一下子有人拿出来13万元，立刻像现在刘谦春晚变魔术一样轰动四面八方，这就得查了，什么人这么有钱？他拿这么多钱有什么动机？那个年代人们的警惕性可比现在高着呢！

很好查，来储蓄所取款的人是当地名流，储蓄所的人大都认识他：造纸厂的厂办张秘书嘛。这就严重了，造纸厂纪委马上向上级纪委汇报，再派人一查，张秘书交代，这些钱是许厂长交给他的，叫他用个人名义存到镇里的两个储蓄所，存折由他保管，许贵文一再告诉他：没我的话不准

第11章 狼狗看家看不住内心的恐惧

动,要严格保密,这可是人命关天的大事!纪委随即汇报到省纪委。

办案人员就找新上任的副主席谈话,许贵文这时还不像半夜走进坟地,胆子还很壮呢,口气也很大,自己只有功劳没有问题。谈话的人就劝他争取主动,不要走上绝路。谈话没有任何实质性进展。

这之后,说法就不一样了,有人说,这次谈话就是想要打草惊蛇。可是,那时候不像现在,无法随便监控电话,所以许贵文是不是马上给家里老婆打了电话,也无从知晓。

还有一说,造纸厂里许贵文的一个铁哥们儿跑来省会城市看他,却到处找不到他,只好回去问许贵文的老婆,于是引起了家人的警觉。

不管怎么说吧,就在他老婆忙着转移他的存折、销毁他的特别录像带,大狼狗突然哀嚎不停,叫得她心碎,从来没见过它叫得这么凄惨,像是有人打断了它的狗腿!她一个激灵,慌忙扔下手里的东西,跑出门来看,办案人员出现在她面前,向她出示了搜查证。

事后邻居们也说,那狼狗哀嚎的声音他们都听得怪瘆人的,可是没有人打它,它嚎叫个啥劲儿?八成这狼狗也通灵性,知道主人家遭难,不然,怎么会嚎得这样伤心像是死了爹娘?

许贵文的老婆知道了进来的是什么人后,一屁股坐到地上,半天才喘上气来,早就知道你们要来,寻思再快也得走个两三天,咋也没想到你们现在就进屋来!全完了!

如果不是涉罪心里有鬼,蛇是不会被打草惊动的,到了这一步就失去正常人的判断能力了。省会城市离这里相隔近千里,许贵文的老婆又没有特异功能,怎么会像热锅上的蚂蚁,手忙脚乱在家里销毁罪证?又怎么会知道办案人员就要来她家里搜查?许贵文帮了办案人员一个大忙,还自以为得意呢!

许贵文长期跟多名女人有性来往,场所都在他那个独门独院独楼里。令人意外的是,这位能干的劳动模范爱好广泛,他要把每次跟那些女人床上的游戏全部录像,像宝贝一样秘密保存着,被办案人员找来谈话后,他老婆在家里没有来得及销毁的就是这些宝贝带子。

那时候还没有"二奶"或者"小三"的美称,所以现在也不能断定他包养多名"二奶",或者有几名特定关系人,那时候把这个跟别人老婆

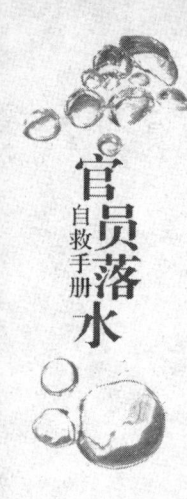

或者非婚女人上床叫做生活作风有问题,严重的叫乱搞男女关系,法律上定性叫流氓罪。

那时候有流氓罪,指聚众斗殴,寻衅滋事,侮辱妇女或进行其他流氓活动,破坏公共秩序,情节恶劣的行为。因为流氓罪定性笼统,许多跟它能挂上钩、不好处理的行为,也都被装进这个大口袋,业内人士叫它口袋罪。1997年修订《刑法》,废止流氓罪,把流氓罪具体分解为强制猥亵、侮辱妇女罪,猥亵儿童罪,聚众淫乱罪,聚众斗殴罪,寻衅滋事罪。

到了这时,人们才恍然大悟,怪不得许厂长要住独门独院独楼,还要大狼狗把守门户,原来人家图的就是在家里干事儿大有安全感。

厂长许贵文因犯贪污罪、受贿罪、流氓罪,被判处无期徒刑,剥夺政治权利终身,并依法没收其赃款赃物,上缴国库。

当情妇成为特定关系人

早些时候,有关部门抓到一个男人,这人一时声震中外,成为巨星,却是因为"嫖妓逾百"。不过这事儿也就说说而已,办案人员不能当真,不然真要查起来,浪费侦查资源,得不偿失。其实,这位嫌疑人的特定关系人倒是很值得一查,因为官员的情妇没有姓白的,全是姓钱的。

据说这男人的情妇已高达两位数。东北黑话把这种女人叫"皮儿",男人跟她上床叫"跑皮儿"。他跟皮儿的关系跨越了几个时代,最初,政治上界定这种事儿叫道德败坏、腐化堕落、乱搞男女关系,可以法定流氓罪,比如前面说过的许厂长就被判了流氓罪。后来人们开放了,对这事儿的态度变成了怂恿,称赞它是婚外情、婚外恋,更生动的叫法居然是第三者插足。此后人们渐渐意识到怂恿的后遗症,改叫"养二奶"、"包二奶"、"小三"。

有专家学者认识到问题的严重性,提出法律上应设定"性交易罪"、"性贿赂罪",强烈反对的专家们则认为这种罪名定性模糊,难以界定、难以取证、难以操作,讲出来性贿赂不宜入罪的N多理由。

这种严峻形势下,终于促成2007年中纪委印发《中共中央纪委关于严格禁止利用职务上的便利谋取不正当利益的若干规定》,明确"特定关

第 11 章 狼狗看家看不住内心的恐惧

系人"即指"与国家工作人员有近亲属、情妇（夫）以及其他共同利益关系的人"。同年 7 月，最高人民法院、最高人民检察院联合发布《关于办理受贿刑事案件适用法律若干问题的意见》，规定与国家工作人员具有特定关系的第三人与国家工作人员共谋，利用国家工作人员的职权或者职务形成的便利条件与行贿人实施权钱交易行为的，以受贿罪论处。

2010 年 4 月 19 日《昆明日报》报道，云南文山壮族苗族自治州麻栗坡县原县委书记、文山州民政局原局长赵仕永因犯贪污、受贿罪被法院一审判处有期徒刑 18 年。

赵仕永在文山有妻有女，但他还有一个叫郑娅林的地下情人。法院查明：从 2005 年 8 月至 2008 年 9 月期间，赵仕永为郑娅琳在昆明、文山等地购买家具、电器、服装、食品等私人生活用品。"被告人郑娅琳利用他人（赵仕永）职务之便，在国家机关报销私人购物生活支出费用 296587.31 元，其行为已构成贪污罪。"法院审理认为，在贪污犯罪中，郑娅琳是在赵仕永的授意下，报销各种费用，在共同犯罪中起次要作用，属从犯。其次考虑到她有自首情节，案发后积极退出部分涉案资金，可依法从轻处罚。

法院以郑娅琳犯贪污罪判处有期徒刑两年，没收个人财产 50 万元；随案扣押的人民币 179522.01 元，其中涉案 176587.31 元予以没收，上缴国库，余款 2934.7 元折抵没收财产款，上缴国库。此外，随案移送的也是赵仕永曾经送给郑的索尼笔记本电脑、洗衣机、平板电视机、欧米茄手表、金格百货购物卡 9 张（每张 5000 元）等全部予以没收，上缴财政；其名下的一幢别墅、福特车一辆、实木家具等，都是赵仕永案件中流向郑娅琳处的资金购买的物资，依法处置后，其中 1051222.36 元折抵赵仕永一案的没收财产款，其余折抵本案没收财产款。

一审宣判后，郑娅琳服判未提出上诉。

所以现在，再查办官员这些地下勾当时，已经有法可依。

第12章
找跳板的人也常常被别人垫在脚下

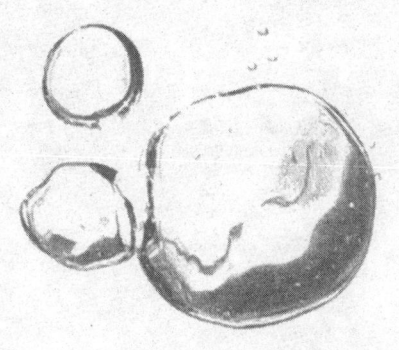

第12章 找跳板的人也常常被别人垫在脚下

心里有鬼才怕半夜人敲门

上面说过的打草惊蛇，确实没有什么高科技含量，但是，屡试不爽，怎见得？有案例为证。

那天，机场上接客的人特别多，因为有位热门人物出国访问凯旋归来，省委、省政府都有些官员特意提前赶来机场恭迎。

迎客的人终于看见他走下弦梯，满面春风向远处的人们招手。

恭迎他的人突然大吃一惊，全都没敢说话，稀里哗啦很快闪人。

谁也没注意，不知什么时候从哪里出来几个什么人，不声不响就把省委副秘书长兼省政府办公厅副主任给弄走了。

请走章秘的是有关的办案人员，他们带他回到他省委的办公室，要他交代自己的问题。这个时候，章金民还没忘记自己是省委书记的首席秘书，当然不相信他们会把自己怎么样，所以态度比办案人员还强硬，倒是办案人员好像大白天走进坟场，活见鬼了。然后办案人员正告他停止工作，停止对外联系，尤其不准打电话，老实反省自己的问题。

办案人员离开之后，章秘的心里开了锅，汤啊水啊全泛了起来，自己的鞋子啥地间挤脚自己明白，自己啥东西没有处理好自己知道，到了这种时候想的就不是万无一失了，总是想了又想还有啥东西处理得不稳妥。不准我打电话？日本一位心理学家再三说到过他的实验，他说每次讲演，我都要实验一下，我说请你们在座的诸位谁也不要想到柠檬的味道，结果呢？却是没有一个人不想到柠檬的味道。说是不让他打电话，其实就等于在心理上暗示他一定要打电话。

不能打这个电话，他们这可能是诡计。可是，他坐在椅子上总觉得屁股底下长草，总觉得不嘱咐老婆一声，那好多东西都在外面放着，他们去家里搜查怎么办？不想打电话不想打电话，最后变成了非要打不可。他几次拿起电话又放下。

但是，章秘现在还是章秘，还没有走进黑夜的坟场里，他还清醒，这个电话不能打，他们万一监听呢？这个年代，监听就比较容易了。可是，不给老婆打这个电话，万一他们搜家不露馅了吗？越想越不放心，渐渐就

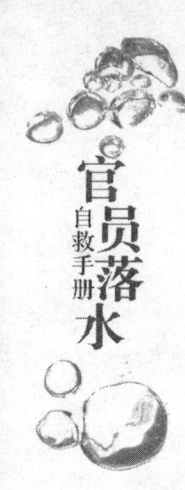

走进了黑夜的坟场里。但是,毕竟章秘比一般人聪明,不然领导也不会选他当秘书。他终于有了高招,用家乡的土话给老婆说事,他们肯定听不懂。

再三斟酌之后,他觉得自己的办法可行,可谓上策。

他给老婆打了电话,用最土最土的家乡话说了几句,不是一家人不进一家门,老婆马上心领神会,立马紧急行动。找出存折来,半天找不到藏匿的地方,后来,找出一双旧鞋来好像能够派上用场。刚刚置办妥当,就听见敲门声,虽然不重,却听得她山摇地动雷霆万钧,然后就听见门外有人喊她大姐,你家漏水了,淹到了楼下,我们是水暖的,你快开门看看。

她哆嗦着手不知咋个办,门外还在催促,后来一想水暖工人你怕他个啥呀!于是就开了门。

门口站着的人向她出示了搜查证。

她想把门关上,可门已经被他们控制住。

办案人员发现了卧室地上的旧鞋,很快从鞋垫底下抠出来两个存折。至于那些已经找出来还没来得及藏好的存折和人民币、美元、港币,那就更容易到手了。

章秘还在办公室里等着好消息呢,看见办案人员再次回来,就有了满脸的得意。可是办案人员一言不发,他就想了,看来我得出手了,不收拾你们这事怎么收场?

他刚要发作,身子却突然瘫软下去,比烂泥还烂比烂菜还菜,因为他看见办案人员在他面前出示了他家里的存折。

有人问你说得也太故事了,真的假的?人家都那么傻?这倒也是,不能说检察官个个都比涉案人聪明,个个都料事如神,但是,检察官是国家的代表,法律的代表,正义的守护者,他在心理上对于涉案人永远处于绝对优势,这就利于他发挥聪明才智,易于激发他的生命力和潜能。而涉案者心理上的劣势已经使他处处被动挨打,越涂越黑,越想保护自己越会出卖自己,四面楚歌,八方风雷,惶惶不可终日。

人一旦有了恐惧,就会失去智慧。任何形式的野心,不论是精神的或是物质的,都会导致焦虑和恐惧,野心不能带来清明、简单而直接的心智,只会失去智慧。

第12章 找跳板的人也常常被别人垫在脚下

先后被中纪委、最高人民检察院、省检察院荣记一等功四次、二等功一次、三等功两次,并被评为全国先进工作者、全国模范检察干部、全国检察业务专家的姜德志,当年还是吉林省人民检察院的反贪局局长,他在《帷幄之谋与制胜之策——谈贪污贿赂案件的侦查指挥与协调》里说道:

> 拿初查阶段来说,贵在一个"秘"字,所以要示假隐真,"能而示之不能,用而示之不用,近而示之远,远而示之近",使对方无法作出正确的判断。如我们在侦查一起正厅级领导干部受贿、巨额财产来源不明案时,虽然前期在查办一系列案件时已涉及此人,本人也早有准备,但我们始终按兵不动。此间,他最担心股票的事败露,做了一系列的串供活动。但我们压根没有触及这个问题,他也就放松了戒备。后来省委对其工作进行了调整,他更加有了安全感。在我们经过秘密初查突然对其立案并搜查时,全家人都猝不及防,使我们的侦查工作取得了重大突破。
>
> 在案件突破阶段,贵在一个"快"字,所有的控制性措施都要抢在嫌疑人之前采取行动。所以要攻其不备,出其不意。如原省委副秘书长章金民受贿案,乘其出国期间,我们初查核实了一笔受贿犯罪的事实。当得知他结束出访将从深圳飞回长春后,我们果断立案,并对其住宅加以监控。当确认其所乘班机间停后重新起飞,依法对其家进行搜查。他一下飞机马上就把他传讯到案。这一出其不意的措施,不但获取了大量的罪证,也很快击溃了他的心理防线,供出了我们查实以外的犯罪事实。最后被依法判处有期徒刑十二年。

美女空手套白狼卖了长江路

说到这里,倒叫我想起来一个笑话,说是两口子吵架,男的气疯了,摔门离家出走。女的说好!你小子敢走,我就敢吃饺子!麻急溜和面擀皮儿剁馅儿。等到跟女儿俩人吃完饺子,突然就泄了气,就觉得自己太过分了,当家的不在,自己跟孩子偷着吃饺子?要知道当年普通人家吃顿饺子

可是大事儿，不是过节就是来了尊贵客人，要么就是有了喜事儿，随随便便是不能吃饺子的，不像现在吃饺子跟玩儿似的。女的就跟女儿说，妈妈告诉你，一会儿你爸回家，不准你跟他说咱们吃饺子了！记住没有？女儿一扬脖，记住了！我不说！等到晚上，爸爸回家了，女儿马上跑过去拉住爸爸的手说，爸爸爸爸我告诉你，你走了俺们没吃饺子。

聪明反被聪明误是有条件的，你心里有鬼，恐惧控制了你，情绪绝望，或者夜间你走进坟场，这时候你的聪明就变成假聪明，正所谓《红楼梦》里的"机关算尽太聪明，反误了卿卿性命"。

越是怕死死得越快，在这里就变成了越是怕出事儿就越出事儿，因为你心里有事儿嘛，早早晚晚还不得出事儿？

查处章金民还得说到一位年轻的美女，为什么说她？她就是现在典型的特定关系人。

这个城市当年最繁华的商业街就是火车站前面的长江路，它是世世代代成长起来的城市标志。有人琢磨上了长江路，要是把它扒了重建，一定是滚瓜光流油肥死个人。可是，谁也拿不到手。说到的这位美女在一个非常暧昧的时间，非常暧昧的环境里，跟章金民发生一番暧昧的举动之后，提出了再也不暧昧的要求：我要跟著名港商合作，开发长江路，打造新长江路的新辉煌。章金民沉吟良久，考虑到特定关系人的真诚和能力，还会有跟他更暧昧的时候，就毅然决然拿起铅笔，给市长写了一张条子。

拿铅笔写条子？

章金民不是小学生又不是中学生，当秘书的天天与文件卷宗打交道，能不知道吗？当年规定正式文件必须用钢笔或者碳素笔书写，连圆珠笔写的都不行，他怎么会用铅笔给市长写条子呢？是不是也太狂妄了？这不是蔑视市长吗？这不是撅着屁股找挨打吗？

美女曾是机关干部，拿到一张铅笔批条，好久说不出话来。章秘盯住她只管笑，天机不可泄露。美女终于忍不住，你给我们用钢笔写一个吧，这是啥呀？

你不懂。

听章秘说得高深莫测，她只好走人。

市长一看见铅笔写的条子，大脑袋更大了，老黑脸更黑了，真的假

第12章 找跳板的人也常常被别人垫在脚下

的？看看眼前的美女，倒不像是假的。还是犯琢磨，这么大一个秘书怎么能用铅笔写条子呢？也太不正规也太不礼貌。可是又一想，不能啊，秘书长一向跟自己称兄道弟，酒席桌上真的叫过自己几次大哥，感动得很想流泪。再看看眼前的美女，市长忽拉一下就明白了，他这是盛情难却了，吃了人家的嘴软，用了人家的手短，他这是拿我来忽悠她呢！铅笔写的条子一擦就掉，这就是副秘书长暗示我，这事儿可办可不办，让我酌情处理。

想到了这一层，市长真的好感动，省委的副秘书长、省政府办公厅副主任、省委书记的亲信，如此对待自己，就是让我吐血也心甘情愿哪！既然你敬我一尺，我当然要敬你一丈，你的事儿就是我的事儿，说不定日后我也会尝尝副秘书长的小美人呢！

你一定要告诉副秘书长，他的事儿我给办了。

临走时，他再三嘱咐她。

可是她走了没有多长时间，市长的大脑袋忽然更大起来，铅笔写的字条是不能作为法律证据的，就是说有一天一旦出了事，我出示章金民的这张条子是不能作为证据的，这件事就只能由我全兜着了！妈的奶奶的！章金民你可真是吃骨头不吐渣子，真狠！

此后，美女很快把长江路卖给了一位大陆港商，大陆港商转手又卖给了大陆跨国商，几经转手，昔日繁华的长江路被扒得破烂不堪，变成了晚年的祥林嫂，被人越卖越衰老越卖越残破，十好几年疮痍一样流血又流脓，溃烂在火车站前面，成了乞丐、特殊职业者、逃荒者、盗窃犯的栖息地。后来虽然将它弄成了一条商业步行街，但它仍然是一块没有愈合的伤疤，疼痛在这座城市的脸面上。

美女卖了长江路，空手套白狼，一下子赚得几百万元，还得回报副秘书长啊。钱在自己手里好比是身上的肉，让人摸摸还可以，要想割下来送人，哪一块也舍不得。想来想去，她跑到银行去，把百元面值的一万元现金，换成了十元票的一万元。修理打扮了自己，用报纸精心包好那厚厚的一万元，一定会叫人以为那是十万元！适当的时候适当的地点，她拜会了副秘书长大哥，该做的都做完了，然后双手捧上她的心意。

后来，面对检察人员她详细交代了这个细节，不然，怎么能够编造出来？审讯章金民时，办案人要他具体说一下她送钱的具体经过，他说了，

她送我一万元，全是十元一张的，用报纸包的。

秘书犯罪首先是素质不高，没认识到所处位置举足轻重，理应夹起尾巴做人，不断提高自己，尤其不能狐假虎威谋取私利。秘书一旦放纵贪欲，堕落会更快，牵涉会更广，因为有太多的人想借助秘书这块跳板抓住他想要的东西。

秘书犯罪很难隐瞒太久，这也许跟秘书的职务有关系，秘书并没有实权，也没有高职，他不过是个水涨船高的角色，一旦他不再做秘书，或者他赖以生存的高官犯事，或者退休、调离，总之他不再做首长秘书，他就不再是炙手可热的人物，很容易被举报查办。所以改革初期曾经有一段时间，没有人愿意做秘书，很怕这个行当出事。

会做秘书的人，首先是个谨慎的人，尤其是不会代首长发号施令。更应该自爱，不当别人的跳板或者替罪羊。当跳板的人下场往往都不太好。

故事新编里狐狸对老虎说，大王您知道吗？森林里正在流行谁减肥谁最美。老虎不高兴，为什么没人向我汇报？我现在就是向大王汇报，他们对苗条体形已经崇拜到了极点，我这就陪您去视察。狐狸领着老虎在森林里转了一圈，气得老虎好久说不出话来，他们怎么这样崇拜你？就因为你比我瘦？狐狸说他们崇拜的不是狐狸。那是谁？他们崇拜的是大王的秘书。

第13章
他说为了爱才离开这个世界

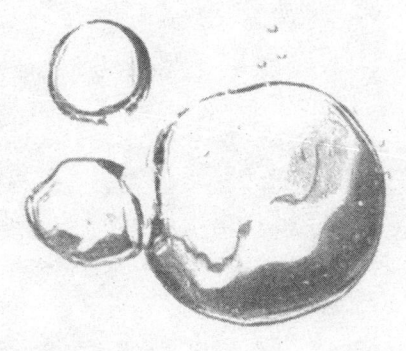

第13章 他说为了爱才离开这个世界

收下1000多万元,夜半响起电话铃

"那晚,一上床就有种恐惧感。"

说这话的女人风韵犹存,她正在向专案组作交代。说这话时她已经46岁,她说的是她42岁那年秋天里,曾经有过的美好夜晚。

那年的九月,秋高气爽,躲开了城市的紧张和喧嚣,身边再也没有窥视的眼睛,再也没有繁忙的政务,在这座安全可靠的别墅里,两个人真正幸福在属于自己的二人世界里,空气是欢快的,音乐甜得有些腻人。如果不是因为还要等一个人来,一个非常非常重要的人,女人现在就想把自己和自己的爱情献给眼前这位至高无上的男人。此刻,他们没有说话,也没有拥抱没有接吻,因为他们必须要等那个就要来的人。这是他们第一次在一起等一个对他们两人都至关重要的人。

那个男人来了,吃力地提着一只沉重的大旅行袋。

"领导,李姐,我姓周的永远忘不了你们的大恩大德,一辈子都忘不了!"

他把沉重的旅行袋放在桌子上,飞快拉开旅行袋的拉锁,给他们看。

领导的眼睛顿时亮了,大了,但是,这位周老板清清楚楚看见他的手颤抖起来,推了推旅行袋,身子晃晃悠悠,神态也有些恍惚。

果然不出他周老板的意料,来的路上他就想到可能会发生什么事,他知道领导虽然官大无比,但他哪里可能见到过这么多的现钱?做梦也不能啊!一分钱一分货,如果不给到这个大数,你怎么能让这么大一个领导动心呢?他说出了事先想过多少次的话:

"领导,这事,只有天知地知你知我知,放心吧!谁也不知道,不会出事!"

不会出事?这种话这个时候说出来,真他妈不吉利,领导皱了皱眉头。

女人觉得似乎有一种力量忽然从脚下升起,让自己变得高大无比,力大无穷,从此全世界都可以踩到自己脚下了,此刻她说出话来也变得格外有力。

"周老板,咱们办事,可不会就是这一次的啦!"

说得周老板连连点头称是。

周老板当然很知趣,尽快离开了热恋中的一男一女。

女人把旅行袋里的钱倒出来,成捆的百元大钞堆在桌子上、地毯上,好多好多,她数哇数,数了又数,怎么也数不完,怎么也数不对,但她还是耐着性子数下去。男人有些着急,但他看见女人那副陶醉那副疯狂的样子,他又觉得很满意,因为自己终于满足了这个小他20岁的女人的心愿。

看见女人冲他扬起的脸,他大吃一惊,那张兴奋痴迷沉醉的脸,他只见到过几次,都是在自己身子底下自己做得好的时候才见到过,可是现在她也?

女人朝他举起两手说:

"你猜多少?多少?1000多!1000多沓!"

男人心里猛地一紧,虽然他也想到这笔钱肯定是很多很多,可他怎么也没想到竟会是1000多万元!1000多万元?这怎么可能呢?怎么一下子就有了这么多的钱?他被压得喘不过气来。

两个人兴奋得说不出话来,好像此刻无论什么话也无法表达他们心态上的高潮境界,1000多万元来得太突然也太容易,也就太叫人幸福得如同在梦中。

两个人终于兴奋得累了,双双倒在床上,一种从没有过的激情即将把两个人变做一个人,电话铃突然响了。

男人习惯地操起电话:"你是谁?"

男人提高了声音:"你他妈是谁?"

这时,男人才听清电话里只有喘息声。

男人吼道:"你他妈是谁?"

电话里依然是沉重的喘息声,不紧不慢。

男人忽然就说不出话来,只顾听那不知从何处传来的喘息声,如果是平时他会破口大骂,他会摔碎电话,他会让人去调查对方,不查个水落石出绝不罢休。

男人的声音软了下来:"你是哪位?"

好像是请求:"你找哪里?"

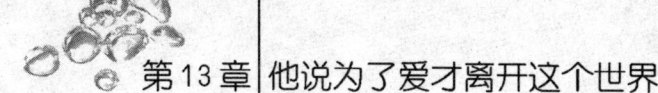

第13章 他说为了爱才离开这个世界

"您,是不是打错了?"

"没人吧?"他这么说只是自己的愿望而已,因为他明明听见对方沉重的呼吸声,那么有节奏,那么沉稳,那么居高临下。

男人无可奈何地放下话筒。

半天他没敢走动,因为他料定对方肯定还要打进来。

女人也被这情景惊呆了,不敢说话不敢喘气,生怕对方听见自己在这里,她绞尽脑汁猜测这个打电话的人可能是谁。

过去了许久,男人越发觉得奇怪,找他的人都是打手机,今天没有任何人知道自己在这里,除了那个姓周的。不可能是打错了,打错了他为什么不马上放下?

"打错了,没事的啦没事的啦!"他大声说。

女人知道自己的男人是在安慰自己,反而更加紧张,她看着堆在床上的钱、桌子上的钱,才明白这钱也可能变成祸害,但是,只有继续走下去才能破灾,等到有了足够的钱她就可以跟他去国外定居了。

睡梦中男人醒过来,听听,女人也没有睡着,他知道她现在还沉醉在从来没有过的满足里,自己已经不能让她再有高潮。有这样的年轻女人在身边,自己为什么胆子还那么小呢?那个电话明明就是打错的嘛,怎么让自己那么紧张呢?纯粹是自己吓唬自己嘛!他心里笑了,笑自己,如果是从前,这样的电话有多少你也根本不害怕嘛,今天之所以害怕不就是因为1000多万元在你身边嘛,而且他现在就知道那是个很普通的没问题的电话,可是他仍然无法驱逐心里的紊乱。他想,自己根本用不着再想那个电话,那不过是个偶然。

后来,还是在这个别墅里,还是那个周老板又给他们送来1000多万元,男人连看也没看,就让女人收下。姓周的走后没过多长时间,桌上的电话又响起来,女人慌了,要去接,男人摆摆手制止了她。任凭那铃声怎么响他也不接。

事后他认为自己很高明,这说明房间里没有人嘛!可是一扭头,满屋子灯火通明,没人怎么会开灯?他忽然又觉得自己这是欲盖弥彰弄巧成拙。这一夜睡不着了,他终于开始想,这个人到底是谁?可能是谁?

想到头疼的时候,想到再也想不下去的时候,他发现自己还是犯了

从前的错误：这不过就是一个普通电话，如果是平日里自己也就不会有那么多想法，无非是今天又拿到了1000多万元，所以自己就胡思乱想起来。他后悔为什么没有接一下那个电话，接了，问明白了，也就解心疑了。这件事，除了他们自己还有什么人能知道？绝对不可能再有外人知道。

手机响了，拿到手里才想起来自己关的机嘛。

女人打开自己的手机："你好！覃主任？什么？你说！"

听她没完没了的，男人有些不耐烦，显然对方是个男人。

女人关上手机对他说："办公厅覃主任，让我告诉你，你们家乡来人了，好像是你的什么亲戚，说你家乡穷得连条乡镇公路都没有，问你——"

没等女人说完，男人就摇头摆手："胡闹！告诉他们以后不要跟我联系！我绝对不会帮他们！这是个原则问题嘛！"他马上打开手机："那个覃多少号？"

女人扑哧一笑，点点男人的脑门："你疯了！"

男人愣愣地想半天，终于明白过来，收起手机："还是你聪明！"

女人看着眼前的男人不能不笑，她觉得这世界上很难再找到像他活得这么真实的男人，他喜欢宾馆里、酒店里、歌厅里的漂亮女孩，谁漂亮他就能叫出谁的名字，还能说出她们的年龄、婚否，可是，他却丝毫不回避经常叫不出手下人的名字，就像刚才，给他的办公厅主任打电话，他得问她号码。有多少当官的，心里比他还喜欢那些女孩，他们只敢在心里叫在背后叫，对外装得比正人君子还正人君子，哪个敢活得像他这么潇洒？

出事前，电话铃再次无端响起

从这天起，男人对数字变得敏感起来，什么千万哪百万哪（他从一个姓刘的男人手里一下子就拿过200万元），什么20呀（因为他跟那个女人的年龄相差20岁），就因为这个，他把一个报社的老总给撵回了家。那个老总管报纸的时候发了一篇文章《谨防数字出官》，因为这篇文章他大

第13章 他说为了爱才离开这个世界

会小会都骂那个老总,已经把他弄到没事的单位去闲待着了,可是自从他对数字敏感起来以后,他就又想起这个老总,马上交代下面给他办退休手续,哪来的回哪去。下面的人跟他说,这个老总的年龄根本没到退休的时候,不好办的,但他坚持非办不可,其实,他心里很清楚,所以一定要让他滚蛋,是要让下面的人都看清楚,谁反对他谁就一定没有好下场。他跟现在属于他的这个女人说过:中国人就是怕这个,你整就要整死他,只要整死他几个,所有的人都会怕你的,就不会再有人敢公开反对你。

人,有时候走起好运来一个接着一个,想不走运都不行,这个正走好运的男人得到一个小他20岁的情人、四年里敛了4100多万元,连他自己都觉得很意外。到这时候他就更无所畏惧了,随团出国访问路经澳门时,他还以为和他在自己的领地一样想怎么的就怎么的,没人敢管他。他把自己的那个女人叫了来。女人走进澳门这家五星级大酒店,径自去了男人的客房。

他们正在亲热时,电话响起来,男人想不接,又觉得不对,他现在可是公开住在这里的,不接怎么可以?

"你好!"

可是对方没有回答他。

"请问你是?"

对方不说话,也不挂断电话。渐渐,男人又听到了三年前那个人的呼吸声。

"请问您是谁?请您说话啦,您找我有事吗?"

只有沉重的呼吸声,一声又一声,听得男人毛骨悚然。他终于无奈地挂断电话。

男人预感到他们要出事了,只是没想到这么快。

女人也预感到他们要出事,只是没想到会这么惨。

巧得很,也还是在九月(两人第一次在别墅里收到1000多万元的幸福月份),一个秋高气爽的日子里,男人在走向刑场之前还在想,那个打电话的人可能是谁呢?现在他的案子已经了结了,彻底了结了,可是这个也不知道是有还是没有的人怎么一点也没露出来呢?也许根本就没有这回事,是自己因为恐惧而产生的幻觉?

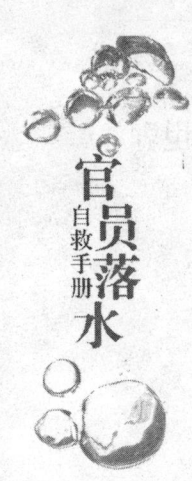

男人又想,他不会是那个女人的什么人吧?自己完全是为了她,才离开这个世界的,可她,她却自己,一个人留了下来……

人一旦痴迷到了不知是非的地步,到了谁的话也听不进的地步,到了死不回头的地步,也只有等到临死前才会明白自己的可悲可笑,可惜,已经不能从头再来。

第14章
小偷怎么能偷出来
一个贪官

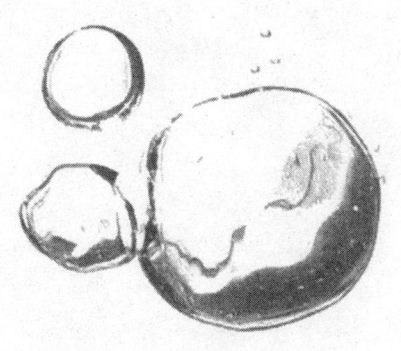

第14章 小偷怎么能偷出来一个贪官

新当选的政协副主席突然被"两规"

对于他来说，3月12日是个大喜的日子，比新婚燕尔还大喜，新婚可以人人有，喜欢尝新还可以多娶几次，也没人管得着你，但当政协主席可不是人人都有机会，全县五年一换届，五年里几百个优秀人才里才有一个人能爬升到这个位置，那么容易吗？虽然是个副职，可是副的不也一样不容易嘛！再说了，不得先副才能后正嘛，你总不能一口吃个胖子嘛！为了给这一天讨个吉利，他特意托包工头给他选回来一条领带，砖红色！一大早就扎在脖子上。

这天本来是植树节，可是，这里缺的不是树而是钱，因此，植不植树对于政协已经无关紧要，紧要的是领导班子现在要改朝换届。

这天上午开始隆重而严肃而热烈的选举，投不投自己一票呢？投吧，怕人家知道了说自己不谦虚；不投吧，肥水流了外人田，自己给别人抱孩子！急得他心里针扎火燎，拿不定主意。直到最后，我们也不知道他到底投没投自己一票。不过熟悉内情的人说，通常情况下，如果知道自己会当选，他当然不会去投自己的对手，应该投一票给根本没希望的人。

十点整，雷鸣般的暴风雨一样的经久不息的掌声里，公布选举结果！主席是谁，还有副主席是谁，他都不在意，他就全心全意等着听一个名字：吴玉元选为本届政协副主席！

早已经写好名字的座签摆到主席台前排桌子上，他很快被工作人员从下面的会场里请上主席台前排就座。为了坐到今天这个位置上，他已经努力了很久很久，人们只看见今天他坐在这里的荣耀，谁知道他的辛苦他的风险？为了送大礼、给他们常年交手机话费，他绞尽脑汁，公款私存、虚列项目支出、收入不入账、支出不入账、挪用国债扶贫资金，无所不干，到处找钱。

再次当选的老主席致辞，他这个新当选的副主席要致辞就得再等五年，时间太长，好在他还年轻，39岁，等得起。

隆重而深刻的讲话庆祝团结的大会胜利的大会，已经讲到将近十一点，午间宴会的芬芳已经缭绕在代表们的心头，大家已经做好离席的准

备。就在这时,关注主席台的人发现,有人走近新当选的吴副主席身边,跟他不知道说了几句什么,吴副主席面带微笑跟着来人走下主席台,离开会场。然后,又有人把主席台上刚刚摆好不到一小时的吴玉元名字的座签请走。午宴准时开始,人们忙着咀嚼山珍海味的喜悦,没人关注饭桌上少了新当选的吴副主席的笑脸。

忙着胜利的代表们当然不知道,这种欢庆的丰盛的宴会,吴玉元吃不到了,因为他脑袋上的副主席三个字已经被收回,现在办案人员已经对他宣布实行"两规"。

什么是"两规"?

《中国共产党纪律检查机关案件检查工作条例》第四章第二十八条中规定:"要求有关人员在规定时间、地点就案件所涉及的问题作出说明。"

这就是通常所说的"两规",它既是调查措施,也是保护措施,避免被调查对象再犯错误,或者受到不必要的干扰和影响。

1990年国务院颁发的《中华人民共和国行政监察条例》中规定:监察机关在案件调查中有权"责令有关人员在规定的时间、地点就监察事项涉及的问题作出解释和说明"。

1997年全国人大常委会通过的《中华人民共和国行政监察法》规定:监察机关有权"责令有违反行政纪律嫌疑的人员在指定的时间、地点对调查事项涉及的问题作出解释和说明"。

吴玉元"两规"蹲了十九天,被当地检察机关以涉嫌受贿罪立案侦查。

你是不是觉得有些好笑?当选一个小时就被"两规",人事组织部门和领导都忙什么去了?虽然我不是新闻发言人,也可以向你解释一下,你太不了解情况,这不是遭遇了突发事件嘛!

小偷偷出来一个贪官

话说这座县城里,有一名无业游民,找不到事做赚不到吃饭钱,只好三天两头偷鸡盗狗。不知怎么叫他发现了一个有钱人,咋个知道这男人有钱?常有包工头子请他吃饭店。这年头包工头子不请没用的人,请的人都

第14章 小偷怎么能偷出来一个贪官

是有权的人,有权就有钱。他琢磨着得从他身上闹几个钱花。

也不记得是哪天晚上,这小子在饭店门口跟上这个有钱男人,跟着他回到家里,看见他脱下衣服裤子挂在床头。这里还是穷,像他这样的有钱人都没有安装塑钢窗、安全窗,不然也就不会有我们讲的这个不是笑话的笑话。这小子不知去哪里躲了一阵子,他要等到后半夜人们睡得最死的时候,才敢下手,月高风黑杀人夜嘛。

早晨,男人起床的时候,发现裤子没了,再一看,窗户的纱窗被捅了个窟窿。他什么都明白了,仿佛一下子掉进了十八层地狱。脸也顾不得洗,饭也顾不得吃,赶紧再找条裤子穿上,就往银行跑,去挂失;就往公安局跑,去报案。

警察听说他报案一定要找回自家的裤子,差点笑喷了,在这个县城里裤子被偷走还想再找回来?再说你那裤子啥名牌,能把你急成这个样子?他说不是,我的工资卡还在裤子里面嘛!这报案的时间是3月4日。

无业游民拿到裤子,四个口袋翻了个底儿朝上,大小现钱全留下。本想裤子也留下自己穿,等着再翻到里面的身份证,还有工资卡,他犯核计了,人办事不能太作损,不能做绝了,拿了人家的钱救救急也就罢了,总不能叫人家吃饭钱都开不出来吧?

时间长了,忽然发现了皮带的秘密,原来这大宽皮带里面有个票夹,里面还藏着四个存折,他手指头加上脚趾头算了几遍都是40多万!这得多少人干多少年才能攒下这老多钱?这一定是买房子置地的钱,给儿子娶媳妇的钱,这丢了不得急出半身不遂吗?到了这时候他更害怕了,害人之心不可有!不能叫他家破人亡啊!想把裤子送回去是找死,把裤子扔到街上又怕再有人拿走,放家里四五天,天天不知咋办好。好在他发现两个小学生上学经过县医院,就在他们经过之前,把衣服扔在路上,拦住他们。

听说叫他们捡衣服交公安局,小学生说你咋不去呢?他说,大人干这事儿就说不清了,你们小孩子做了就是学雷锋,就是做好人好事。小县城的孩子比不得大都市,还是拿着大人的话当回事儿,马上就做好人好事把裤子交给了警察叔叔。

警察翻到身份证、工资卡,认识!这人是县里的名人,是一个局的局长,赶紧打电话,请这位局长过来领回去吧。

可是，有位警察说，这局长是有些搞怪，这皮腰带咋那么宽呢？这还是蟒蛇皮的带子，缠在腰上多别扭！有人说你真是乡巴佬拿着豆包不当干粮，你知道这皮带多少钱？好几百！人们忙过来争着看什么腰带这么值钱？鳄鱼皮的！你在咱们县看见过吗？我只看见有个包工头子扎过一条，问他多少钱，他说吓死你！好几百！

看这腰带不光是宽，还有些厚，再翻过来看看，居然里面还有尼龙拉锁，拉锁拉开，里面是个票夹，还有东西。

大家来了好奇，有人取出来四份存折，两份用的吴玉元名字，还有两个存折的名字也姓吴。调出电脑里户籍资料一查，一个是局长的父亲，一个是他的儿子。四份存折共计存款42.08万元。贫穷的县城有人有这么多钱，肯定是首富了！全县机关经常开不出工资，到现在前几年欠的工资还没全给补上。他们知道，县里最好的部门就是吴玉元所在的那个局，月月按时发薪，年节还有奖金。

听说裤子找到了，吴玉元跑得满头大汗，那可是小金库啊！本来家里也没有保险柜，要是有了更遭贼，破烂家具里放这么多钱根本不安全，想来想去，还是包工头给自己出了好主意，送给自己一条带票包的腰带子，还警告自己，吴局长你可不能扎着它去嫖娼！到公安局领到裤子，吴玉元谢了又谢，签完名还说，等哪天的等哪天的，我请弟兄们好好聚一聚！

不过，警察们还是觉得事情有些蹊跷，既然钱是这位局长的为啥还用儿子的名字呢？儿子应该还没成家。要是成家了他自己存钱更不能交给老子。另一个折子要是他老爹的，就不应该放在他这里。既然借用两个名字存钱，这钱就不是正道来的。

四个存折42.08万元很快反映到县纪委，县纪委很快汇报到市纪委。4月12日，市纪委宣布对吴玉元"两规"。

据查，1998年到2003年年初，上级部门下拨县里的扶贫资金近6000万元，平均每年1000多万元。这些资金如何使用，全由吴玉元说了算。他采取公款私存、虚列项目支出、收入不入账、支出不入账、公款送礼、挪用国债扶贫资金，累计违规违纪金额500多万元，其中贪污挪用110万元，公款私存156万元，送礼100多万元，私设账户转移资金50多万元，购买小轿车、修建职工集资住宅楼和集体私分50多万元。

第14章 小偷怎么能偷出来一个贪官

扶贫资金主要用于修建通村公路、人畜饮水工程、移民搬迁。由于吴玉元招标的包工头偷工减料，总投资170多万元的移民新村，60多户人家，一半人家屋顶裂缝，下雨天不得不用铁桶和盆子在屋里接水；他们修筑的所谓通村公路，不过地面铺点黄沙，汽车不能进村；移民新村配套建设的人畜饮水工程，建好3年多没通过一滴水。

"我们的责任，是向人民负责，每句话，每个行动，每项政策，都要符合人民的利益，如果有了错误，定要改正，这就叫向人民负责。"

人没有正确思想，注定会变得卑琐贪婪。吴玉元挥霍本该用于农民脱贫的款项，巴结权贵，将农民重新推向生死挣扎。拿人民的钱来牟私利，他还会有什么好下场？

经人民法院开庭审理，一审判处吴玉元有期徒刑3年，并处罚金1万元。由于这起案子引起中央和地方有关领导高度重视，有关部门对此案又进行了补充侦查，人民法院根据公诉机关的追诉，又以受贿罪、贪污罪判处吴玉元有期徒刑11年，并处没收财产人民币44.9万元，罚金1万元。

看完这个不是笑话的笑话你真的笑了，你说我真能瞎编排，要是那个小偷人性那么好，他干嘛还偷人家裤子？你说到了我心里的困惑，我也纳闷，这个无业游民为什么要偷东西呢？你不偷不行吗？你不能干点正经事养家糊口吗？

关于这条裤子的来龙去脉，我不敢给你多说，再说就要露底了。不过，有一点我敢向你保证，这个无业游民的人品，据我所知，真的比吴玉元好多了，你信不信？

第15章
有病乱投医
耗子药也敢吃

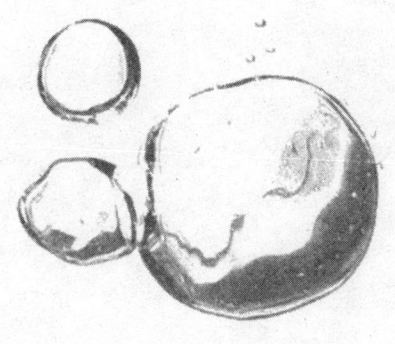

第15章 有病乱投医耗子药也敢吃

卧室里随处乱扔的是什么东西？

晚上九点钟，检察人员打开灯，走进市委常委曾胜的卧室，立刻被惊呆了。

房间正中间倒也还算干净，不妨碍走动。

房间四周的角落里，地毯上，窗台上，还有大衣柜的顶上，全是随意乱扔着的人民币，一捆一捆一捆的，简直就是一座金库。

也许那钱并不是真的吧？是用来孝敬死人的冥币吧？

检察官拿到手里的人民币，不但是成捆的沉甸甸的，银行的封条还都完好无损地原封未动，上面的出纳印章盖得清清楚楚，全是货真价实出自人民银行的人民币，只是它从来就没有被现在的主人打开过。也有成捆的人民币装在信封里，信封上的姓名写得认真、写得清楚，求曾书记给办的某某事情也写得清清楚楚，想必是知道求曾书记办事的人太多，不写清楚曾书记难以记住。

打开大衣柜，里面还有那么多港币、银行存单、收款收据……

根本不用拿出检察官搜查的真本事，眼见即得，没用两个小时，他们就随手共计捡到：

人民币91万元；

港币76810元；

银行存单16张计200万元；

外借款和集资款收据11张计19万多元；

购置土地交款收据1张17万多元；

农行信用卡1张2万元。

在这位市委常委、政法委书记、公安局局长曾胜家里，各种款项共计搜查到港币7万多元、人民币340多万元。

检察官们总觉得像做梦似的，这些重证的取得怎么会如此不费吹灰之力？他们破过多少案子，却是从来没有经历过这样明摆着的案子。

他们不止一次地想过，要么就是曾胜智商太低，犯傻，所以才把这么多钱随便扔在外面。

这么想肯定没道理，一点没道理，太没道理了，智商低怎么能够一路高升很快就干上常委、政法委书记、公安局长而又重权在握？

也许是他根本就不在意金钱，因为手里的钱太多了，玩够了就像玩女人一样，腻歪了。

后来证明也不对，曾胜的钱越多越贪得无厌，多则十几万元，少则几百元几十元，通通都要、通通都收、通通都存起来。

是不是曾胜这个人马大哈？什么事都稀里糊涂？

这只能是普通人对普通人的猜测，曾胜是什么人？生杀大权在握，说升谁就升谁、说开谁就开谁，怎么会马虎怎么会糊涂？

对于他为什么敢如此肆无忌惮，只能有一种解释，因为他是本地区的市委常委、政法委书记、公安局长，手里的权力比一把手还实在，在他看来，权力永远在他手里，他就是永远的政法委书记，是人都怕他，他用不着怕谁，当然也用不着防谁，所以自己的钱随便扔在自己的家里还有谁胆敢进来看看不成？

今天晚上发生的事不仅让检察人员出乎意料，更让曾胜出乎意料。

晚上八点钟，什么都不怕的曾胜恋恋不舍地离开酒店，还早呢，没有玩够嘛，只是今天晚上有个检察长要向他汇报工作，不然怎么会这么早就离开酒店？

曾胜刚刚回到办公室就撞见几个人，手里不知拿着一张什么纸说要什么？要？他许久才明白过来：要——传唤他！

反了你们？他被弄上了车，对着检察长大吼：

"你是什么东西？连我你们也敢传？我是政法委书记你们装糊涂？我管着你们，你们不知道？"

"我是市委常委！政法委书记！公安局长！你们有什么权力敢调查我！"

奉命办案的检察官还是给他看了相关法律手续，而且搜查了他，在他的手提袋里一下子搜出4万多元人民币。他怎么会这么有钱？

只调查了两个月，就拿到了他大量的索贿受贿证据。

第15章 有病乱投医耗子药也敢吃

这年年底,什么都不怕的曾胜被依法逮捕,检察机关以受贿罪和巨额财产来源不明罪对曾胜提起公诉,如果不是曾胜太聪明、太相信自己说一不二的威力,检察院也就只能以这 340 多万元起诉他,他的案子也就只能结束在这 340 多万元上。

权力就是为了实现赚钱的目的?

当了市委常委、政法委书记、公安局长的曾胜,已经忍受不了小打小闹地拿钱了,这与他的地位太不相称了,什么时候想要敛钱他就张张嘴向公安局放风,说要对全局股以上干部大换岗,于是几万几十万的人民币就装进他的腰包里。在他最威风的日子里,只用 4 个月时间就收进 100 多万元人民币。

曾胜很有思想,他说:"人生的目的就是为了赚钱,权力是实现这个目的的工具。"

有了权就不愁有钱,有了钱就越发抬高身价,他要谁死谁就死,他要谁活谁就活,没人敢公开反对他,他在化州市真的成了说一不二的人物。

什么都不怕的他在看守所里在押时,就做了一件独一无二的事情。

他已经知道检察院要以受贿罪和巨额财产来源不明罪起诉他,他也知道他们在他家里只找到了明面上那 300 多万元,失眠的夜里(自从进来就失眠,里头的条件也太差了嘛!哪如家里那么舒服?)他常常想(是不能不想),他们为什么还不起诉我?又一夜过去了,又一天也过去了,还是没有任何动静,这是为什么?他们为什么要这么一天一天地拖我?为什么还不让我出庭?

功夫不负有心人,终于有一天后半夜,他忽然又想到那件事,从前也不知想过多少遍了,可就是没想到他们和这件事会有什么关系,现在他忽然明白了,立刻坐起来,出了一身冷汗。不行!必须尽快采取必要的措施、有力的措施!先下手为强后下手遭殃,一定要抢在他们的前面!

经过再三措辞,一个字一个字地琢磨,反复琢磨,琢磨来琢磨去,总共 56 个字(还包括标点)他想了几天几夜,最后写好一封信,让人交给他的夫人(这也是他当常委以来第一次亲自动笔起草文件)。

他还以为自己是市委常委、政法委书记、公安局长,说一不二,当然没人敢拆看他的家信。

要么就是他不相信调查他的那些检察官还能比他更聪明,所以他才写了一封自认聪明绝顶的家信:

衣柜的衣领缝有黑皮边的羊毛衫内袋的药品是治心脏病的,不知是否还在,如在请送给岳父,但不能乱用(遵医嘱),请告诉我

也不知道是怎么搞的,检察人员拿到这封信,不免觉得奇怪,治心脏病的药为什么还要缝进衣领?按图索骥,在他家那个衣柜里那件缝了黑皮边的羊毛衫的那个衣领里,拆出4本存折,共计存有人民币113万元。于是,他的案子被重新提起公诉。

这就是说,从他家里和他手里搜查到现金及存折、票据等款项共累计人民币456万元、港币7万多元。

建党77周年那天上午9点钟,市中级人民法院的审判长,正在审判厅面对曾胜和有关人员宣读判决书。长长的判决书读起来没完没了,曾胜都不想听了,因为那些事情他已经听得够了,想得够了,那些自己做过的事情已经让他回忆得恶心了。他急于想听到的是最后的判决,是有期,还是无期?哪怕是死缓呢,也行,只要留得青山在……

什么都不怕的曾胜猛然全身一软,瘫下去。

早已站在他身边的两名法警早有准备,已经紧紧架住他控制住他,不让曾经说一不二的他倒下去。

语言只有和权力结合在一起的时候,才会有绝对的力量,才能只凭话语就可以置人于死地。从前,曾胜说出来的话对于众人也有近乎现在庭审的力量。但是,现在,此时此地,他却是第一次尝受到了这种话语的力量,而且是永远的。

这些别人听来的平常话语,居然把曾胜肚子里的屎和尿都震撼出来,屎和尿顺着曾胜麻木的双腿没完没了地往下流,随后就有让人窒息的骚味臭味从他脚下弥漫开来,充斥整个审判大厅,然后夺门而出,挣扎在街

第15章 有病乱投医耗子药也敢吃

道上。

除去曾胜再也闻不到自己的味道，在场的人没有一个不恶心的。

审判长的宣读，他只听见"以受贿罪、巨额财产来源不明罪，一审判处原市委常委、政法委书记、公安局长曾胜死刑"，而到最后他心里就只剩下曾胜死刑、死刑、死刑，却再也记不得自己一生所得到过的别人所没有过的那些好处、那些得意、那些威风。

你说他这个政法委书记常识都不懂？他要在看守所不往家里写那个条子，他还不至于死吧？你说得有道理，但他还是写了，要么是他太以为自己聪明，要么就是他有病乱投医，耗子药也吃。人一恐惧就容易丢失理智，没了理智什么荒唐事都干得出来。

第16章
本系统最后一个
被带走的人

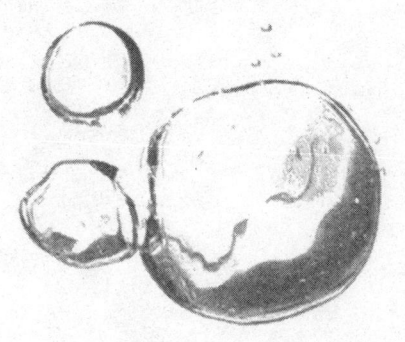

第16章 本系统最后一个被带走的人

人的尊严是和位置成正比吗

医生说必须做手术,不然的话,一旦病变成为恶性肿瘤,你后悔都晚了。

不做,又能怎么办?十年前做一个子宫瘤手术,她不能不认真考虑给主刀医生送什么礼。她咨询了做过手术的人,一般都是一千、两千,再多给那都是有钱人的勾当了。

没当过贼你怎么知道小偷有瘾?没坐过金銮殿,你怎么知道大权独揽的滋味?像李翠娥这样的总会计师,就十分懂得,不浇油轱辘不会转,不烧香佛爷脸朝天。

别的不说,就说那个县农电公司的头头吧,三番五次找到省农电局找到总会计师,说是能不能把工程款先拨付给我们?给有给的道理,不给有不给的理由,尺度由谁掌握?什么掌握?还不是总会计师一句话!这就叫生杀大权。曾经生杀过别人的总会计师,不幸患上子宫瘤,就要被别人生杀了,她就不能不设身处地去想一想,如果主刀医生不高兴,他手术床上会怎么对待我?自己生死命运不是主刀医生一个人说了算吗?她明白,好恶在一个主事人身上不算什么事儿,医生不高兴你,手术做得差一点,谁也找不出毛病,你倒霉了都不知道怎么倒的,只有医生自己知道怎么回事儿。拥有权力的人,才能最了解玩权力的心态。啥时候也不能得罪大权在握的人。

专权的人难免有两种恐惧,一个恐惧别人争夺他的权力,容不得不同意见,不信任自己帮派外的人,怀疑所有看过他一眼的人居心叵测。二一个,恐惧比他权势更大、能够决定他命运的人。听说要做手术之后,李翠娥夜夜惊醒,她看见手术没做完,主刀医生就把她扔在手术台上去打扑克,因为没拿到她的红包。

她想了好长时间,白天想黑夜想,必须要主刀医生尽心尽力给我做好手术,你去求他那是没有用的,现在的人哪个不讲究实惠?无利不起早。所以这个礼物一定一定要送好。花国家的钱不心疼。

话说到了手术的日子,早饭后她就找到主治医说,为了感谢医生给我

做好手术,我送医生一份儿小小的礼物。

医生看她空着两只手,知道她这份礼物一定小得别致,就笑起来,继续做手术前的准备。

她从口袋里掏出一个红纸包,放在手心上,看大小显然里面不能装钱,只能包了几块糖什么的。她把纸包给了医生,医生随手将小纸包放在桌子上,又去忙他的事。

李翠娥有些着急,经常收礼,能不明白这个道理吗?像这种礼物就必须让他在干事儿之前马上看到,你等他干完活儿了再打开这份礼物,那就歇菜了,那就是马后炮了。她赶快笑一笑,说医生,你也不看看我们的小礼物是啥吗?

医生说好好好,我看我看。

李翠娥当然明白,他既然要看礼物,这个时候我就不应该在场了,我得躲开才对。她从来讨厌送钱的人当面要看着她数钱,遇到这种人,她就会把他的钱给扔出去。

护士忙给医生拿起桌子上的红包,医生说我哪有时间?你帮我看看吧,啥玩意儿?

护士猜想纸包里面肯定是几块巧克力,打开大家尝一尝。"哐当"一声,小包里的糖丢在地上,护士忙捡起来,"哎呀"一声叫,这是什么钥匙啊?

医生听她说是钥匙,一怔,那不是汽车钥匙吗?

护士马上跑去窗户朝楼下望去,是!楼下那不是新车嘛!捷达!捷达!

医生也跑过去看,楼下停着一辆新捷达,车头上还系着一朵红绸子大花。

快!医生脸红脖子粗,喊护士,快把李总的钥匙送回去,这还得了啦!他们农电局的人可是真有钱!

看着护士把钥匙给她放到病床上,说是主任让她送回来的,他不能收下这个礼物,气得李总一句话也没说出来。送你一辆车子不是看得起你吗?不是要你给我百分之百做好手术吗?又不是白给你!

据说患肿瘤的女性十有八九都是性格刚强,容易发火、愤怒,或者过于忧伤痛苦,总而言之都与不良情绪有关,也就不难猜测,这位李总是个

第16章 本系统最后一个被带走的人

女强人。

杨惠妹正在拖地打扫卫生,知道这件事很叫李总下不来台,李总从来都是很要脸面的人。她就赶紧给李总沏上茶,端到跟前说,李姐你用不着生气,你别看他不要你的礼物,他也不敢小瞧你,这个手术他肯定得当个事儿办!李姐这么厉害的礼物吓着他啦,土包子他哪见到过呀!

李总忽一下坐起来,一向没有人敢对李总这样无礼,李总啥时候被人拒绝过?人的尊严是和位置成正比的,是和他占有的空间成正比的,坐在我们头顶的人他需要的尊严当然会比我们高。美国人类学家霍尔认为,你和亲人之间的空间距离可以近于一厘米之内,但是,你去拜见你的上司,你就必须给他留足120厘米以上,不然,你就会让他感到尊严受到挫折。所以领导者的桌子越来越大,是他们的尊严越来越尊严了。不要以为权势者不计较小事,他们脸面上涂抹的尊严其实比拾荒者的更脆弱。

尊严受到伤害的李总,小孩子一样生气了。

小杨!我问你,这辆车你敢不敢要?

杨惠妹憋红了脸,一时猜不透李总啥意思,怕说错了李总又摔屁股又碰脸,她必须揣摩准了老总的意思,才能一针见血。

怎么的?你也不敢要你李姐的东西?

杨惠妹猛地明白过来,赶快说,咋不敢要呢?我就想要!想了想又说,只要你李姐肯给我!

李总抓起来钥匙就扔给她,急得她哆嗦着两手一顿乱抓,一道耀眼的光芒,像夜里的流星一样划过杨惠妹的心头,落到她的心坎上。她抓鱼一样狠狠将钥匙摁在地上,抱起在胸前,问道,李姐李姐你真的给我了吗?你不要了吗?

李总说你不要我就扔了它!你侍候我那么好,就算是我对你的感谢吧。

大热天,开着门通风,李翠娥一眼看见杨惠妹在门外慢慢走过,她肯定是开着那辆捷达车过来的。现在,非比当年大桌子大办公室,招待所里一张小学生课桌,几张白纸,一支从来不屑于使用的破圆珠笔,要她交代自己的经济问题。杨惠妹看见她的时候,忽然抬起左手捂在嘴上。李翠娥明白她啥意思,这一定是王军学叫她跑来告诉自己,啥也不要说。

自己差一点儿就要说了。自从她跟专案组的人来到办案点,她就一言不发,几天过去,她划拉了十几张纸,没写出一句有用的话。逼急了,她就说自己辛辛苦苦,跑断了腿,磨破了嘴,喝醉了酒,喝坏了胃,得一身的病,不到五年,做了三次手术,为了革命工作把身体都搞垮了。

办案组也有女人,这女人就是心细,每天看李翠娥划拉过扔掉的烂纸,看来看去,忽然问她,你很想念你的女儿是不是?

她一愣,谁说的?谁跟你说我想女儿?

谁说的?还有谁说的?你自己说的呗!

她傻眼了,我啥时候跟你说过?

想捂住别人嘴自己倒先开了口

办案人把她划拉过的烂纸给她看,到了这时她才看清,身心恍惚的她,几乎每页纸上都写着自己女儿的名字。

"我也有女儿,我也心疼她,怕她冷了,怕她热了,可怜天下父母心。"

李翠娥低下头,她不想办案人看见自己的软弱。

"就是为了你的孩子,你也应该尽快解脱自己。"

1998年至2002年,国家投资76亿元对全省农电系统管辖的农村电网进行改造,但省农电系统少数领导干部却借机大肆贪污受贿。不断有人向省检察院检举省农电局领导有经济问题,省检察院反贪局进行过秘密初查,已经掌握农电局局长王军学一些涉嫌受贿的线索。但是,省农电局是垂直管理单位,权力集中,垄断程度高,资金密集,是高福利行业,内部制约牢固,难于调查取证。

2004年9月,以省人民检察院为主,检察、纪检、公安、审计等部门通力协作,在全省紧急抽调近400人,对全省农电局及其下属单位的账目展开全面核查。李翠娥是掌管全省农电系统财务大权的总会计师,被专案组选为这个大案的突破口。

办案人员看见李翠娥已经动摇了,想说了。就在这时,门外走过一名

第16章 本系统最后一个被带走的人

女服务员，对着他们捂住自己的嘴。李翠娥马上沉默了，沉默得很顽强。

办案人员觉得她的沉默是不是和门外走过的服务员有关系？经过了解，才知道，门外走过的那名女服务员大有来头。

她就是杨惠妹，原来就在这个招待所当过服务员，后来被王军学调到了西安。她回来就是穿的原来的工作服。

杨惠妹为什么要从西安跑这里来捂嘴？捂嘴是什么意思？不就是不要张嘴不要开口吗？她是不是跑来串供的？

过了两天她又来了，一进门口，专案组就知道了。等到她再次来到楼上，李翠娥的房间也不通风了，只开了一条小缝，好容易杨惠妹才看清李总趴在桌子上写字，对面的人还说，好，你交代得很好，你应该继续努力……然后门就被带上。她没命地往楼下跑，用最快的速度开车回西安去报告局长，大事不好，李总招了！

她回到机关，王军学还在办公室等她，听她说了一遍看到的情形，半天，才说，那你先回去吧，现在，我也不好留你了，万一被他们发现，不好。明天上班咱们再说吧。

出了机关，回家吧，门口却突然出现几个男人拉住她上车，到了车上给她看一张传唤证。到了一处地方，办案人说你也看见了，李翠娥已经交代了，你要想争取宽大你就交代，不想宽大你就别交代。毕竟她没当过官，没见识过这种场面，兔子爪子，经不起烙铁，三吓两哄就屁滚尿流，就竹筒倒豆子，稀里哗啦，交代个一塌糊涂。

她说，3月份自己在医院里侍候李总治病，一个县农电公司的领导请自己吃饭，要她帮助跟李总求个情，把他们县农业电网改造的资金拨付给他们。她说这事儿我能办，不过，你们得给李总好处费。对方说当然得给，你说要多少？她说就要50万元，办成就给。到了9月29号，他们给汇来50万元，李总一下子就给了她20万元。

杨惠妹也不知道，她还是个先驱者，犯介绍贿赂罪的先驱。介绍贿赂罪，是指向国家工作人员介绍贿赂，情节严重的行为。早在新中国时期刑事立法中就有这个罪名，对于这个罪名存废争论从来就有，它在刑事立法草案中也多次消失过。被以这个罪名判刑的人很少见，所以杨惠妹也算是个名人了。

建议取消介绍贿赂罪的专家大有人在，《21世纪经济报道》就载文说：

介绍贿赂人应为共犯

北京师范大学刑事法律科学研究院名誉院长王作富对《刑法》中规定的介绍贿赂罪罪名提出了质疑。

"建议这个罪名尽早取消。"王作富认为，介绍贿赂罪仅规定了应一方要求，寻找对方满足该要求，并转达对方的要求，但并未涵盖教唆行贿或受贿的行为。

共同犯罪有两种情况，一种是应行贿人要求物色受贿人，另一种是应受贿人要求物色行贿人。王作富认为，实际上，在司法实践中，既非行贿人共犯，又非受贿人共犯的纯粹的介绍贿赂人几乎是不存在的，现实中往往百分之百都是共犯。

"按照目前的《刑法》规定，只站在一方的角度，就定为行贿或受贿的共同犯罪，但若站在双方角度，进行沟通，就成了介绍贿赂罪，这是没有道理的。"王作富认为，在行贿受贿双方之间的牵线沟通实际比仅站在一方的角度社会危害性更大，实际这种行为已经同时构成了行贿人的共同犯罪和受贿人的共同犯罪，这样完全可以按从重处罚处理。

西安市中级人民法院以介绍贿赂罪判处省农电管理局招待所服务员杨惠妹有期徒刑一年，缓刑二年。

杨惠妹一被突破，李翠娥也供述了自己受贿337万元，后来法院以犯受贿罪判处其有期徒刑十五年。某县供电局局长刘金宝，为了感谢李翠娥按时拨付网改资金、电力建设基金，先后向她行贿80万元。专案组由此推断，这个刘金宝一定也有严重经济问题，他还是王军学的铁杆儿，一定也知道王军学的经济问题。

专案组决定正面接触刘金宝，可是他不在县里，局里人说他正在省里农电局开会。专案组马上赶到省农电局，找遍会场也没找到刘金宝，谁也

第16章 本系统最后一个被带走的人

不知道他去了哪里。

魔椅诱发人的劣根性

省农电局局长王军学一向说一不二，一向感觉良好，现在忽然找到了新的感觉，坐在办公室里觉得隔墙有耳，去下属办公室转转看那些眼神再也没有往日的规规矩矩，回到家里又觉得四面铁壁，消息闭塞。他已经得到可靠消息总会计师被捕，其实，他也想到这可能是专案组故意要他知道的。更让他不安的是，杨惠妹失踪了，手机关机，家人不知道下落。

患难见知交，就在他水深火热的时候，刘金宝来到他身边，听他说了一顿苦恼，啥也不讲，扭头就走，没有多长时间就打电话来，要他去宾馆。

房间里两个女孩儿如花似锦，见到他马上扑过来，一人一只胳膊抱住他，一口一声王哥，叫得他腾云驾雾。刘金宝说走吧王哥，我带你去张家界考察那里的农网改造。

两人一考察就是十多天，把两个女孩儿都考察成了老婆。考察费用当然是由刘金宝支付，可不是由他掏腰包，既然是考察，当然两个人的食宿嫖赌费用通通都得由公款报销。

王军学花我们的钱，已经大方到了神话的程度，说是有个搞建筑的老板，一门心思抠窟窿盗洞想讨好王局长，终于有一天得到机会孝敬王老爹，在一个灯暗酒香的场合，双手给王局长捧上一个信封，没想到王局长连看都没看，就扔到桌子上。商人吗，少不得唯利是图的心思，就悄声说，王局长，美元。美元就美元，王局也不是没见过。商人一看，还是没有当面明白，就干脆挑开说，王局九万。美元九万，当年相当于八九十万人民币了。想不到，王局长听了商人这样说，随手拿起信封就扔给了一边坐着的情妇，拿去玩吧！情妇吓得心里怦怦乱跳，这么多钱给我玩儿？

还有一回，王军学下面那些个铁杆小兄弟给他过生日，生日过得王局很高兴，就跟小哥们儿摆龙门阵，无话不谈。王军学享尽人间富贵，自会对人生有独特到位的体会，这种体会还真有规律可循，好像所有进入到他

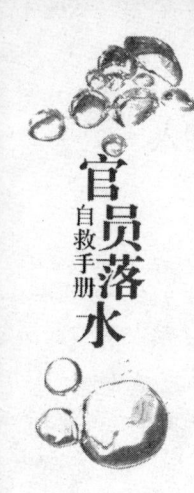

这种境界的男人,都是一喜欢女人,二喜欢美元。男人干事业干累了,就得要找女人减轻一下压力,和女人上床是男人最好的休息。但是,你要有原则,你不能乱来,一要把家庭安抚好,不要后院起火;二不要破坏别人的家庭,尽情享乐;三不能被女人控制,你得来去自由。不愧领导干部,果真是句句铿锵,落地见血。

说起喜欢美元,有人说还没见过美元长得啥样。王军学立刻从手包里拿出一万美元,你们拿去好好看吧,看够了就留下。转眼工夫,把一万美元发得一干二净。

知道他拿钱不当回事的人都称赞王局长豪爽,其实他们不知道,王军学有苦难言,他的豪爽不过是变相挣扎无法摆脱的痛苦和无奈。他的家族很奇怪,在他之前就没有人活过五十岁,离去的人都是心脏出了毛病,这样的铁定遭遇已经成为生命的咒语。少年时候青年时候,他饥寒交迫,渴望挣钱有钱,那时候,钱对于他的家庭就是一切,就是幸福。终于有了这么一天,他再也不用为没钱忧心忡忡,他手里的钱可以多得像流水一样,他却再也没有多少享受它们的时日。他不甘心命运如此不幸,但他唯一能做出的抗争却是无度挥霍,却是变态的腐败。恐惧过度不但腐蚀人的意志,也扭曲人的心态。他的这种生死苦恼无处诉说,也没有人能够帮助他,在中国还没有求助心理医生的习惯和条件,他只能破罐子破摔,只能假豪爽真挥霍。

这种家族的悲剧是值得同情的,恐怕这种病,既有生理上的原因,也更有心理上的原因,因为现在王军学远远活过了五十岁,但是,他又遭遇了别样的不幸。

生活充满变数,据说有位知道自己患上癌症的男人,把所有财产都送给了别人,净身出户,然后却被证明没有癌症。王军学也已度过五十岁的生死关口,可是,他却把自己关进了牢笼里。

从前有位作家写过短篇小说《魔椅》,说是人们一旦坐上权位的魔椅就要变成魔鬼,我称赞他那个魔鬼写得好,他却黑了脸说,你恐怕还是没看明白,这把魔椅就是你我坐上去,也未必不变,你不要以为只是那些坐上去的人才会变。我当时哑口无言。现在,似乎才有些开窍,如果那把魔椅任谁坐上去都很容易变,恐怕就不是人的问题了,而是魔椅很有问题

第16章 本系统最后一个被带走的人

了,是它在诱发犯罪。为什么现在我们打造了这么多的魔椅呢?如果不把魔椅清理干净,只是去抓魔椅上的涉罪者,恐怕总也抓不尽。

这种制度不完善的魔椅能够诱发放纵人的劣根性,就像浇了化肥施了农药一样疯长那些畸形的根茎叶,最后腐烂得触目惊心。

王军学1946年出生于一个偏僻的农村里,能干活了就白天替人家放羊,挣几碗高粱米,晚上蜷缩在一个私塾里学认字,应该说自小就懂得生活的艰难。他自己说过,我是吃高粱米、喝黄河水长大的农民儿子,能为家乡尽点绵薄之力,我感到由衷的欣慰。最初他也是这么干的。

"全省农网改造期间,我结交了一些不法商人,他们请我吃饭、娱乐、旅游,我用手中的权力帮他们赚钱。慢慢地,我就羡慕起他们的生活方式了,觉得私营企业老板的钱不拿白不拿,只要不贪国家的钱就不会犯法。于是,我身不由己地陷入那个圈子不能自拔。"

第一次拿人家钱,他也犹豫过,也后悔过,也恐惧过,但是,平安的日子一天天过去,非但没有出现意外,他反而有了财大气粗的感觉,有了能够居高临下俯视那些曾经羡慕过的富有,愿意亲近他的哥们儿也多起来。其实,他只要运作在他掌控的那个系统里,就轻易不会出事。虽然他身边也有什么纪委、监察人员,但是,他们哪一个敢管他?敢揭发他?他们要是真敢,那他们就要身败名裂,丢掉饭碗;至于他的部下,可以看不惯,可以不跟他同流合污,但想跟他较量,十有八九也得头破血流,轻易不会有人敢于鸡蛋碰石头;至于那些心术不正的部下,巴不得他能贪污受贿腐化堕落,也好跟着他分块骨头喝碗汤;更有些部下,天天都在盼望他能带领他们进入天堂。天时地利人和,他不变也得变。给予他的权力不受制约,他却能约束所有的人,那你就是怂恿他改变。

去张家界考察回来的王军学像是注射了强心剂,重新焕发出对于权势的留恋,召开职工大会,声音更加洪亮:我王军学,一清二白,要是查出来一分钱有问题,我宁愿被杀头。

小葱拌豆腐才是一青二白呢,你说你一清二白,不是进坟茔地吹口哨,以为能壮胆吓鬼吗?不是进太平间戴草帽,以为死人就不认识自己吗?这倒让人想起列宁的名言,在市场上叫卖得最凶的人,往往是那些想把最糟糕的货物推销出去的商贩。叫喊完了,夜里能不能睡得香甜安稳,

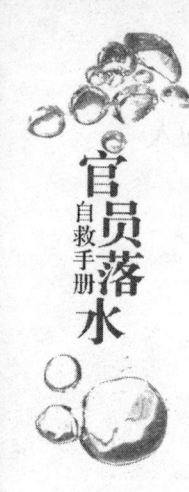

你自己知道。

专案组找不到刘金宝,就搞手机定位,到了晚上才查出来他在西安金花豪生酒店。

晚上九点,办案人员已经搞清刘金宝的准确位置,火速出击。他们冲进金花豪生酒店二楼包间,看见两男两女沐浴在昏暗的灯光里,醉不生梦不死。他们开亮大灯,公开自己的身份,女的掩胸捂脸,男的神色迷离。

我们找刘金宝。办案人员说。

刘金宝一惊,我就是刘……

我们找你了解一点儿情况,请你跟我们走。

屋子里顿时没了生气。刘金宝终于清醒过来,眼前这些人就是法律,就是权威,自己不敢挑战他们的权威。他起身跟在他们身后,他身后还跟着他们,他走在了他们中间,前后都被堵上,终于明白自己的好日子已经走到了尽头。

王军学站起来,也想跟着往外走,后来忽然回过味来,他们没叫自己,不但没叫,还像是不认识他是谁,理也没理他就走掉了。王军学一屁股坐下去,再也想不明白,他们这样一个个把我身边的人全都挖倒了,不把我架空了吗?我还能立得住吗?小姐们早已经溜掉,剩下他就觉得四面八方都有眼,盯得他死死的,早晚他们也得像传唤他的铁杆兄弟一样传唤他。

办案人员押着刘金宝回到他在酒店住宿的房间,搜查到12万元现金、8条熊猫高级香烟,还有名牌老凤祥工艺金饼一块,后来称重时才知道,这块金饼重一公斤。熊猫牌香烟正常价一条1200元。这些东西明目张胆地摆放在房间里,连些遮盖都没有,由此也可以看出送礼收礼不过是他们的家常便饭,明明知道办案人员正在调查他们,也无所顾忌。

办案人员问他,你这些东西怎么回事?

刘金宝不想说。

你不说哪里来的,那钱就是你贪污的,东西就是你拿公款买的,是不是?

刘金宝急了,装模作样打自己两个耳光,这都是我一时犯混,有个建

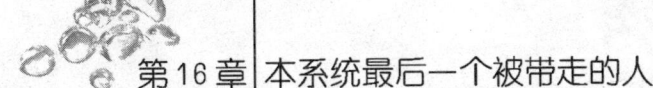

第16章 本系统最后一个被带走的人

筑商想揽活儿，中午才送来的，晚上就叫你们逮着了。

把刘金宝带到办案点，就跟他说，你看你想怎么办吧，你的事儿都有谁知道，你比谁都清楚。李翠娥、杨惠妹不开口，我们也不会找你，你自己看着办吧！

其实他很明白，她们肯定是交代了，不然，农电系统这么多人都有事儿，干吗先拿我开刀？到头来，谁扛谁倒霉。一想明白就全盘往外抖，供出自己受贿300多万元，给王军学行贿100多万元。

不是才陪着王哥出去考察过张家界吗？俗话说有几个"一起"之后就都是铁杆哥们儿了：一起下过乡、一起扛过枪、一起嫖过娼、一起分过赃。刘哥跟王哥占了最后两个一起，咋能调过屁股就揭发王哥呢？

这不太正常了嘛！人都有自我保护的本能，识时务者俊杰是也。当初，刘哥傍上王哥，他是本系统的最高统帅，跟他一家人跑前跑后，自然能捞得最多最好，利益最大化；现在，兵临城下，爹死娘改嫁，个人顾个人，不交代不揭发，反误了卿卿性命，揭发了王哥得到重大立功，不是能保命一条吗？这不也是利益最大化嘛！

那边王军学总算清醒了，急忙告诉刘金宝的家人，金宝被抓进去了，可能被打得不轻。

刘家人势力大着呢，马上召集人马，驾着两辆军用卡车，从榆林一路开进，汹涌澎湃，秘密赶到办案点，收买服务员，很快问到关押刘金宝的房间，就要动手抢人。办案人员发现异常，了解情况后，干脆跟刘金宝说，我们是不是严刑逼供你，打得你浑身是血，你自己跟你家人说吧！

刘金宝大受感动，眼泪都下来了，拿起手机跟家人说，你们可别听谁胡说八道，专案组没人动我一手指头。我真的是犯事了，都交代了，你们要真心想救我，就赶快回家去，该作证就作证，该退赃就退赃，千万别犯糊涂了。

有生之年还应给世人留下点什么

刘金宝当面被带走，王军学自然很受伤，昔日的绝对权威，今天当着

小姐的面倍受侮辱,那种愤怒火一样燃烧在心里,只不过是燃烧了一根火柴的工夫,愤怒就变成恐惧绝望的大火,烧得他心神不宁,茶饭不进,惶惶不可终日。一个人如果过分膨胀了他的尊严,他的心再也不受曲折的烦恼,等到他一旦遭受不可抗拒的挫折时,他会变得比孩子都脆弱,不堪一击。

很受伤的王军学经过思索,变得规矩起来,从前很少按时到办公室报到,说走就走个全国,现在按时上下班。从前,几部手机随身带,内外有别,现在一部也不用,他不想被办案人员手机定位。他更彻底,连办公室的座机都不用,明示局里的人,谁要找他请示汇报一律面谈,否则恕不接待。当一天和尚撞一天钟嘛,既然没有罢免,就还得运作下去,给那些能够寻找机会捞出自己的人创造些条件。

从前,只要外出肯定必带手包,少说也得装进去几万元人民币、一万美元,还有各种银行卡、金卡,还得带护照。现在上下班,来去两手空,一张纸条都不带,不能自己给自己掘窟窿。

那天刚上班,虽然王局每天寝食难安,但还是要坚持站好最后一班岗,所以现在仍然埋头阅读文件批示报告,忽然听到门响,是不是有什么消息?他抬起头来,看见来人,随即放下手里的笔,忙慌站起来,时辰到了,从此再也不用批示指示了。来人给他看过法律手续,他跟着他们走出办公室,门外还有部下等着王局面谈请示汇报,看到这样的情景大吃一惊。王军学倒像是在安慰往日的同事一样,轻声说道,不用找我了,以后再不用找我了……

省电力(集团)公司原总经理王军学因受贿人民币208万元、美元61万元,被判处无期徒刑,剥夺政治权利终身,受贿赃款208万元人民币和61万美元被依法没收,并处没收财产40万元。

刘金宝受贿人民币73万元、美元8.5万元和62万元干股,以受贿罪判处有期徒刑十二年,受贿赃款依法没收,并处没收个人财产10万元。

据说王军学现在服刑中表现很好,对自己罪行有清醒的认识,祝愿他能够早日得到假释。

在服刑中,王军学这样写道:

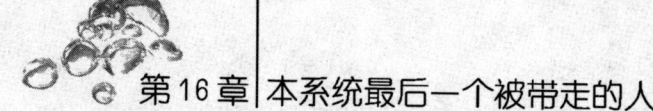

第16章 本系统最后一个被带走的人

"我还差三个月就 60 岁了,就要走完人生路了,洗心革面,脱胎换骨,对我来说似乎意义不大了。但在办案领导及成员几个月来对我的启发下,我的思想触动很大,我觉得今天我已是一个罪犯,在有生之年还应给世人留下点什么,只有为警示他人再做一点微薄的贡献。"

第17章
民事纠纷意外告倒亲老公

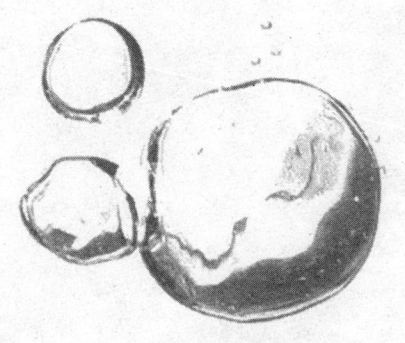

第17章 民事纠纷意外告倒亲老公

知人知面不知他的心

广东省鹤山市，知名度恐怕还不如黑龙江省的漠河小镇，面积1108平方公里，人口36万。忽然一夜春雨，港澳媒体纷纷争说鹤山市，就连新加坡也跟着凑起热闹，都来争说鹤山富婆。如今这大千世界还缺富婆吗？到处都是！大名鼎鼎的美国财经杂志《福布斯》载文，说全球拥有十位数身价的独立女亿万富翁不过14人，而中国就有7个。《福布斯》还特别指出，这些独立亿万女富豪财富都不是因为遗传或者别的什么渠道得来，全都是靠个人自己白手起家。中国的富人就是多，中国的女富人更是多，占了世界的一半嘛，这还没有算我们今天要说到的这位鹤山富婆。

难道沈阳人巩俐、北京人章子怡就不是白手起家吗？就不是富婆吗？不比鹤山富婆还富婆吗？港澳媒体为什么偏要说鹤山富婆呢？她有何等魅力？

你先看看下面香港《文汇报》的报载，也许就能够寻觅到舆论的诡秘之处。

[2004－04－10]

张玉少档案

现年54岁的张玉少，祖籍广东江门开平市沙岗区冲翼村人，1972年加入共产党，毕业于广东省委党校。

1979年，张玉少正式踏入官场，担任开平县共青团副书记。之后，张出任开平龙胜镇的党委书记，后转任长沙镇党委书记，2003年，调任鹤山市任市长及市委书记。

张妻曾是政府要员，在开平税务部门任职4年，一度担任开平市地方税务局长沙镇分局局长，后因"身体原因"辞职。

原文当然是繁体字，还附有张书记某个重要会议上挥手报告的严肃彩照，为了减少本书定价，照片我们就免登吧。另外，我也实话告诉你吧，他又没把广告费打到我账号上，我凭什么要给他植入广告？

官员落水自救手册

麻雀虽小五脏不能少，咱们还是从头说起吧。

话说那天天气很好，好得让人总想找点儿事干。在这个美好的天气里，鹤山富婆闲来无事坐在鹤山家中，一时心血来潮想起加拿大，想起加拿大她就给香港汇丰银行打了个电话，查询她的户头资金实数。好在领导者的事情都是统管全局的，所以领导人家里的电话通常也要公款报销的，打多打少一个样，都报销。不打白不打，白打谁不打，所以每天没事时，总要发掘出来几个打电话的理由。

谁知这个电话没打完，她就犯了高血压，心律不齐。

电话那头的汇丰银行说，夫人的账户，已经透支400多万元。

这谁能受得了啊！原本几百万元的存款现在怎么变成了负数？

本来想马上报案，想来想去还不能，因为她这个存款还有个特殊情况。

原来他们在中国首先富起来以后，就不想再做中国人了，本来拿的都是中国人的钱，再和中国人泡在一起多没有理想？多没意思！开平市也太小了，就想升级换代弄个外国人当当，也做一回裸官。打听了一些升级换代的人，人家说宁肯要饭吃也要去国外要。后来又有人告诉他们移民国外首选加拿大，加拿大、加拿大，加了拿了当然也就大了。再者嘛，一部分先富起来的有钱人都愿意去那里平安，这越发让他们急于去弄个加拿大身份，将来就是还在中国混饭吃不也算是海归嘛，就是在开平创办个发廊洗脚房什么的，不也得算是引进外资嘛！但是，要去加拿大，可不是在自家开平办事，就凭咱们一句话。你不能脚一抬就跨到加拿大，据说离中国还好远好远呢，这就得找个中间的跳板。

正好有个港商叫叶汉辉，原来也是他们开平人。这个开平港商在开平办了一家电镀厂，更是离不开当地父母官张玉少，常来常往。因为有了这两重关系，他们就觉得这小子可靠啦，不可靠他又敢怎么样啦？他还能斗过地头蛇不成啦？

他们就想找叶汉辉当跳板啦。

叶汉辉受宠好吃惊啦，马上积极献策，怂恿张玉少夫妇以投资移民的形式，申请去加拿大定居啦，因为申请移民加拿大，要有一定标准的资金保证啦，所以，应该尽快在香港银行开设个人账户啦。

186

第17章 民事纠纷意外告倒亲老公

张夫人亲自出马去了香港,在大陆港商叶汉辉先生的具体帮助、亲切指导下,办理了移民加拿大的有关法律手续。为了将来顺利通过加拿大移民局的审查,叶还启发他们编造一个新故事,在这个故事里,张玉少是开平市新生活制造工厂的董事长兼总经理,其夫人现任该厂财务部总监、销售部总经理,牌子、职务都是当当响响当当,肯定能够震住加拿大移民局。其实,张市长本来不乏想像力,官出数字,数字出官嘛,没有想象哪来的政绩?没有虚拟的本事还能构建宏伟蓝图吗?别说造出一个工厂来,十个百个也不费吹灰之力,不就是手腕子一动吗?加拿大移民当局哪里知道他们弄去了多少中国的精英高人?偷着乐吧!

接下来,张董事长和夫人还要在香港汇丰银行开设自己的私人账户。这就有个麻烦啦,如果把账户通讯地址写在开平,自己总觉得身份有些土气,不洋气,就把地址填成了大陆港商叶汉辉的地址,香港九龙塘啦,听听这名字,多洋气!再接下来,他们要煞有介事不断往这个账户里注入资金,好让将来加拿大移民局看见他们的新生活工厂的兴旺发达,欢迎他们到加拿大投资。据张夫人讲为了这个戏演得更像那么回事,叶先生每月也要往这个账户里打些港币过来嘛,就不要不好意思啦。

叶先生忽然就觉得这不是拿他当智障当脑残啦?这不是向他索贿啦吗?后来他也很快就想通了,你不是躲在人家的房檐底下避雨啦!你还装什么装啦!

还没有去加拿大移民的时候,张玉少工作业绩突出,又被晋升为鹤山市委副书记、市长,后来又当书记了。鹤山这里的人傻,但钱多,所以他们夫妇在香港汇丰银行的存款一度达到过1092万港元,据说当时100港币兑换106元人民币,你说1092万港元相当于多少万人民币?

现在,他们的存款却转眼成了负数,他们还怎么升级换代?他们还怎么去加拿大做裸官?

张夫人就到处找那位大陆港商,她的钱为什么被透支了?可是,找不到这个港商了。那就报警吧!

香港警方火速出动,很快通过汇丰银行查到叶汉辉在香港九龙塘的地址,对他的住所强制搜查,查获多张署名张夫人账户的银行月结单,还有港币47万元,更有一个奇怪的笔记本,上面一页页全都写满了张夫人的

名字。警方开始还不明白,以为这是叶先生害了单相思,天天忍不住想念张夫人,后来经过询问,大陆港商叶汉辉不得不承认,这是为了练习张夫人的签名用于银行提款。只是后悔自己脑残,没有把它烧掉。

画龙画虎难画骨,知人知面不知心。在开平看见的叶汉辉很好的一个大陆港商,从来对他们唯唯诺诺忠心耿耿,怎么现在如此恶毒阴损贪婪卑鄙死不要脸?

棋逢对手旗鼓响当当

他们马上找这个假港商理论,坚决讨还自己的血汗钱。

可是,叶汉辉说你现在已经不在开平管事了,我在开平的工厂眼看就要倒闭了,我已经穷光蛋一个,我怎么活?

那是你自己经营不善,和我们的钱有什么关系?

我拿回来的那些钱,只是从前你们从我这里拿去的,一部分。

从前我们什么时候拿过你的钱?那不都是你硬要给我们的吗?没有我们你能够在开平混下去吗?你不是大树底下好乘凉吗?现在你想过河拆桥卸磨杀驴啊?

你是地头蛇,你是贪官,我不给你钱,能行吗?不是你不断找我说,你要买房了,你要装修了,你女儿要出国了,我不出血行吗?

你敢说我是贪官?你这个奸商!你开的电镀厂严重污染环境你不知道吗?你害得农民种不了地喝不了水,你不知道我怎么给你摆平的吗?

你不是拿了我的钱吗?

你屙出来的屎你还能坐回去吗?你这个忘恩负义没有良心的奸商!

你吞下去的是我的我就得让你吐出来!你这个贪污腐败丧尽天良的狗官!

你看,两个人就这么争吵各不相让,能够和谐地解决问题吗?越吵越僵,当年酒席桌上的山盟海誓荡然无存,双方都恨不得杀掉对方。

夫妻俩的钱来得也不容易,还指着它移居加拿大去安度晚年呢,怎么能就此罢休?再说啦,张书记什么时候受过这个气?什么时候不是叱咤风云呼风唤雨?怎么能咽下这口气呢?干他!

第17章 民事纠纷意外告倒亲老公

张夫人随即向香港法院起诉叶汉辉，诉状说，我经由丈夫张玉少先生介绍结识叶汉辉，我在香港汇丰银行开设账户，为投资移民加拿大做准备，出于对叶先生的信任，遂利用他在香港九龙塘的住址作为银行账户通讯地址，该账户港币数额最高时累计达到1092万港元。但是，叶汉辉假冒我的签名办理白金信用卡，凭此卡数十次取款、消费及透支，一共导致我损失约476万港元。

香港法院经过调查，认定张夫人所说完全属实，确实她的银行户头最多时曾经达到1000多万港元。如此大的数额存款随即引起法官的警觉，当时香港媒体报道称：

> 法官反指证据显示张夫人与胞姊干非法事情，逃避内地税务当局耳目，将金钱走私到香港，律政司可考虑起诉两人洗黑钱罪名。控方即时向法官解释，即使证据未能证明款项的来源，或法官最终裁定当中有部分款项其实来自被告，只要证明被告有不诚实行为，仍足够裁定其盗窃罪成立。

香港媒体本来就敏感，反应奇快，纷纷挖掘这个案件背后的卖点，很快挥发出崭新的故事，不但吸引了香港居民的眼球，也吸引了大陆有关方面的警觉。

原来香港媒体挖掘鹤山富婆的富有来自哪里？媒体竟然查到了他们夫妻一月的收入不出5000元，他们哪里来的那么多钱存入香港银行？大陆的钱是不是多到了唾手可得人人可得？一时间街谈巷议，沸沸扬扬，闹得鹤山富婆的点击率直线上升。

终于引起有关部门大力介入，查了个水落石出。

江门市中级人民法院一审认定张玉少犯受贿罪和巨额财产来源不明罪，数罪并罚，决定执行有期徒刑十四年六个月，没收个人财产50万元；没收其受贿所得赃款100万港元及一台背投电视机，没收其余赃款折合人民币277万余元和来源不明的巨额财产及利息。判决后，张玉少未上诉。

写到这里总算可以喘口气吧，可是，你又说了，要不是他老婆一时没转过弯儿来，怕是这个贪官还得高升。我不能说你说得没有道理，但是，

对于张玉少来说,假设终究不是事实,他已经永远被结论过了。

没等我说完,忽然看见网上有篇文章,题目居然是《为儿子结婚攒钱,她天天吃土豆、白菜》:

3月18日早上,刘春梅一家三口围在小餐桌上吃早饭。

"上顿下顿全是白菜。"咽了口白菜土豆汤后,儿子抱怨说。

"去年秋天花50元钱买了350斤白菜、土豆,这不,吃了一冬还有呢!白菜、土豆、酸菜是家里冬天老三样,夏天也是什么便宜买什么。"

刘艳梅很会算计:黄豆芽、绿豆芽她从不买。她给记者算了笔账:1斤黄豆2.5元,自己泡水能发成3~4斤黄豆芽,而菜市场要花2元才能买一斤……

第18章
廉政干部
背后的猫腻

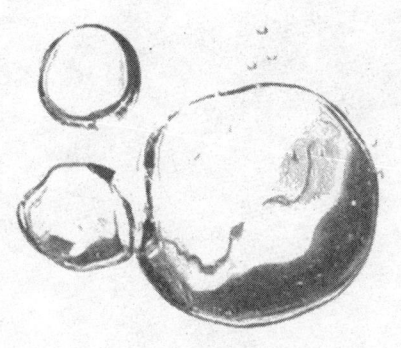

第18章 廉政干部背后的猫腻

暮春时节雨夜里的一把折扇

单位的头头把一个大信封,牛皮纸的,扔到我的桌子上,你帮我查查信封上的字迹,看看是谁写的。我赶快拿过信封来看,看大了我的头,看得我哭笑不得,那信封上的字是我写的。信封里的举报信是我打印的,信封打印不了,只好手写。只能埋怨自己太蠢。只是不知道,他已经知道是我写的,拿来打骡子惊马呢,还是真不知道是我写的?

采访一位反贪局长,说到举报信,他告诉我写举报信,至少要有三点:首先,要有你举报那个人的姓名、性别、年龄、单位、职务、电话等基本情况;其次,重点写出你所知道的,他的犯罪事实,最好按着时间顺序,写清犯罪时间、地点、手段、具体情节和后果;最后,当然是你的姓名和联系方式。

听他这么说,我才讲出自己遭遇的领导要我调查我自己的事。他很奇怪,他说这事儿怎么可能发生呢?检察机关处理举报信是有法律程序的,必须登记存档、记录查处结果,不可能把举报信转交外单位,如果把举报信送给你举报的单位和个人,这就涉嫌帮助打击报复,是要承担法律责任的。

我告诉他,我的笑话发生在若干年前,我的举报信是投递给省委宣传部的。

他松了口气,难怪会发生这种怪事。

我说有些人并不是不知道像你说的这样写,但是,这样写也很容易暴露他自己,他不是怕打击报复吗?

局长也承认他们收到的举报信,还是匿名信居多。

显然,匿名信查处难度太大,不容易引起你们的重视,是不是?

他看了我一眼,没有说话。又看了我一眼,还是没有说话。

得!我知道我弄到了他的疼处,只好装起糊涂不再说话。

你读没读过《聊斋志异》卷八有个故事,《诗谳》?他突然问我。我摇摇头。

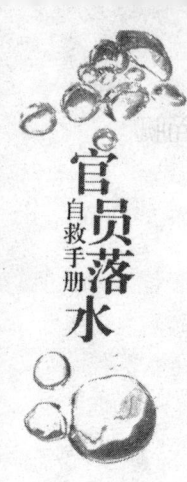

老实告诉你,我不知道读过几十遍,恐怕一辈子都不会忘了!

一位资深反贪局长,有多少复杂奇异的经历,能让他感兴趣的故事,这刺激了我强烈地想知道是个什么故事。

算了,班门弄斧,我不能给你这个作家讲这个故事。

他这么一说,我只好鼻窟窿眼儿里插大葱,不是象也得装象了。

回去赶快查,这篇让反贪局长百看还不厌的故事。

《诗谳》,这个谳(yàn)字,是审判定罪的意思,诗谳,就是以诗定罪的意思了。这题目也够吓人的。

话说山东省青州府有户居民范小山,流动商贩卖毛笔,经常跑外地搞营销。那年阳历四月天,他的爱妻留守一族在家里,夜里被强盗杀害。那天夜里——不是夜里,后来证人说准确时间是晚上,晚上下了小雨,泥地上捡到一柄折扇,上面有题诗,是王晟赠送给吴蜚卿的。王晟何许人也,没人知道,而吴蜚卿,却是益都城的首富,还是范小山的同乡,平日里招情人养"二奶",生活作风严重不正经,好事不出门,臭事传千里。手到擒来,州县抓他来审讯。说事儿不揭短,这州县大人是谁谁谁就作技术处理了。吴蜚卿死不承认杀人的事,那就严刑逼供,屈打成招,戴上脚镣手铐,关押死牢,等待秋后砍头。吴不甘心,一再申诉,一再被驳,已成铁案。

春雷一声响,来了周元亮,出任青州知府,审查到吴蜚卿的铁案时,若有所思,便问原告,吴某杀人,有什么确实证据?范小山出示诗扇,周知府细细看了又看,问王晟是什么人?谁都不知道王晟是何方神圣。周大人又把吴蜚卿的口供细阅一过,立马要人脱掉吴的脚镣手铐,当堂放人。范小山大吃一惊,几乎要跟狗官拼命,没想父母官比他还恼火,叱责范小山,你是想妄杀一人而结案呢,还是想抓出真凶报仇雪恨呢?范小山吓得不敢说话,在场的人无不明白,周大人显然跟首富吴老板不是亲戚,也是新交的朋友,这案子,无头了。

周大人标了红色竹签,立拘南郊繁华小区某酒店的老板,为什么不说酒店名字?不担植入广告顺应商业大潮的嫌疑。酒店老板一到(老板的名字咱们也不能说),周大人就问,你们酒店墙壁上有日照李秀的题诗,什么时候写的?老板想了想,噫!那是去年高考结束,有三个毛头小子,

194

第18章 廉政干部背后的猫腻

说是庆祝高中，喝得上吐下泻，有一个还没泻的，就画拉了我的墙。他们住在哪个小区，小民我也不知道。周大人就差遣衙役到日照蹲坑，日夜围堵李秀。过了几天后抓到了李秀，周大人惊堂木一拍，你身为学者专家，怎么还能谋杀平民百姓呢？李秀尿了裤子，立马叩头跪拜，没有的事，我每天只在家里研究行贿问题，行贿任何问题都可以解决，我干吗还要杀人啊我？你以为我白内障啊？周知府把扇子扔到他面前，你自己好生看看，真是你的大作，还是抄袭别人的？李秀说，诗是我抄袭的，但是，这扇子上的字可不是小的写的，它没有我写得好，我的书法市价50元一平尺。周大人又问，不是你写的，可是谁写的？李秀说，看这臭字，很像沂州的王佐，整个一个没文化。马上抓人，王佐很快交代出益都房地产商张成重金请他给写的诗扇，张说王晟是他的表兄。

周知府惊堂木一拍，抓人！杀人凶手就是开发商！

果然是他。

三年冤狱，一朝而雪，无人不称诵周大人神明。多少人请教如何这般神明？周先生却淡然一笑，哪里来的神明？不过心细而已，人命关天的事怎敢不细？再三相逼，方才细说，口供里明明说的是四月天，暮春时节，天气温热适中，何人用扇？况且当晚又有小雨，天气寒冷，还要加衣呢，更不可能随身带扇，除非别有用心。所以这掉到污泥地上的折扇，只能是特意找来的道具，凶手不是他还能是谁？至于说到南郊题诗，巧合而已，那天避雨，看见酒店墙上的题诗，没想到老天就是要我看到这日后有用的东西。

再见到局长，看我一眼就说，我知道你读过《诗谳》，它给了我一个不忘的启示，观察深入的人，才能察觉别人看不到的东西。"我们的责任，是向人民负责，每句话，每个行动，每项政策，都要适合人民的利益，如果有了错误，定要改正，这就叫向人民负责。"昨天你说我们不重视匿名信，我今天就想给你讲讲，从一封无头匿名信查出的一起案子，也有个局长手拿折扇，像这个《诗谳》一样精彩。

灯泡局长反串租房局长好戏多多

一封匿名举报信说,现任城市照明管理局局长米大志,从前是某某区建委主任,肯定收受过贿赂。检察机关随即成立专案组,初查米的外围情况。

辛苦查了一个多月,不得了!

米大志做区建委主任时,连续四年度考核都是"优秀干部",还被市规划局、市建委连续两年评为"市先进个人",还被评为"中国百名行业创新杰出人物"。

办案人员从纪检部门得到统计数字,八年里,米大志上缴或者退还的礼金合计41万多元,其中上缴给纪委的礼金就有3万多元,上缴给建委的礼金16万元,上缴给城市照明管理局礼金5万元,还退还给当事人16万元。

现在所在单位的同事,几乎都知道米局长现在还买不起房子,夫妻只好租房子住,每年光支付房租就得1万多元。

专家组汇总情况一讨论,米大志不是廉洁的好干部吗?匿名信是不是诬告人家?

办案人员怎么也想不明白,他当了21年的干部,为什么连套住房都买不起?讨论到这里,反贪局长就讲了他当警察时候的一件事,他们几个人执行任务,守候一个地段,已经深夜,发现有男人进入他们的视线。局长说我就盘问他哪里来哪里去,办啥子事情,一切正常,你走吧。听我这样说,他高兴起来,突然说,我没干啥子坏事儿。当时,我们三个警察,全愣住了,没干坏事儿你说啥子哟?马上带走盘问,原来他就是个惯偷。

局长说,既然他租房子,这里面肯定就有文章,非查不可!

马上又查到新情况,米大志的女儿在英国留学,据说每年费用得30万元左右。

每年30万元供着英国留学生,夫妻俩却要租房子住?琢磨来琢磨去,就觉得他这个租房里面更有猫腻,他肯定有经济问题!就从他租的这套房子下手查起。

第18章 廉政干部背后的猫腻

很快查到他租住的房子在城北望海花园，一旦找到房东，办案人员越发坚信这个案子铁定了。房东是一位包工头，问他怎么认识的米局长，他说自己曾经承建过文体公园主体育场室内装饰工程和主体育场入口处玻璃幕墙装饰工程，当时米大志正担任建委主任大权在握。老米租包工头的房子，是偶然巧合，还是另有文章？

包工头说米主任很穷，买不起房子，所以我就租给他房子。他出示了跟米大志签下的租房协议，还说他给米主任出具了一张租金收据，9600元。

一看包工头买房的手续，正好是在米大志要调市里之后二十多天，你为啥子要选这个时候买房子？想在这个时候买嘛，就在这个时候买呗。那你买房为啥子那样巧就租给了米大志？他要租嘛就租给他呗。你看，挺有道理的。

过了几天，办案人员又找包工头，你说说，正常租房子是不是要先办租房协议，然后才能让住房的人进住吧？包工头说，对头嘛。既然对头，你就说说，为啥子米大志住了你的房子两个多月，才跟你签租房协议？为啥子！

包工头冒汗了。

你再说说，上次我们谈话之后，米大志找你干啥子？和你怎么订的攻守同盟？

一听这话，不说也不行了。包工头说米大志讲，他在纪检干了十多年，还怕你们这些贼娃子？他说这么多年都是我查别人，检察院还想查我？门儿也没有！

包工头说，包工头们背后都叫米大志米拔毛，说他雁过拔毛，他在黔江区建委当主任时候，隔三差五就要把包工头找到一起跟他打牌。说是打牌，他从来都是只赢不输，赢了他拿钱走，输了他也得拿钱走，后来，包工头们只要他叫人打牌，就赶快清理口袋，只留下三四千块钱应付他拔毛。

包工头说米大志为了跟我签那个租房协议，叫我先拿出9600元，米大志再去银行给我打到账户里，米大志根本没交房租。他说房产证暂时先办成我的名字，等到他退休以后我再过户给他。

2007年,米大志在重庆主市区东方王榭高档社区买下一套花园洋房,耗资百万元,他怎么会穷呢?

经检察机关提起公诉,重庆市黔江区法院一审以受贿罪、滥用职权罪,判处米大志有期徒刑十四年,剥夺政治权利五年,并处没收财产90万元、赃款252.7647万元。米大志和妻子共同犯罪所得一套江北区望海花园的房屋也被追缴。

办案人员查办米大志的过程中,连带查出黔江区规划局副局长许某受贿58万多元,南岸区路灯管理所所长龚某贪污、受贿57万多元。

一时间灯泡局长、反串租房局长的故事传得遍地开花,媒体上不少人说他弄巧成拙,欲盖弥彰。其实,这都小瞧了米局长,他在干灯泡局长之前,已经在黔江地区做过11年纪委干部,还干过5年纪委副书记,他太熟悉考核干部的程序和方法,太知道口碑载道,太知道舆论的重要,他那些上交礼金、受贿款、租房子,都是他的先进事迹,就是要我给他整理材料我也得这么写,不然他怎么会连续四年度考核都是"优秀干部"?为什么晚上打牌拔毛,白天却被评为"中国百名行业创新杰出人物"?他吃透了考核干部的形式主义花架子,知道驾轻就熟操办自己的荣誉称号,借以掩盖夜色里黑衣大盗的巧取豪夺。所以他才要到处宣扬自己没有房子,不得不租房子。不料他过于精明了,反而像山东益都房地产商张晟一样,把写诗的折扇扔到了雨天的泥地上,自己给自己下了套子。

他骗的不是各级领导,而是各级领导夜里不上班,他们只管看他白天的行径,怎么看米局长都是优秀创新杰出。

现在米大志去了他该去的地方,考核的程序办法考核的领导哪里也不能去,该干啥子还得干啥子。

偏偏这时英国《每日邮报》报道,为了免去身材矮小造成的不安全感,法国总统萨科齐特意在专机里装运专门为他量身打造的讲演台,赴美访问,免得他在面对美国公众发表主题讲演时,显得很矮小。

小萨贵为最文化、最浪漫、最自信的国家法国的总统,即使父母只给了他1.65米的身材,他也仍然是法国的总统不是?姚明倒是个子高了,只能打篮球不是?无奈小萨这人很有想法,参加纪念诺曼底登陆活动,特意要保安在脚底下给他放了15.24厘米的脚凳,结果呢,他反倒比超过

第18章 廉政干部背后的猫腻

1.8米的奥巴马和英国首相布朗还要高。最闹剧的是小萨视察工厂，助手特别费心选购了几名比他还矮的矮个子男人，借以衬托小萨的高人一头。其实，他不这样做，全世界还未必那么注意他的高矮，这回可好了，他走到哪里，媒体都要关注他的侏儒心态。其实，小萨脚底下垫的不是凳子，是他的恐惧心态。

由此看来，你也就不难理解米大志了，他租的不是房子，他和小萨一样，想把恐惧心态藏进房子。

法国大寓言家拉封登有位朋友，天天修鞋，天天唱歌，干活糊口，吃得饱睡得香，不知道忧愁是什么滋味。他的邻居早些年不知道倒腾过什么东西，钱多得觉都睡不着了，好容易后半夜睡着了，又被修鞋匠的歌声吵醒。有时候他就想，要是有人能够出卖睡眠和美梦，我一定要多多买来装满我的别墅。这样想过之后，他就叫人把鞋匠找来，问他一年能挣多少钱？他家里有多少钱？问他为什么这样快乐？鞋匠笑了，我只能挣够我的吃喝，家里从来没有剩钱，所以我也不怕窃贼，我什么都不怕，我只剩下了快乐。

大老板说，为了你的快乐，我送你一笔钱，够你一辈子也花不完，你好好收起来吧！

鞋匠做梦一样把钱背回了家里，他想修鞋一百年我也挣不到这么多钱哪，这么多钱我能藏到哪里？后来，钱藏到了地窖里，每天早晨、白天、晚上、夜里，他都要去地窖察看他的钱还在不在。

拉封登说，自从他的朋友得到了那大笔钱，他就再也顾不得唱歌了，睡眠躲开了他，忧虑、怀疑、恐惧倒成了他的常客。他整天怕这怕那，怕有人偷钱抢钱，夜里猫儿弄出点声响，他都怀疑猫儿也在偷钱。他丢失了自己的快乐。

第19章
奇怪票据200美元引发一起大要案

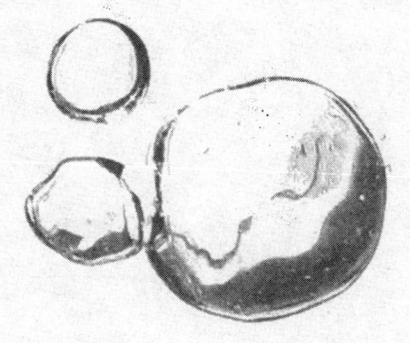

第19章 奇怪票据200美元引发一起大要案

巴黎疯狂艳舞团在葡京大酒店演出

人们说北京的五月份是最美好的,天气不冷不热,花红树绿,处处艳丽处处生机,连空气里也像注了激素一样,给人舒畅无比的感觉。春情萌动的季节,晚上不想早睡的人们越来越多,不但是年轻人,老年人也拉帮结伙地聚会,闲来无事就要找热闹看看,结果就发现了许多夜晚才上演的疯狂故事。

亚运村的居民们连续发现,晚上来北辰花园七号别墅的轿车特别多,都是好车,来了就不走,夜夜如此。有好管闲事儿的老人就连着观察了几个晚上,更发现每有轿车光临七号别墅,水灵灵的女主人,半露半不露的,总要站在门口迎接客人。驾车的来客或单身或结伙,只有男的没有女的。

果真是,男想高,女想瘦,狗穿衣裳人露肉;乡下早晨鸡叫人,城里晚上人叫鸡。

老人给派出所打电话说,亚运村北辰花园七号楼肯定有大问题,是高档妓院,不信你们就查一查!派出所连着收到几个电话,都说七号别墅有人卖淫。

派出所警察马上去蹲坑,连续几天都发现电话反映的情况属实,七号别墅很可能卖淫规模比较大。情况上报,很快引起重视。

夜里11点,北京市公安局十三处武装包围了北辰花园七号别墅,展开了一场后来轰动全国的扫黄行动,当场逮捕30人,除去9名小姐、两名服务生、一名司机和服务人员,其余被逮捕的人都是来这里寻找天堂的男人,大多是轻车熟路的回头客。

据查,这处高档嫖娼场所组织与国际接轨,为了保证客人生命财产安全,实行严格的会员制,不接待陌生人;如果是生人要来,必须要由会员介绍才能被这里接待。这里一夜消费的普通标准是一万一千元,特殊服务项目另外加收费用;可以开具正规住宿发票,也可以开具购物发票,保证客人能够凭证报销。

当天深夜从房间清理出来的男人里边,居然被查出有三名是第一次光

临七号别墅的,他们也是这天夜里职位最高的消费者:一位是某省政府电力局的副局长,一位是某省市政府副秘书长兼超大规模电厂筹建处主任,另一名是陪同他们的北京机关干部。

这位副局长和副秘书长,明天就要参加中央机关的工作汇报会,现在却被押送进了看守所。他们的带队领导只好又要求省政府连夜派来一位副厅长。

超大规模电厂是省"九五"期间的重点工程项目,是喜欢吹牛皮说大话的王怀忠的政绩工程,据王怀忠说是准备利用亚洲银行的5亿美元贷款筹建。但是,电厂从开建后就天天停建,先期投入的几亿元资金也不知都投到哪里去了,反正是不见电厂的模样。

6月2日白天,一位副省长带领那位电力局的副局长和那位副秘书长兼电厂筹建处主任飞到北京,下榻安徽大厦,准备第二天向国家机关汇报电厂筹建情况,以便争取国家的资金支持。

北京这位机关干部曾经与安徽的副局长和副秘书长一起赴国外考察过电厂,相互之间难免有些情意往来,当天晚上他设宴为客人接风,尽地主之谊。酒足饭饱,那位副省长有事先走了,剩下这三位老朋友自然无话不谈,北京的机关干部便说咱们找个地方,我请两位去唱唱歌吧!副秘书长说几个男人光唱歌有什么意思?北京的机关干部立刻心领加神会,好!我找朋友联系一下,我们去个好玩儿的地方!

北京的机关干部驾车,三人到了一家大酒店,他的朋友等在那里,拿出一张名片说,北辰花园七号别墅是会员制,专门接待处级以上的干部,还有资产千万元以上的老板。这张杨洋的名片就是会员的通行证,其实那里的老板叫刘春洋,你们打这个名片上的电话,就说你们是我介绍来的朋友。

很快接通电话,联系妥当,三个人一起上车来到北辰花园的大门口,早有一辆白色微型面包车等候在那里,对着他们闪了两下大灯。暗号对罢,他们跟在微型面包车后面驶到七号别墅门前,老板娘刘春洋满面春风恭候在门口,随即带领三位男人来到二楼休息大厅。

让他们悔恨不已的是,天还没亮他们就被送进了看守所,从此再也不用向上级领导汇报工作了。

第19章 奇怪票据200美元引发一起大要案

安徽省纪委查办这起违纪案件，又发现了他们的经济问题，随即审查到一家电缆公司的陈年乱账。查账人员发现报销凭证里有三张他们从来没有见识过的发票，吓得他们目瞪口呆，因为他们怎么也想不明白，竟然有人胆敢报销这样的凭证，难道他要给自己买下地狱的通行证吗？

　　巴 黎 疯 狂 豔 舞 團
　　在葡京大酒店演出
　　下午：八时整
　　23. JUL. 1994
　　MYM200.00

上面还印着英文"澳门"，印着女裸体的素描画。

什么官员如此胆大包天？明明去了不应该涉足的澳门色情场所，还敢明目张胆拿门票来用公款报销？

报销人的名字写得清清楚楚，乔人明，市长。

只分存单不分钱

省纪委随即找乔人明谈话。

"乔市长，中央三令五申，干部不准涉足色情场所，你身为市长，怎么还在澳门看艳舞表演？"

乔人明一时答不上话来，这事儿也不可能传出来呀？也没听说去的这几个人谁出了事。可是，如果没有证据，人家的话能够说得那么肯定吗？

"我确实没看，我不知道谁能证明我看过。"

"你没看过，你为什么买票呢？"

"买票？买什么票？"

"澳门的，巴黎疯狂艳舞团的门票。"

"我不明白你说的……"

"有什么不明白的？你不是把艳舞票都拿出来报账了吗？"

乔人明一头跌进地狱里，半天才清醒过来，想到自己就不该拿回来那

张烂票,更不该把它扔在家里。这回好,肯定是老婆拿它去报销了!自己怎么就没想到为了弄钱她都疯了!

这家电缆公司出资邀请乔市长和几家银行的领导,去美国考察电厂工程建设等项目,当然也包括考察电缆以及其他相关项目,你比如说要考察电厂的环保及其对风景区的影响,你就必须深入美国的旅游风景区吧?要想考察电厂对周围居民的心理影响,你就得深入美国城市的商业区吧?事先早已经说好,考察途中吃喝拉撒睡还包括游乐洗浴项目的费用(纯属工作需要),通通有电缆公司方面的大包干。原报省政府批准的考察计划为15天,不幸中途考察成员留恋异乡情重,乐不思蜀,当然也因为又增加了考察电厂修建中的职工家属的思想政治工作,因此考察时间一拖再拖,最终拖成了26天。"完全可以想见,考察团的领导成员一而再延长考察工作的时间,起早贪黑,十分辛苦,不到一个月,马不卸鞍,驴不停蹄先后研究考察了美国纽约、华盛顿、拉斯维加斯、洛杉矶、亚特兰大、夏威夷,还有加拿大的多伦多,最后不得不取道台湾、香港、澳门,返回亲爱的祖国,取得了极为圆满的成功,为电厂的成功建设提供了宝贵的经验……"(摘自《赴美国考察电厂建设相关事宜的总结报告》)

这次成功的出访考察,据电缆公司总经理汇报说,总共支付考察费用人民币40多万元。

这次意义重大的出访考察,乔人明除去免费花销外,还收受电缆公司赠送考察工作费用2000美元,外配考察必备的摄像机、照相机、花旗参,收受旅行途中补助人民币5536元,他的夫人也收到留守安慰红包礼物人民币4000元。

既然澳门是归乡的最后一站,立达公司老总为了安慰惜别的痛苦,就买了几张疯狂艳舞票,以安慰寂寞的灵魂们。

想起这一切,乔人明一口咬定,我虽然去了澳门艳情表演场所,但是我没看,我是被他们硬拉去的,根本不知道去干什么,去了很反感,就睡觉了。

也许是被人拉去的吧。其实,省纪委也知道,乔人明不抽烟不喝酒不赌博,连桑拿都不洗,确实没有任何恶习,更没有什么暧昧的男女关系;当年选他出任市长,只有两票弃权,那绝对是史无前例的广受拥护。

第19章 奇怪票据200美元引发一起大要案

乔人明被省纪委请去谈话已经三天，他的夫人何彩霞，教育局副局长，不知他是因为涉足色情场所被审查，还以为是他们的核心绝密被发觉，凶多吉少，越想越睡不着觉，吃不下饭，喝不了茶，又不知道该怎么躲过这一劫，只好去找他们的一位亲戚。这小子是干律师的，门多路广，人称"鬼点子大师爷"，打官司赢多输少，别墅都已经从房地产老总那里拿回来几套了。

何彩霞跟他说俺家老乔，被省纪委糇去三天了，你看怎么搞？

大律师说不好！那你可要注意喽！那肯定是个大麻烦事情，回不来很可能是被"双规"了，要在规定的地点，规定的时间里交代规定的问题，那麻烦可就大了！

那你说怎么个搞法？

定罪要的是证据，没有证据神仙也没得办法！你们家里凡是能成为证据的钱、票、物，通通转移，越干净越好！最后又关照说，安全第一，一定要秘密行动！说不定他们已经监视了你家的住所。

说干就干，何彩霞回到家里立刻紧急行动。

她翻箱倒柜找出许多的巨额存单，平时喜欢它们像宝贝爱不释手，现在拿在手里又烫肉又烧心，一张张数点的时候，就听得窗外、门外走动的脚步声不断线，楼梯上跑来跑去的脚步声也格外比往日多，身后常常传来咳嗽声喘气声，四处好像都有人在窥视，不禁想起大律师交代一定要秘密，越发怀疑家里可能已经被监视被窃听，经过再三考虑，何彩霞果断决定，马上去大酒店商量转移财产事宜。

她要去的大酒店可是名声在外，那是她经常去宴会佳宾的地方。当然，酒店的自我介绍还是很谦虚了：

> 我大酒店地理位置特殊优越，占地面积辽阔无比。欧式加中式建筑风格，让人乐不思蜀；集餐饮、住宿、娱乐、办公、休闲一条龙，涉外四星级综合性大酒店。
>
> 餐饮部豪华典雅，内设众多不同风格的豪华包厢，还有可同时容纳三百三十人就餐的大厅，就餐位多达620个，客房部内设标准间、单人间、套房、总统套房、宇航间共183间。酒店另有

商务中心、购物中心、美容中心、保龄球馆、台球室、乒乓球室、健身房、网球场、歌舞厅（KTV）、桑拿中心等服务项目。是中外宾客商务宴请、宴会聚餐和休闲娱乐之理想场所。开业五年来一直以豪华幽雅的环境，优质亲情的服务赢得了广大中外宾客的一致好评，并成为省市宾馆旅游业的龙头大企业。

这就难怪市长夫人会选中这里秘密商谈生死大事，安全第一嘛！

酒店大堂经理见是市长夫人驾到，立刻按她的吩咐打开二楼一间包房。何彩霞再三拉紧拉严了门，耳朵贴门听了又听，确实外面静得连只老鼠都没有，这才操起电话，召来自己的女婿、自己女婿的哥哥，还有一位她非常信得过的个体户李远涛，最后找来已经回家的乔人明，当着老乔的面给他们一一布置任务。

她告诉李远涛，俺这10张存单，是631万零4000元，全用你的名字存的，钱是俺的，你记住，你得想办法给俺取出来。他们现在找老乔谈话，俺不放心，要是他们问你，你就说这钱是你的，别说是俺的。

她告诉女婿，俺这四张存单，有97万元，用你的名字存的，你给我记住，到时候你得说这钱是你的，不是俺的。

她告诉女婿的哥哥，用你名字存的有四张，一张人民币15万元，两张存美元5000元，一张港币2000元，你给我记住这个数，到时候你得说是你的。

三个人手拿存单，心里顿时压上千斤石头，有点喘不上气来，虽然也知道这位市长夫人有钱，但怎么也没想到她会有这么多钱，已经多到了不要命的程度。现在对于他们来说，这么多的钱已经是凶多吉少的事情了。

开弓没有回头箭

何彩霞手里还有那么多存单没有落实人头呢，其中用刘玉峰名字存款的就有七笔，193.7万元，可一时也找不到那么多忠实可靠的人选。关键时候就看出来，靠得住的朋友真是有用的好东西。

没办法，他们又果断决定去老飞机场召开紧急会议。

第19章 奇怪票据200美元引发一起大要案

为什么还要跑去老机场开会呢?

原来王怀忠当市委书记的时候,喜欢拿自己跟上海比,常说我这里是中国第一大市,人口1220万,比上海还多20万,我这个市委书记,丝毫不比上海市委书记弱嘛!他一再发誓要建成一个国际大都市:"赶上海、超合肥"、"构建工业大走廊,营造外贸大都市"、"纵横于京九陇海之上、崛起于华东中原之间的国际大都市"。可是,脸面上没有装大的东西,连他们的飞机场也不过是小孩儿尿尿和泥玩儿的小院儿,只能起降个专线小飞机之类的,必须重新建成一个能够开通国际航班的大机场。于是王怀忠耗资3.2亿元修建一个大机场,机场可是建成了,就是很少有飞出去的客人,更没有飞进来的中外客商,飞机场虽然被迫关闭,但依然是机场,成为常来常往的野鸡、野鸭、野鸟们的鸡场。

有了新机场,老机场当然被废置了,那里周边没有民房,平时也没有人去那里,他们之所以要开车躲进这个人迹罕至的地方议事,就是因为不会被人发现,更不会被窃听。何彩霞告诉刘玉峰,俺这七笔存款,将近194万元,都是用你的名字存的,到时候你得担承过去。上次荣幸参会的几个人,又把原来编好的口供,在导演面前演练了几次。

何彩霞去她家附近的某银行办事处找干女儿,要她尽快提取518万元存款。办事处哪有这么多现款?干女儿只好去总行拆借,跟他们说市长夫人要提现。何彩霞接着又跑了几家银行办事处、储蓄所取款,都是三百万四百万元地往外取,这些办事处也都去总行拆借,这事很快引起工作人员的注意,行长知道后也觉得情况重大,立即向有关副市长汇报说,乔人明的夫人何彩霞在银行里大笔提现。

副市长马上打电话给王怀忠,说怀忠书记,乔人明的老婆何彩霞在银行提现,转移财产呢!

王怀忠一向跟乔人明冤家对头,天天恨不得将他踩到脚下,现在,听了电话他却沉默了。不过,只沉默了一两分钟,也许是三五秒钟,说不定马上想到,这可真是老天有眼,要让该死的乔人明倒霉了!再也用不着我算计他了。也说不定他想到我要不要放过他一马?我现在出手可是开弓没有回头箭,老乔可就死定了!也许王怀忠想到了很多,唯独没有想到日后自己也会轮到这一天。

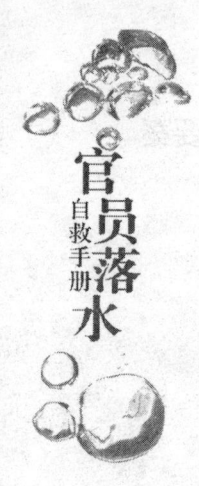

王怀忠随后训斥对方说：你他妈长的猪脑子啊？你那个脑袋不好用啊？这么大的事你跟我说他妈有屁用？你该跟谁说跟谁说！

对方立马明白了领导的意图，随即给省纪委打电话，匿名举报乔人明的老婆正在转移巨额财产。

省纪委立刻通知各银行，火速冻结何彩霞要提取的存款。

市检察院随即以涉嫌与何彩霞共同贪污对李远涛立案侦查。

李远涛明白自己已经在检察机关的掌控之中，很快交代了何彩霞如何串通他，试图转移大笔现款。侦查人员在李远涛家中搜出了何彩霞交给他保存的11张存单，有几张数额巨大的是被他撬开门缝掏出来的。

法院以乔人明犯受贿罪、巨额财产来源不明罪，判处其无期徒刑，剥夺政治权利终身，并处没收个人全部财产；以犯受贿罪、贪污罪、非法倒卖土地使用权罪、巨额财产来源不明罪，依法判处其妻死刑，缓期二年执行，剥夺政治权利终身，并处没收个人全部财产。

第一次面对审讯时，乔人明看到自己老婆的几十个存单，总计人民币1730万元，当时手就哆嗦得拿不动了，终于忍不住号啕大哭，他问自己，为什么要搞这么多钱？是我害了她，她搞钱，我不管，管不住。结果，害了她，这么多钱，还能活吗？别人送钱给她，有的我知道，有的我不知道，怎么也没想到会有这么多！

他的老婆很能保护他，即使他受了王怀忠的欺负，王怀忠天不怕地不怕，她也敢打上门去，骂他个狗血喷头，骂得王不敢还手。对于这样的老婆，过于文静的他也只能听之任之，结果却放纵出来她捅了天大的窟窿。面对审讯，他一遍遍地说着，是我害了她，我害了她。

平常夫妻间的放纵真的不会演变出什么大事，可是，一旦你能够决定别人升降、能不能拿到发财机会的时候，找上门的人就会前仆后继，你还不看管老婆学会自我保护，真就是害她了。

前些时得到消息说，乔人明由于认罪服法，改造成效明显，已经获得假释，回到家乡。还说他的妻子也很快会得到假释，两人终于可以白头相守，与子孙团聚。真为他们感到庆幸。

假释，是对被判处有期徒刑、无期徒刑的犯罪分子，在执行一定刑期之后，因其遵守监规，接受教育和改造，确有悔改表现，不致再危害社

第19章 奇怪票据200美元引发一起大要案

会，附有条件地将其予以提前释放。

《刑法》第八十一条 被判处有期徒刑的犯罪分子，执行原判刑期二分之一以上；被判处无期徒刑的犯罪分子，实际执行十年以上，如果认真遵守监规，接受教育改造，确有悔改表现，假释后不致再危害社会的，可以假释。如果有特殊情况，经最高人民法院核准，可以不受上述执行刑期的限制。

对累犯以及因杀人、爆炸、抢劫、强奸、绑架等暴力性犯罪被判处十年以上有期徒刑、无期徒刑的犯罪分子，不得假释。

第20章
副省长案发：200万元买下来六页信纸

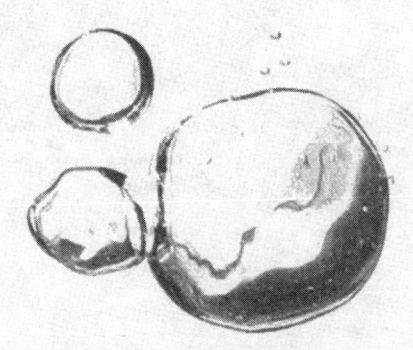

第20章 副省长案发：200万元买下来六页信纸

北京处处有高人

张爱云下了合肥至北京的T64次特快，11月28日早晨，九点钟，浑身发抖，没想到已经穿得很多，北京还这么冷，虽然儿子在电话里一再告诉她，国际饭店就在北京站对面，没有几步路的，但是现在她一步也不想走，太冷了！赶快打一辆出租车！

眼看着车站前面排着出租车的长队，排在栅栏里面，她不知道怎么才能打上出租车。后来看到，打车也要排很长的队伍，不得冻死吗？她只好照儿子说的，走上对着车站的大路。

初冬的寒冷已经脱尽树木的绿叶，不时把点点凄凉扫过路面，张爱云穿过人行道上的拥挤，总算看见了国际饭店的正门。

此刻她的儿子等在国际饭店，他从部队复员，本应该回到老家阜阳，但是他已经爱上了首都北京，爱上了这里的繁华、这里的国际化，再也忍受不了家乡的寂寞、家乡的尘土，所以他要求自己很有路子的妈妈，想尽办法也要在北京给自己安排一个扎根开花结果的地方。张爱云专程赶来，就是为了要给儿子开垦一块立锥之地。

儿子见到她就说，真巧！我从前部队有位首长也在这里，他听说我要找工作，他说他完全可以帮忙！

张爱云问他，你这位首长是个什么官？大不大？说话算数吗？

儿子说不知道，他自己说他从前是我们部队的，我怎么好意思问首长的职务。

张爱云说那你赶快找到他，就说我今天晚上请首长吃饭。

晚上，母子二人在包房里等了能有四五十分钟，还不见人来。儿子说怎么搞的吗？是不是他们忘了？

张爱云说儿子你不懂，官当得大的没有按时的，官当得越大越要人等他，架子大嘛！我们等吧！

到底等来了三个男人，为首的中年男人朝张爱云抱拳拱手，说话一副港台腔：

"对不起啦，太忙啦嘛！到处有人请我宴会，好不容易把别人推辞掉

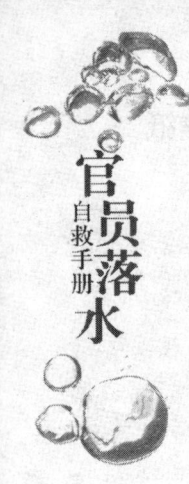

的啦,就为了亲自跟你们娘俩说说话啦。"

落座后,他又扫一眼张爱云:

"记住啦我叫陈思宇啦,每天思考宇宙的大问题嘛,小事我是不管的啦,因为我是陈果夫的后人嘛。陈果夫是啥人你们娘俩知不知道啦?"

看娘俩都不吭声,他摇摇头:

"难怪难怪!过去的历史啦,国民党有四大家族,蒋、宋、孔、陈嘛,我家老祖宗陈果夫排第四位啦。所以我又是台湾人啦!我是台湾的大珠宝商,但是,我在大陆和国家领导人及国家安全部经常来往,关系很哥们儿啦!那些请我办事的人,都跟我开玩笑,叫我陈大特务啦,就因为我跟安全部有很厉害的关系啦!"

也许说得口干舌燥,他停下来,喝上两口茶,然后指指右边一个大块头的中年男人:

"你们知道他是什么大人物吗?记住啦,他是孙德文教授,是中央首长的秘书啦!"

转身又指指自己左边的人物:

"这位是刘惠民先生啦,也是神秘得很啦,他们两位先生跟中央都是有很厉害很厉害的背景啦!"

说到这里,他突然指着张爱云问道:

"听你家公子说,你是阜阳人啦?"

张爱云忙恭敬回答:

"是,我是土生土长的阜阳人。"

他看看身边的两位:

"阜阳什么鬼地方啦?你们听说过吗?兔子都不去拉屎啦,说是草扎屁股啦?"

一个摇头,一个笑而不答。

张爱云的儿子可能还有些乡土情结,立马着急上火:

"我们阜阳,是春秋战国三大思想家老子、庄子、管子的故里,也是大人物曹操、曹丕、曹植的故里,我们这里还有华佗、陈抟还有……"

要不是张爱云在底下踢了他一脚,他还得"还有"下去。

自称陈思宇的哈哈大笑:

第20章 副省长案发：200万元买下来六页信纸

"说得好极啦好极啦！听你一说，我倒是想起来啦，我还真的去过你们这个鬼地方，听说你们不光是出了老子、庄子、管子、桶子、曹操啦，还有袁世凯啦林则徐啦！"

张爱云一愣，她儿子马上接过话头：

"没听说过袁世凯、林则徐呀。"

"那是你年纪小啦，不知道的啦，他们不是你们阜阳的人，但是，记住啦，他们的养父都是你们阜阳的人嘛，所以他们也算是阜阳的人啦！"

张爱云忙着起身给首长们布菜，然后忙着敬酒。几杯好酒下肚，男人们的情绪立刻高涨起来，陈思宇脱掉西服，穿着衬衣说起来：

"阜阳是什么地方啦？大街上几步不远嘛，就有大红灯笼高高挂，全国没有你们那里那么明目张胆的啦，满街妓院都是公开的干啦，都是公安支持的啦！"

张爱云一惊：

"这么说起来，陈大领导真的去过我们阜阳了？"

"我还知道你们阜阳一句顺口溜啦：只要反腐不放松，早晚揪出王怀忠。这个王怀忠……"

张爱云手一哆嗦，竟然失手掉了筷子。

陈思宇看她一眼：

"老百姓都叫他王三亿啦，王大胆啦，王八蛋啦，什么不好就骂他什么啦。"

张爱云直了两眼一声不吭。

陈思宇偏要哪壶不开提哪壶，大声问道：

"怎么啦张总呀，你没听说过王怀忠这个人啦？"

张爱云一怔：

"你说的是王省长？"

"什么王省长啦？不过是个副省长嘛！"

"是是，王副省长，我们很熟，他在阜阳当市委书记时，我们就经常来往。"

陈思宇瞪圆眼睛，张大嘴巴，满脸夜路撞见恶鬼的模样，死死盯住她，再也不说话。

张爱云慌了,不知发生了什么事,不得不小声追问:

"陈大领导,你,你好像有什么话,不方便说?"

大领导起身挥手,催促两位女服务员先到外面去休息,说有事我再叫你们。

"我有啥不方便说的啦?我是替你那位副省长着急啦嘛!"

"王副省长怎么啦?"

"前两天,那个啥,就是这位孙德文教授,给中纪委七室转过去一封举报信。"

他又不往下说了。

撒下麦子收获跳蚤

张爱云意识到这封信十有八九是与王副省长有关系,不然,他何必这么说话?

"请陈大首长一定告诉我,这封信是怎么回事?"

"这封信,就是专门揭发你那个朋友的,指名道姓说他是王三亿,还说啥玩意……"

他忽然看看包房门口,不再说话。

张爱云大惊失色:

"这可怎么办?陈大首长你一定有办法帮助摆平吧?"

"最近,中纪委正准备要进行对王怀忠的调查啦,举报信就搁在中纪委的七室。要是王怀忠想摆平这件事,把举报信给他拿出来,咱们有人!完全可以办到啦!"

张爱云站起身来,向着陈思宇哀求道:

"那就求求你了!求求你一定帮帮忙!"

"帮忙是可以的啦,但是,上下打点需要活动经费呀,那可不是个小数目啦嘛!"

"要多少都可以,只要你说出个数。"

"要200万元,你能亲自替他做主吗?"

张爱云顿时变成了哑巴。后来,她支支吾吾地说:

第20章 副省长案发：200万元买下来六页信纸

"对不起，我去，我去方便一下。"

陈思宇淡淡一笑，知道她要去请示。

张爱云匆匆跑进卫生间，看看各个蹲位都没有人，这才拨通一个号码。听到对方拿起话筒她迫不及待地问道：

"是王副省长吗？"

"你好！我是王副省长秘书，王副省长正在开会，不能接电话。请问您是谁？有什么事我可以转告吗？"

她犹豫了一下，还是说道：

"请你告诉王副省长，我是小张，现在在北京，我，我，我有急事，要当面告诉他。"

"好吧，请放心，我会转告。"

应该回到饭桌上去，还是继续等在这卫生间里？她一时没了主意。

已经等得就要绝望了，手机猛然响起来：

"你是张爱云吗？你有什么急事要告诉我？"

"说话方便吗？"

"说吧，没问题。"

张爱云就把她听到的事情说了一遍。

"他说是在中纪委七室？"

"没错，他说的肯定是七室。"

对方马上挂断电话。没等她走到包房，她的手机又响起来：

"今天已经没有飞北京的班机，你在宾馆里等我，哪也别乱跑！明天上午我就赶过去！"

11月29日上午，王怀忠如约飞到北京，打出租车赶到北京国际饭店，带来几幅铁画，还有三箱安徽名酒古井贡、口子和金种子。

张爱云一直恭候在饭店门前，把王怀忠领进客房，把陈思宇介绍给他之后，知趣地退了出去。

王怀忠看陈思宇一身名牌，穿得很利落，架子很大，人也怪精明的，开口一副港台腔，就觉得这人很有些来头。正核计怎么开口，那人却说道我听朋友说啦，中纪委准备进行调查你啦。专门揭发你的举报信，就是我的朋友转给中纪委七室的。

王怀忠立刻赔了笑脸说,我来找你就是相信你这位朋友,请你帮忙肯定不会白帮。

陈思宇说没有活动经费,神仙也帮不了你啦。

王怀忠捧出10万人民币、1万美元,又指指铁画和三箱名酒,说这些都是小意思,不成敬意。需要多少活动经费,你尽管开口。

陈说需要200万元啦。

王怀忠说没问题,马上就可以给你送过来。只是我还有几个要求,一个是一定要把中纪委的举报信搞出来;二是把我调离安徽,安排外省任职;三是尽快把阜阳的市长肖作新判个重刑。

陈思宇满口答应下来。

不过两个来小时,他们就握手告别。

王怀忠出来告诉张爱云已经谈好,我回合肥去准备200万元送过来,没有时间了,你就守在这里陪他们吃饭,一定要招待好,保持和他们联系,有事随时给我打电话。

就是王怀忠飞来北京的当天,合肥市中级人民法院一审公开宣判,肖作新被判处无期徒刑,其妻周继美被判处死刑,缓期二年执行。

第二天孙德文在《北京晚报》上看到了这条消息,欣喜若狂,马上买了一份报纸。他又找人伪造了一份六页纸的举报信,举报王怀忠包养情妇、买官卖官、贪污受贿,再用红笔在几条罪恶下面画上红线,表示领导已经批阅。而后他将《北京晚报》和举报信交给陈思宇,让他拿去找张爱云收钱。

张爱云看见肖作新被判刑的报纸和揭发王怀忠的举报信,确信不疑,当场给王怀忠打电话说两件事都已经办成,马上需要活动经费200万元。

王怀忠说你等我的电话吧!

王怀忠随即给李洲打电话,要他准备200万元有事急用。

早在1996年7月至1999年,王怀忠担任阜阳市委书记期间,通过签批文件、召开协调会等方式,为李洲任法定代表人的公司减免城市建设配套费、固定资产投资调节税等费用,共计人民币587万多元。李洲提出在阜阳的黄金地段兴建国贸大厦,王怀忠给他大开绿灯,土地款分文未收,给国家造成400多万元的直接经济损失。

第20章 副省长案发：200万元买下来六页信纸

王怀忠的一个电话，便有亲信杨应宇从李洲那里取回200万元。王怀忠随即电话催促张爱云回合肥取钱。张爱云按照王怀忠指定的地点与杨应宇见面，杨应宇把装有120万元的手提袋交给她，并且告诉她另外80万元存放在我这里，等所有事都办成之后再付钱。

几天之后，王怀忠投资130万元人民币、1万美元有了回报，他收到了陈思宇他们整理出来的举报信，整整六页信纸，还有红笔首长的圈圈点点和驴唇不对马嘴的批示，对了还有，还有那份从北京街头上买来的《北京晚报》。

卖命的六页信纸

2000年五一长假过后，初夏时节，中共中央纪律检查委员会收到长达万余言的举报信，揭发安徽省政府副省长王怀忠贪污受贿、卖官鬻爵、经济犯罪等恶行。举报信说，王怀忠买官卖官、低价批划国有土地、操纵城市基本建设项目、大肆收受、索要贿赂，罪恶多端。

中纪委会同安徽省人民检察院，迅速成立调查组，秘密彻查此事。

其实，中纪委早就同王怀忠打过交道。

中纪委曾经一再收到举报信，揭发阜阳一干部强奸妇女逍遥法外，因为他受到市委书记王怀忠的包庇。中纪委责成当地有关部门处理此事，强奸犯罪嫌疑人被公安机关拘捕。王怀忠闻讯随即找到他一手提拔的亲信、副市长兼公安局长傅洪杰，说别人告他那是陷害他，你还是放了他。这位最会讲笑话的专家傅洪杰，上任时就对王怀忠做过保证："书记，我这个局长没什么头脑，领导咋说我就咋干！"没有头脑的他就得听命于有头脑的王怀忠，马上把那人放回了家。

王怀忠为什么对强奸犯一保再保？因为那人是他情妇的父亲，也相当于他的二岳父吧。

虽然它揭发王怀忠的问题很明确，但是它涉及的范围太广太笼统，王怀忠在阜阳提拔过众多干部，批划过许多土地开发项目，具体他收受谁的买官钱，接受过哪个开发商的贿赂，调查起来如同大海捞针一样。这类案件多属权钱交易，大都是一对一，不允许第三者在场，隐蔽性很强，暴露

的系数非常小；行贿人已经得到好处，不会轻易出来检举揭发，受贿人更不会轻易交代自己的犯罪事实；案件涉及面广，找人难取证难；安徽省纪委曾经多次调查过王怀忠，由于种种原因没有成功，也使涉案人有了一定的免疫力。一句话，此案的侦查难度很大，但你又不能大海捞针，一旦捞下去，势必惊动极为敏感又善于钻营的王怀忠。

对于王怀忠犯罪事实的调查取证如此困难，案件的成功与否还是个未知数。

只有选准初查突破口，牵一发而动全身，既不惊吓王怀忠，又能迅速提取到犯罪证据，尽快掌握他的犯罪事实，这才是摆在办案人员面前的首要问题。专案组接受专家的建议，财物是贪污贿赂的目标，收取大量的钱财必然有存在的去向，寻找钱财的去向，是初查活动有效的突破口。

专案组迅速调集银行系统的查账专家，进入阜阳各家银行，地毯式地排查个人的大额存款，昼夜工作，终于查找出一名阜阳地区的首富，这个普通女人名字的后面居然有八位数字的存款，令人惊讶不已。

秘密了解一下这位首富，原来她是阜阳市阳光科技开发公司经理张爱云，既然搞科技开发吗，人家有存款5000多万元也就不奇怪了。

进一步了解，她的公司不过是一个招牌，没有任何业务，有其名无其实。她一向东游西走，没有职业，不做生意，这样一个中年单身女人，却有家财5000多万元，不能不令人生疑。她的存款是从哪里来的呢？

阜阳人反映，张爱云与王怀忠过从甚密，还有举报信揭发他们的关系非同一般。那么，她手里的这5000万元能不能与王怀忠有关系呢？能不能是王怀忠为了避人耳目，用她的名字存下的呢？这笔巨款的神秘来源，成了办案人员现在追查的目标。

是先接触张爱云呢？还是先提取存款的证据？先接触张爱云能不能走漏消息惊动外围？先提取存款的证据，能不能错过机会让张爱云出逃？办案人员不能不绞尽脑汁。

正在难于定夺的时候，查账的专家们又传来了好消息：查找到张爱云的巨款来源于一家工程公司，根本不是5000多万元。原来这家工程公司有闲置资金6000多万元，张爱云闻讯找上门来，千方百计游说，只要经她手把钱存于她联系好的银行，就一定会得到高额返利。她将骗来的

第20章 副省长案发：200万元买下来六页信纸

6000万元存入银行后，随即把钱转入她个人的账户，已经有将近1000万元的现款被她取出，去向可疑。继续追查，她提出的钱有的用于还债，有的用于投资。被她还债的钱肯定是追不回来了。

这是一起典型的诈骗案，专案组迅速立案，对张爱云采取强制措施，从她身上下手深挖案外案。

张爱云被关进肥东县看守所，已经被提审过无数次，她除了交代自己的诈骗犯罪外，别的事情一问三不知，尤其是办案人员想从她身上打开王怀忠犯罪的突破口，一点线索也没找到。她似乎已经明白，办案人员想从她嘴里问出阜阳官员的事情，更加谨慎顽固。审讯陷入了僵局。

一个月之后，审讯专家吴克利成功打开张爱云封锁的记忆，让她交代出来：

"你们记吧，记吧，那是王副省长让我干的，打点中纪委的那200万元，是他让我亲手给送去的……"

专案组紧紧抓住张爱云提供的这条重要线索，司法机关立即抓捕知情人杨应宇到案。杨应宇很快交代了王怀忠安排他找李洲取钱、交钱给张爱云的经过。专案组分赴东北三省、西南地区千里追踪，先后将陈思宇、孙德文和刘惠民抓获。

陈思宇面对办案人员仍然大言不惭，口口声声说自己是台商。

办案人员又说，既然你是台胞，你就讲几句闽南话吧！

陈问什么是闽南话？我们不讲，我们只讲港台话，我在深圳那么多年，我还不知道台商讲啥话？

办案人员觉得他的表演一般般，就问他你不是说你姓陈吗？你姓哪个陈？是不是陈旧的陈？

他说不是！我姓耳东陈。

那好，请你把名字写出来，现在就写！

写就写。陈思宇三个字，面陈办案人员。

办案人员马上写出一个字，拿给他看，这个字你认识吗？

他看了又看，不高兴了，中国字这么多啦，我咋能全认识啦吗？你们也不敢说全都认识啦！

但是，这个字你必须认识！

为什么啦?

你不是姓陈吗?你连个繁体字的陈都不认识,你是什么台商?

办案人员说着,拿出准备好的一份报纸,放到他面前,大陆台胞你看好了,你看这台湾报纸有简化字吗?你是台湾人你怎么没学繁体字呢?

陈思宇脑门子上漏水一样满脸汗起来,嘴巴像是被焊枪焊死了。

最终查明,陈思宇原名侯万清,1951年生于辽宁盘锦,初中文化。1982年离开老家去了深圳,学了半像不像的港台腔,自认为那就是台湾人的语言。1996年,在深圳混不下去来到北京混,结交了一帮朋友,其中也有官员。

孙德文原是东北某市话剧团的一名演员,早已辞职外出混世界,演戏虽然一般,在北京装骗子却像真的一般。

审讯过程中,两个骗子交代,他们骗过一些人,除去王怀忠,还骗过江苏省镇江市市委副书记陈耀南。陈耀南为了能够当上镇江市的市委书记或者市长,让两个下属找这几个骗子跑官,先后花掉132万元人民币和4万美元。

两个骗子分工明确,侯万清负责找那些要花钱买官的人,孙德文负责冒充领导或者拉拢有上层关系的人。他们还有明码市价:买官的人不许低于副厅级,首先必须交上前期活动费用,从副厅级升到正厅级、正厅级升到副部级、副部级升到正部级,一律收费100万元。

2002年1月28日,镇江市中级人民法院开庭审理了侯万清等四人诈骗一案。同年2月9日,侯万清、孙德文与刘惠民被江苏省镇江市中级人民法院以诈骗罪判处无期徒刑,现在南京监狱服刑。

张爱云犯金融凭证诈骗罪,被判处死刑,缓期二年执行,剥夺政治权利终身。

由此打开了王怀忠一案的突破口。

这件事让王怀忠很无奈,事后忍不住对办案人员说过,"如果你们没查到这个200万元,你们任何人奈何不了我!我是查过18次、提过18次的人,奈何不了我!"所以抓到这买通骗子的200万元,也就决定了王怀忠最后的命运。

王怀忠利用职务便利,为有关个人和单位谋取利益,16次非法收受

第20章 副省长案发：200万元买下来六页信纸

他人人民币236万元、澳币1万元（折合人民币6.1万元）；4次索取他人人民币275万元，共计折合人民币517.1万元。法院认为，王怀忠受贿犯罪数额特别巨大，犯罪情节及危害后果特别严重，而且在确凿的证据面前，百般狡辩，拒不认罪，态度极为恶劣，应依法严惩，故判处王怀忠死刑，剥夺政治权利终身，并处没收个人全部财产。

据知情人讲，最初京九铁路的设计不经过阜阳，王怀忠认为必须争取京九线通过阜阳，这对阜阳未来发展是百年不遇的大好时机。他直接找到铁道部，表示如果京九铁路经过阜阳，所有占地，阜阳人民不但无偿出让，阜阳人民还要为筑路大军无偿清理好占用的土地，保证按时按期保质保量完成任务，要哪里给哪里，要多少给多少。这样的优惠绝无仅有，谁能不动心？知情人说是由于王怀忠的争取，阜阳才成为了京九线上的必经城市。

一个从生产队记工员起家成长为副省长的人，一定有他许多的长处和能力。他又是一个司马迁所说的，小人一旦得势，既有足够的阴险狡诈制造邪恶，又有足够的手段兴风作浪，他就会危害四方不得安宁。难怪他会那样嚣张：你们任何人奈何不了我！我是查过18次、提过18次的人，奈何不了我！

也正是因为他高估自己的能量，害死了自己。他本来还有机会，主动认罪，积极退赃，争取从宽，但是，在确凿的证据面前，他还不肯认罪，他说，我管过政法，我知道，坦白从宽，牢底坐穿；抗拒从严，回家过年。所以他顽抗到底，以为能够胜算，结果出乎他的意料，被法院判处死刑。他又一次失算了。

王怀忠总想做现代的曹操，其实，他也是误解了曹操，是他根据自己的需要在心目中再创造了曹操。曹操一向讲究审时度势，并不仅仅是刚愎自用。怕是王怀忠对曹操的理解，也只是《三国演义》里和京剧舞台上的角色。

临刑前，他高声嘱咐他的孩子，不要告诉孙子，就说我出国了。不知他想了多长时间，想了多少次，才想出了这样的开脱。听到这样的生分离死诀别，在场的人无不感到沉重。

第21章
银行副行长为何走到穷途末路

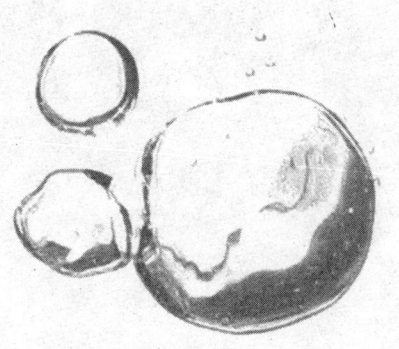

第21章 银行副行长为何走到穷途末路

走晚了死无葬身之地

常人早已经沉入梦乡，只有路边草丛里的蟋蟀们像是开卡拉OK一样，争着抢着唱个没完，突然传来脚步声，听得忽儿轻忽儿重的，蟋蟀们不得不把卡拉OK停下来。

这一男一女，夜间里看不清脸面，自然也就判断不出年龄，女的匆匆走在前面，男的紧跟其后，多少有些跟头把式，女人不时回头，小声儿催促他快点儿快点儿。

两个人来到一座楼前，男的远远站着，不知该做什么。女的看他一眼，伸手打门。几分钟过后，门开了。

两人被一个女人领进屋子的浓郁香气里，顿时有些昏头昏脑。

大师正在打坐，头不转眼不睁，说道，报上你们的生辰八字来。

大师手里掐着嘴里念着，让他俩等得手心里脑门上心里头都是凉汗，大师才慢慢睁圆两眼说，往南走，快往南走，往南走才会有救，走晚了死无葬身之地。

女人慌忙双手捧上五百元钱，回头拉着男人就往外走。

往南走？这南可实在是太大太远了，一直到越南、老挝、马来西亚、新加坡都是南，断肠人走天涯，究竟走到哪里才是尽头呢？

算卦的大师说天机不可泄露，他们也只好糊涂庙糊涂神地走吧。刘丽身上带着30万元，跟吕布青在郑州火车站遇到一列南下的火车，两个人不由分说就上去了。

临走之前，吕布青特意赶回银行，敲开行长办公室的门，关起门来，必恭必敬地对行长说，行长您看我这把年纪，本不该出这样的事情，现在说出来真的是很丢人很丢人。我只敢跟您说，我就信任您，尊重您，我得了性病，不去外地治好，我不就完了吗？希望您能给我保密，不然，日后我还怎么做人呢？

这也许是吕布青办得最有智慧的一件事，他就这样理直气壮走出了银行大门。

关掉了手机，两个人断绝了与外界的一切联系，愁眉苦脸相对无言，

硬座坐到第二天，见到身边乘客把看完的报纸扔了，吕布青闲着无聊，就捡那报纸来读，这一读非同小可，才觉得那位大师老人家算得又准又灵！他们终于有救了！两个人心情立刻振奋起来，心里直给算卦的大师磕头拜谢。

按着惯例，这家国有银行又到了轮岗调整工作的时候，也就是说，现在管信贷的副行长吕布青，要去做管行政的或者管老干部的或者管基建的等等的副行长，但是在他轮岗之前先要接受对他的审计。

吕布青心慌意乱一时没了主意，急忙跑到廊坊去找现在的老婆刘丽。听他说完情况，刘丽也害怕了，马上拉着他去找大师算卦，她说这个大师很厉害，算卦很灵的。吕布青好赖也是军人出身，原本不相信神呀鬼的，但现在他已经走投无路，而做了他老婆的刘总又非要找大师算卦解疑，到了这步田地，他也觉得这很可能是有道理的，就跟老婆一起去拜见大师，诚心诚意地祈求大师救命。

吕布青和刘丽出逃两个月以后，银行才在例行的审查账目中，查出1100万元的巨款不知去向。建行领导马上意识到事情的严重性，立刻在银行内部追查1100万巨款的去向。不追不知道，一追吓一跳：营业部主任刘来应说，吕副行长让他把这笔款汇给了河北省廊坊市华澳公司总经理刘丽。可是两个月以前，吕布青已经向行长请了长期病假，原来他的请假就是拖延注意力的出逃。

市检察院接到银行报案后，随即决定对吕布青、刘丽涉嫌挪用公款立案侦查。检察院6月30日做出决定，逮捕涉嫌挪用公款的犯罪嫌疑人吕布青、刘丽。但是，一个月又一个月过去了，已经过去两年了，仍然没有任何新的线索，案情几乎没有一点进展。

两年后，最高人民检察院联合公安部召开追逃电视电话会议，这是建国以来全国各级检察机关与全国各级公安机关首次全面合作，联手对在逃贪污贿赂等职务犯罪嫌疑人进行大追捕。

当时市检察院的副检察长李小平，带领反贪局局长魏延宏等几位检察官，重新捡起这个案子，研究如何追逃吕布青。他们根据搜集到的情况，认为吕布青涉嫌犯罪是因为背后有个刘丽，只有抓到刘才能抓到吕，而且

第21章 银行副行长为何走到穷途末路

让他们担忧的是，吕布青的存在必然威胁到刘丽的安全，刘能不能杀了他？或者早已经甩掉他？

但是，这场追逃实在是大海捞针，从全国到国外都可能是他们逃跑的藏身之地，你从哪里下手？检察官们决定凡是可能与他们有联系的人都要找到；要用各种方法敲山震虎、打草惊蛇，然后监视、搜集他们的动静。他们走访了两个人所有的亲友家，最后将侦破的重点放在廊坊市刘丽的姐姐家。

李小平跟检察官们到廊坊，守候在刘丽姐姐家附近，守候了差不多一天才见有个女人回家。李小平迅速做出判断，认为这个女人就是刘丽的姐姐。他张口一声接一声地叫道："刘大姐！"硬是把那女人从家里叫了出来。

女人问他是谁？

李小平说自己是石家庄的一名律师，受当事人委托，找刘丽讨债，10万元。

那女人说："俺妹的事俺不知。"

"你是她姐吗，你能不能替她还了？"

"她的钱她愿咋花就咋花，俺管不着。"

李小平听了她的话立刻判断出刘丽还活着，而且她们之间肯定有联系，他就装得好像不轻意地说：

"她混得可不错呀！"

女人马上很警惕地看了他一眼，说：

"那是她自己的事，跟俺们没联系！"

这不是此地无银三百两吗？

然后她又瞪着李小平突然问道：

"你是郑州的吧？"

李小平想她会不会已经意识到我们在追捕她的妹妹？

李小平知道自己的河南口音露了馅，就说：

"也算吧，我是石家庄人，在郑州大学上的学。"

"俺随便问问。"

李小平立刻判断出来她对他没有什么反感，他由此确信她还不知道他

们在追捕刘丽，也由此推断刘丽和吕布青都不知道他们的追捕。

既然她有警惕性，尤其对于来自老家的人怀有戒心，这就说明她知道自己妹妹现在的处境，而且她们互相是有联系的，当然她也知道刘丽现在的地址。

银行副行长也要睡马路

这次化装侦查，李小平认为自己收获很大，他甚至断定只要从廊坊下手，肯定能找到他们，别的地方再也不必去了。应该立刻跟廊坊公安局联系，争取他们的支持。

李小平的这一判断是不是过于武断，这对他们日后的行动是否能够成功可是至关重要的。但是，要想知道李小平判断的对错只能等待日后的验证。

资源县，距离山水甲天下的桂林只有70公里，也是风景如画的好去处。

资源县新建了一座高科技农业生态园，董事长兼总经理是新近闻名桂林市的女强人、著名女企业家刘华荣。

刘华荣社会活动能力极强，很快结识了一位大富翁，是巴西籍的台湾人，一位足球教练，与他联手开办了桂林市光华足球学校，还用他的钱成立了光华中外合资农业生态开发有限责任公司，这使得她在桂林更加名声大噪，报纸上还发表过吹捧她的文字。

刘华荣与她的丈夫孙中强，在临桂县买了一套商品房，并将两人的户口落在了临桂县。

她的生意越做越大，不时还要去郑州谈生意、寻找代理商。她还在河南漯河创办了一所足球学校，请到了巴西足球教练来学校执教。

刘华荣这么能干，她的丈夫却什么也不行，她说到自己的丈夫时，一脸的鄙夷："他是块烂泥，粘不到墙上，塑不成形，狗屁不是！"

她在酒席桌上认识了杨某。杨某50岁，担任过桂林市公安分局局长，现在是桂林市公安局的一位科长。刘华荣与他一见钟情，不断向他表示自己对他的爱慕之情，施展出种种本事，终于把科长在自己的床上摆平，然

第21章 银行副行长为何走到穷途末路

后就要求科长与自己的妻子离婚，明媒正娶她刘华荣做夫人。她又逼着孙中强跟她离婚，如果他肯跟她离婚，她会给他一笔钱，不然的话他一分钱也得不到。孙中强只好同意离婚，得到13万元，用8万元给自己买了一套商品房，剩下的钱拿去炒股，都送进了别人的腰包里。

刘华荣跟杨某在新房里结婚后，又说服新婚丈夫把他原来的一套住房，送给了她的弟弟和老爹。

孙中强把钱全都花光了，走投无路，只好又回来找离过婚的老婆，在刘华荣的公司里做事，先是给刘董事长开车，后来她嫌他碍事，又让他做饭，再后来干脆让他看大门、打扫卫生当清洁工，用他自己的话说他已经成了"刘丽的看门狗"。但是，后来看门狗他也当不成了，因为他总是跟她的所谓弟弟吵架，有的时候甚至还要动手。

孙中强给公司房间打扫卫生，发现大白天刘华荣又跟老赵睡在了一起，气就不打一处来，等到老赵穿好衣服走出房间来，他就说你们是狗男女！老赵说我是她的原配男人，你算是她的什么人？离了婚狗都不如！老孙就说我才是她后来的丈夫呢！你早就离婚了！老赵说你没离过婚哪？你不也是离过婚的吗？你以为你还是行长呢？你现在一分钱也弄不来了，你还以为你他妈是什么好东西呢！你连看家狗都不是！听到老赵这么骂自己，老孙再也不能忍受，伸手扑了上去，两个人动起手来。

刘华荣怕他们的吵闹让杨某知道了，只好把他们两个都臭骂一顿，通通赶到外面去。

这个所谓刘华荣的弟弟原来是她的第一任丈夫，农村的无业游民，所谓她的老爹原来是她的第一任公爹。

为了不败露自己的风流韵事，她把孙中强赶出公司，即使他有事非要找她，也只能见到她的副总老尚，她再也不见他。

孙中强天天在恐惧和懊悔中生活，常常饥不饱食，有时甚至就睡在马路上，昔日的风采已经荡然无存，不到三年工夫已经衰老得不成样子。到了这种时候他又像许多贪官一样，每天认真写自己的日记，已经写下了两本，写了自己由正常生活到受骗的过程，写了自己出逃的凄惨生活、自己的恐惧和懊悔、对重新做人的强烈渴望，还写下了好几份遗书，最后的一份遗书是说，自己在桂林的一处商品房和一切财产，将来都要归偃师建行

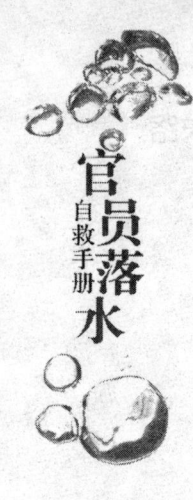

所有……

李小平料事如神,最重要的线索果然出现在廊坊。廊坊市公安局打来电话说,你们的案子有了重大线索,请你们尽快来人,详情面谈。

10月7日晚,市检察院副检察长李小平、反贪局局长魏延宏和市公安局老聂连夜启程,驱车700公里,第二天一大早赶到了廊坊市公安局。经过长时间的努力,付出了巨大的代价,他们总算得到了梦寐以求的重要线索。

刘丽果然是在南方——广西桂林市。

刘丽和吕布青当年登上的列车,就是从郑州开往昆明的火车。第二天,他们突然在身边乘客买的一份报纸上,意外地看到一条消息,两个人心情立刻一振,随即对算卦的人心存感激之情,没想到他老人家算得又准又灵!他们终于有救了!

原来是桂林市的临桂县出售商品房,只要9万元一套,凡是买房的人都可以在当地落下户口。那时候的房子,比起现在来可是真便宜,拿出9万元买套房子就成了当地的富翁。到了这时,他们马上想到算卦大师的灵验,他们只要买下一套房子不就可以化名落下户口吗?他们这不是有救了吗?

10月11日早晨,两名办案人员先期到达,桂林市公安局认为,当地一个叫刘华荣的女人很有可能就是检察院要缉捕的刘丽,他们全力配合,立刻派出得力的刑侦人员协同作战。桂林市公安局长也很担心会走漏消息,非常同意检察院秘密抓捕的方案。因为刘丽在桂林市的生意做得比较大,已经有了一定的社会影响,尤其是她新结婚的丈夫还在公安局里当科长,为了避免引起不必要的麻烦,必须保证不等人们反应过来,就应该让刘丽尽快离开桂林,所以只能对她实施秘密抓捕。

检察院的办案人员在桂林公安局刑侦人员的配合下,对刘华荣的住宅进行了全方位监控。

他们是我们的精英

10月12日,刘丽房屋的前后门都被桂林公安局的刑侦人员看守住

第21章 银行副行长为何走到穷途末路

了,刘一直守在家里没有出门。中午杨某开车回家吃饭,当然不能采取行动。直到下午2点55分,杨某才走出来驾车外出。

在桂林警方的帮助下,他们请住宅小区的物业管理人员出面,事先让他把约好的手机号码拨出来,等他借口查水表进入刘宅后,只要是刘华荣一人在家,情况正常,他只须把口袋里手机的重拨号按一下,门外守候的人就会迅速进入。

3点15分,一切都如事先约定的那样正常进行,进入刘宅的人很快拨出了信号,门外守候的干警如同接到命令,立刻冲进刘丽家里。刘丽还不知道发生了什么事就被逮捕,并被迅速带离现场,随即被隔离审查。

被检察官赵克宏讯问的刘丽,自称还不知道自己是因为什么被捕的,她也没有想到面前的检察官就是来自河南的。不管怎么问她,她都用桂林方言告诉赵克宏说,她是桂林人刘华荣,一个普通的生意人。

赵克宏从相貌从言谈举止上早已经看出来,眼前这个高个子女人,就是那个犯罪嫌疑人刘丽,不管她改了什么名字、讲什么半像半不像的方言,都没用,如果他们不是练出了这样的火眼金睛还做什么检察官?

他突然问她:

"你在河南有几个朋友?"

"我在河南没有朋友。"

"有谁知道你在这里?"

"没有。"

"不对吧?没有人说我们怎么知道你在这里?"

刘丽忽然生起气来,大声说:

"老孙真不是个玩意!我欠了他几个钱,他就老是缠着我,今天还找过我呢。"

赵克宏好像随意问道:

"老孙有好几个手机?"

刘丽不屑地哼了一声:

"就只有一个嘛,136××××××××嘛。"

赵克宏极力控制住内心的冲动,看来吕布青没有被杀,只是被她甩掉了而已。他静静地退出来跑到另外的房间,马上拨打手机告诉偃师的李小

平这一特大喜讯。

李小平指示他一定注意保密,绝不可以泄露一点风声。而后由反贪局长魏延宏带队的5人抓捕小组,迅速赶到了桂林,并指派两名办案人员立刻押送刘丽返回偃师市。

李小平事先与专案组成员研究案情时,认为可能出现几种"透风"的事情,务必要引起足够重视,力求避免,不然就可能使抓捕吕布青遭遇失败。一是杨某发现刘丽失踪,很可能会找吕布青要人,因为吕布青绑架她的可能性最大,这就可能让吕布青意识到出事了。二是杨某可能向110报警,或者自己出马寻找刘丽,这都会把事情弄得沸沸扬扬,从而走漏消息。三是刘丽公司的副总老尚和会计、出纳每天都与刘丽来往,突然发现她人没了,肯定要四处打听她的消息,也许会猜测到她出了意外;老尚既然是刘丽对付吕布青的中间人,他就很可能在吕布青再找刘丽时,告诉他刘已经失踪。

李小平的这些担心有没有道理?究竟能不能走漏消息?也只有事后才会知道。

魏延宏带领办案人员,在桂林警方的帮助下,到处找刘丽的副总老尚,因为他是孙与刘的中间联络人,现在只有找到他才可能找到吕布青的线索,不仅如此,如果不能尽快找到他,一旦让他跟吕布青说出刘丽失踪的事,追逃就可能又一次泡汤。

不幸又被李小平猜中,老尚还没有找到,杨某就开始到处找自己的妻子,她的突然不辞而别,让他想到可能发生了种种意外,他先后4次打电话找孙中强(吕布青),让他交出刘华荣,这个现在不名一文的家伙完全可能绑架腰缠万贯的刘华荣。但是,孙却一再说自己绝没有绑架她,自己现在还到处找她要钱呢!值得庆幸的是,他把杨某的电话作了另外的猜想,根本没有想到刘丽可能失踪,更没有想到她已经被押送回河南,由此也可以看出他并不是个机敏的男人。

万般无奈的杨某只好向110求救,巡警即刻赶到他的家里进行调查,但是,调查的巡警突然接到指挥中心要他们立刻撤回的命令,他们只好遵照命令迅速撤出。此时杨某也突然接到局里电话,有重要事情要他立刻回到局里。局长告诉他,刘华荣,河南检察院方面说她是刘丽,因为涉嫌一

第21章 银行副行长为何走到穷途末路

件经济大案,已经被检察院带回河南,从现在开始,你不要再找她了,也不要再向任何人提起这件事,只能等候审判结果了。杨某毕竟是一位老公安,立刻明白了自己应该怎样做。这件事终算平安地过去了。

魏延宏他们找到老尚已经是10月15日上午,离刘丽被捕已经过去三天,这种情况下的三天,可是能够发生许多意想不到的事情。老尚还是个很开通的人,接受了检察官的请求,愿意帮助抓捕犯罪嫌疑人吕布青,答应今天一旦吕布青找他,他就约他明天见面。

当天晚上,老尚果然如约打来电话说,吕布青给他打过电话了,他已经约好吕布青明天上午10点整在新广场见面。

说是10点在新广场见面,魏延宏他们和桂林警方的人员,早晨7点钟就全部进入了指定位置,所有人全穿着便衣,装扮成游人守候在各自的位置上。你看他们举手投足好像与普通游人也没有什么区别,但是你只要看看他们的眼神你就会发现,他们全都是很专注地紧紧地盯视着广场,不放过广场上的每一个人。他们是内紧外松,他们的职业造就了他们具有非凡的品质,他们有常人所没有的忍耐力、洞察力和超常的意志力,他们很能吃苦耐劳,他们是特别能战斗的部队,他们是我们的精英。

我从一个银行副行长沦为人不人鬼不鬼的下三烂

他们的思维方式也不同于常人,我们每天大都是面对已经发生的事情去处理,他们在办案时却要随时去预想下一步可能发生什么事,好防患于未然。现在已经过了九点半钟,他们想到必须联络一下,看看手机是不是正常。结果是,老尚的手机欠费,已经被停机!如果吕布青来之前要确认一下老尚是不是到了新广场,可是,老尚的手机却没有信号,你说他还能不能按时赴约?一群人起了个大早守候在广场上,却因为一个细节被疏忽结果造成犯罪嫌疑人的警觉……他们马上让一名刑警打上出租车飞奔最近的联通营业部,为老尚交上100元手机费。直到离10点钟还差几分,老尚的手机才被开通。正因为他们常常想到可能会发生意外,他们才会常常避免了意外,这就是他们的智慧。

还差10分钟就到10点了,老尚手拿报纸出现在新广场上。

检察官们的智慧还在于不放过细节。他们虽然认识老尚,可请来的当地刑侦人员却不认识老尚,他们事先就与老尚约好,让他手拿一份报纸,谁接近这个拿报纸的人并跟他说话,谁就可能是他们追逃的犯罪嫌疑人。一次成功的行动不仅仅在于大方面的安排,如果细节疏忽了也照样会失败。

10点钟到了,吕布青没有来。

10点钟过去了,吕布青仍然没有出现。

手拿报纸的老尚神色慌张起来,不知道发生了什么事情,为什么吕布青还一点动静都没有?魏延宏马上拨通他的手机,鼓励他一定要沉住气,耐心等待,不会有什么事的。

已经过去10分钟了!

如果是平时的10分钟谁也不会这么在意,而现在的10分钟,却是会决定他们一群人战斗了三年的结果,他们怎么能不焦虑?他们怎么能放下自己已经悬了三年的心?坚持下去就是胜利,他们只能坚持下去,他们必须坚持下去。

老尚的电话终于响起来。

吕布青跟老尚说,我早就到了!你怎么还没有到呢?你在哪里?我怎么找不到你呢?

这真是奇了怪了!整个广场上哪里有吕布青的影子?难道他发现了什么要搞名堂吗?

所有的人都紧张起来,一时间想不出是出了什么意外。

吕布青跟老尚说来说去才搞清楚,原来吕布青现在正在市中心广场呢!他把见面地点搞错了!

事情搞清楚了,魏延宏当即立断,告诉老尚,你可以随机应变,和他重新约定,让他马上赶过来和你见面。他要是不愿意过来,你去市中心广场见他也行,反正是只要能拖住他就行,一定不能让他走掉了,一定要见面!

已经沦落为当不上刘丽看门狗的吕布青,几天来找不到刘丽,巴不得要与他们的中间人见面,他现在需要吃饭的钱,喝水的钱,再下去他就要扎脖颈了,可刘丽却握着他挪用的公款过她的好日子……

第21章 银行副行长为何走到穷途末路

魏延宏终于看见了一个熟悉的身影，只是已经衰老了许多。

吕布青骑着一辆快要散架子的烂自行车，慢慢腾腾来到了新广场。

他戴着一顶大太阳帽，几乎遮住了整个脸，脸上又架着一副黑墨镜，穿着白衬衫外套黑马甲，下身一条蓝色运动裤。仅从现在的外表上看，你倒也看不出吕布青已经沦落街头了。

老尚跟吕布青坐在广场上聊起来。

为了进一步确认吕布青以免发生意外，魏延宏又坐车慢慢从他们面前经过，细细地辨认一遍，眼前确实是他们已经追逃三年的吕布青。

他们谈了十来分钟，吕布青很满意，站起身来，跨上了自行车。

守候的便衣干警看见动手的信号，马上从四面八方包抄上来。

吕布青看见这么多人包围了他，好像什么都明白了，马上扔掉自行车，束手就擒。

现在是不到10点半，就在10个小时之前，也就是这天的凌晨，吕布青好像有什么预感似的，在日记里写下了最后的打算，或者说是设想、计划，或者说是想悔罪、赎罪。日记里说，自己在桂林的一处商品房和一切财产，将来都要归偃师建行所有；说自己一直想干点正经事挣钱，好把银行的钱一点点给还上；要坚持锻炼身体，保持健康，将来死的时候可以捐献器官；还说对不起家人，没有尽到应尽的责任，什么东西也没有给家人留下。

有些人就是不见棺材不落泪，不到走投无路不知道悔罪，等他一旦知道了自己该怎么做的时候，他却永远失去了重新做人的机会。

吕布青说着一口半像半不像的桂林话，面对他不认识的检察官，一再声称自己是桂林人孙中强，不知道河南的吕布青是何许人也。

老谋深算的魏延宏，戴着一副墨镜守在审讯室外面，现在他推门走了进来，仍然戴着墨镜用家乡话问道：

"你叫啥名字？"

"我叫孙中强啦。"

"你是哪里人？"

"桂林人啦。"

魏延宏突然摘下脸上的墨镜，微笑着盯住吕布青问：

"老吕哪,你还认不认识我?"

吕布青立刻变了脸色,在偃师大家都是低头不见抬头见的干部,谁不认识谁?

吕布青身子缩成一团,死过去一样没有了生气。最后他说,我从一个银行副行长沦为人不人鬼不鬼的下三烂。

经检察机关提起公诉,人民法院判处吕布青有期徒刑十五年,判处刘丽有期徒刑八年。

吕布青本来有一个和睦的家庭,生活也不错,从部队到地方,生活还不适应,被人拉上酒桌吃吃喝喝,交友不慎,不知道人家早已经盯上了他这个有缝儿的鸡蛋,最后闹得妻离子散。到最后他也不知道刘丽是啥人,两人结婚时刘丽给他看过自己出国留学的证书、外语学院的毕业证书,可她说起话来满嘴脏话土语。吕布青还是从办案人员嘴里知道,刘丽连农村小学都没有念完,因为跟男人混上了床,被农村小学开除了。他稀里糊涂跟着刘丽出逃,又被她甩掉沦落街头。人贵有自知之明,他就不知道人家当年盯上他是因为他有副行长的权力,一旦他下台人家就不再拿他当棒槌。他也是受害者,却是因为自己没有走正路。他就这样被别人的阴谋诡计毁掉了后半生,但他最愧疚的还是觉得对不住原来的老婆和孩子。

第22章
偶然引起必然
俄罗斯引渡第一案

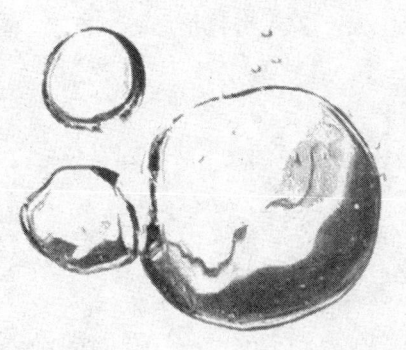

第22章 偶然引起必然俄罗斯引渡第一案

变成俄罗斯人原来这么简单

如果不是因为偶然的机会,我们还不知道有这样一个真实故事。

只有那些称职的领导者才能超越认识的局限,正确识别自己的属下,如果他没有足够的水平,那么对于那种刻意伪装的属下他就无法识别,如果他再有些自私,见到点儿蝇头小利就没有是非,那就更容易养痈遗患。

26岁的杨德山,在东辽县农业生产资料公司,据说很精明、很能干。东辽县农业生产资料公司,要在内蒙古满洲里市成立一家办事处,想去掌管办事处的自然大有人在,但是,唯有杨德山"表现出色",一个人走马上任去了,虽说因为年轻只弄了个副主任,可是办事处只有他一个人主持工作,什么都由他说了算,这副不副的又有什么?

农业生产资料公司的一般干部说起杨德山来,觉得他虽然年轻,可是城府很深,很会算计,不占便宜的事儿他是不会干的,而且电线杆子上绑鸡毛,掸(胆)子大。至于说到人品吗,那就看你采取什么标准了,群众领导见仁见智。群众说他见钱眼开,领导说他注重经济效益;群众说他善于钻营,领导则认为开拓进取,而且那个年头报纸都说"要敢于起用那些有问题的干部",人无完人金无足赤嘛!

那几年农业战线化肥紧缺,谁能搞到化肥谁就能赚到大钱,因为捣腾化肥赚大钱成为富翁,据说用不了几天就能成就。当时俄罗斯的化肥很便宜,也容易搞到手,东辽县农业生产资料公司所以跑去内蒙古满洲里成立个办事处,倒不是想发展什么中俄边贸,不过就是想从俄罗斯弄些便宜化肥回来换钱。

东辽县农业生产资料公司每年都要汇给杨德山100多万元,可杨德山主持的办事处居然连个会计、出纳都没有,全由他一个人辛苦,有人就说这不符合财经纪律,怕早晚会出事儿,但领导认为杨德山很能干嘛,一个人就干了好几个人的工作,要不怎么能那么信任他呢?当然,也不是没考虑这样做是否合适,所以也陆续给他派过去人协助工作。杨德山把所有的账本、支票、公章通通都锁起来,让来的人看都看不见,办公室的钥匙也不给一把,他的办公室谁也不准进,不准他们过问办事处的工作。他给指

派来与他一起工作的人，分配的工作是扫地擦桌子打扫卫生、给他和客人端茶倒水、他不在时给他看家，让他们个个忍受不了自动告退。

三年里，他只给东辽县农业生产资料公司发回两批化肥，价值212万多元，办事处还剩有125万多元的公款。

将近四五年的时间里，没人过问满洲里办事处的工作，也没人追问剩余的125万元公款还有没有了？杨德山其人是在还是不在了？在干什么？

至于杨德山重新被人们想起来提起来，还要想方设法找到他，完全是由一件偶然的事情引起的。

吉林省辽源市龙山区人民检察院调查一起经济犯罪案件，意外发现了一条案件线索：东辽县农业生产资料公司三年先后给杨德山掌管的满洲里办事处汇款338万元，杨德山只给公司发回两批化肥，共计212万多元。杨德山和125万多元的公款一起去向不明。

龙山区人民检察院决定对杨德山立案侦查，查明办事处账面上只剩下几十元资金，125万元公款全部提现；杨德山已经由满洲里口岸出逃到俄罗斯。检察院通过法律程序，委托满洲里市公安局、海关、边防检查等部门，一旦发现杨德山入境，立即抓捕归案。他好像觉察到办案人员的措施，从没有踏进满洲里口岸。

杨德山究竟是太了解自己的领导，还是跟领导关系太铁，已经无从查考。反正他长期在逃，竟然没有人过问他的行踪，他只是没有想到，辽源市龙山区人民检察院的检察官居然好管闲事，居然抓住一个偶然碰到的线索大做文章。

入乡随俗嘛，跨进俄罗斯伊尔库茨克州扎拉里市，杨德山就把土生土长的名字装进垃圾袋，另起炉灶，给自己做了新标识：瓦涅，俄罗斯牌照。年轻的俄罗斯商人瓦涅，很快在扎拉里市办起一家木材加工厂，生意还不错，他幻想着由这个木材厂起家，在俄罗斯办起更多赚钱的大工厂。

瓦涅现在就住在扎拉里市拉扎街6号楼1单元1楼。最初的日子他还经常夜半惊梦，眼见自己被抓回东辽县受到惩罚，可是不久，噩梦就变成了桃花梦，一切都平安无事，没有任何人找过打听过杨德山的下落，杨德山早已经被熟悉他的人们忘记了，他的犯罪已经结束了，新的瓦涅正在成长。

第22章 偶然引起必然俄罗斯引渡第一案

现在的瓦涅很惊讶,自己的目的就这么简单、这么容易地达到了,不免大大后悔,为什么只拿了100多万元?如果知道这么容易、这么顺利,就应该一吨化肥也不给他们买,干脆把338万元全都给他们席卷一空!这群废物白痴一样,你就是卖掉了他们,他们也不知道是怎么回事!

一个月又一个月过去了,一年又一年过去了,已经过去了3年,任何意外都没有发生,瓦涅觉得自己太幸运了。

有钱就没有办不成的事,他找到一个漂亮的俄罗斯女孩,跟他同居,不久,俄罗斯女孩还为他生下一个混血的女孩儿,在俄罗斯他已经有了自己的后代。就此瓦涅特别请教过俄国法律人士,自己有了俄罗斯国籍的女儿,自己作为她的监护人,是不是理所当然地要受到俄罗斯法律的保护?法律人士的回答是肯定的,只是,法律人士还不知道他在中国涉嫌贪污公款的犯罪。

男人不是喜欢尿裤子

瓦涅习惯了俄罗斯的幸福生活,没人打扰他,没人过问他的钱是怎么来的,人们只是尊重他的富有,他也真就像个富翁似的出入家门,与邻里们打招呼,与客户们寒暄,参加当地人的舞会,挽着女伴的胳膊出入上流的饭店。他的日子过得很舒心,过得很满意,所以他就不像那些亡命的贪官一样要写写逃亡日记。过得幸福的人忙着甜美,没有闲暇涂鸦。他忙着学习俄语,跟同居的漂亮女孩学会了哼唱俄罗斯小调、跳俄罗斯民间舞。

假俄罗斯人瓦涅租的房子就要到期了,他要在2月15日以前决定是续租还是另外再找房子住。

他刚刚想好了要搬家,再找一处更好的大房子,却发生了一件他意想不到的事情。

2月8日晚上五点半,假俄罗斯人瓦涅已经在家里吃过晚饭,一边哼着俄罗斯歌曲,一边收拾东西,准备另外再找房子过他的舒心日子,突然响起急促的敲门声,他刚拉开房门,就有一群全副武装的俄罗斯警察闯进住所,将他包围起来。

他们自称是俄罗斯内务部扎拉里区的值勤警察,对他出示了逮捕文

件，给他戴上手铐，将他押上汽车，押送到扎拉里市的看守所。

他猜测不到发生了什么事情，也不可能打听到出了什么事情，但肯定不是因为他在国内的罪行已经暴露。

他根本不知道，12天之前，晚上9点钟，满洲里有关方面打电话给辽源市龙山区人民检察院，告诉他们杨德山现在化名瓦涅，住在俄罗斯伊尔库茨克州扎拉里市拉扎街6号楼1单元1楼，他租住的房子2月15日就要到期。

检察官们分析这个情报认为，最好是能赶在2月15日之前将杨德山逮捕，否则一旦让他换了新住址，再找他就不容易了。可是现在只有半个月时间，就是由国家外事部门出面协调办理护照，最快也要两周左右，所以要等检察官自己出国去俄罗斯抓捕杨德山，怕是不太可能。再加上从前中俄双方还没有过引渡犯罪嫌疑人的先例，手续也很繁杂，引渡能否顺利，真的是不好说。

龙山区人民检察院向吉林省人民检察院作了汇报。吉林省人民检察院的领导认为，近几年来由于中俄双方的努力，经过中俄边境地区检察机关的三次会晤并签署了《会晤纪要》，双方一直保持着高层交往，人员不断往来和交流，尤其是已经成功联手办理了一批走私贩毒、抢劫杀人、拐卖妇女儿童、诈骗、偷逃税和偷越国境的案件，双方已经建立了很好的司法协作关系，根据目前的情况，完全可以考虑按照中俄两国《关于民事和刑事司法协助的条约》和中俄两国最高检察机关的《引渡条约》，请求由俄罗斯司法部门先行拘捕杨德山，然后再按照国际条约办理引渡手续。

2月5日，龙山区人民检察院的检察官与吉林省人民检察院外事科的工作人员，赶到北京，向最高人民检察院汇报案情。最高人民检察院领导指示吉林省人民检察院外事工作人员，当晚就与俄罗斯联邦总检察院联系，请求他们协助抓捕杨德山，并将相关的资料和法律文书电传给对方。

最高人民检察院外事局局长叶峰亲笔致函俄方总检察院国际司法局局长，请求给予协助。

2月6日，俄联邦总检察院国际司法局局长打来电话询问案情细节，由于他的帮助，吉林省人民检察院很快与俄罗斯总检察院驻远东的哈巴罗夫斯克联邦州司法局取得联系，高级检察官戈尔斯涅夫电告中方，他们完

第22章 偶然引起必然俄罗斯引渡第一案

全同意协办此案,已经发出命令让伊尔库茨克州检察院联系当地警方抓捕杨德山。为了及时保持联系,双方代表还互相交换了家庭电话号码。

2月12日,正是中国的大年初一,清晨5点钟,俄方代表给吉林省人民检察院外事科检察官家里打来电话,送给中方一份最好的新年贺礼:"我们的当地时间2月8日17时30分,杨德山在伊尔库茨克州扎拉里市,被我们内务部扎拉里区值勤警察抓获,现在他被关押在扎拉里市看守所。"

从1月27日晚上得到杨德山的行踪线索,到他被抓捕,仅仅经过了12天。

2月13日,根据俄罗斯联邦总检察院的要求,吉林省人民检察院外事科迅速将逮捕杨德山的决定书和逮捕证电传给俄方。两天之后,由吉林省人民检察院检察长索维东提请、由最高人民检察院检察长签署的《引渡请求书》,又电传给俄联邦总检察院总检察长乌斯季诺夫。

2月15日,俄罗斯扎拉里市检察院检察长做出了批示:根据已经收到的中国关于对杨德山进行侦查和拘捕羁押的文件副本,而且杨德山不具有俄罗斯的公民身份,决定对其采取羁押措施,从扎拉里市内务部区管所的看守所移送到伊尔库茨克州中心监狱1号看守所,羁押期直到对其引渡时。

2月27日,最高人民检察院有关领导又亲笔致函俄联邦总检察长和国际司法局局长,请求俄方给予协助引渡杨德山。

3月11日,俄联邦总检察长做出批示:"批准引渡杨德山回中国,具体交接工作由俄联邦司法部组织实施。"随后杨德山案被移送俄联邦司法部,杨德山也被改押在伊尔库茨克州中心监狱。

最高人民检察院又通过外交部,请中国驻俄罗斯大使馆和中国驻俄哈巴罗夫斯克总领事馆与伊尔库茨克州有关当局联系,经过反复磋商,最后俄方确定由伊尔库茨克州检察院和司法局一起负责与中方接洽、安排引渡事宜,随后俄方致函中方邀请派员赴俄罗斯押解犯罪嫌疑人杨德山。

4月23日晚6点30分,引渡小组从沈阳桃仙机场登上飞机,抵达伊尔库茨克州机场已经是午夜12点,当地检察院高级检察官们热烈欢迎了中方引渡小组。

4月30日下午3点,俄联邦司法部伊尔库茨克州中心监狱1号看守所所长、内务部上校沙廖克等人,代表俄方正式将杨德山移交给中方,杨德山却叫喊起来:我的孩子是俄罗斯人,我是她的监护人,所以我受俄罗斯法律保护!你们要把我带回中国是侵犯人权!

连他自己都知道,事情已经到了这种地步,喊叫两声只不过是徒劳的挣扎。到了这时他才后悔,自己学习不够,井里的蛤蟆,根本不了解吉林省人民检察院跟俄罗斯的关系,就不该逃到俄罗斯,尤其不应该逃到伊尔库茨克,离吉林省太近了,抓他就像打一只苍蝇。

当晚飞机顺利抵达沈阳,舱门一打开,就传来迎接他的欢呼声,杨德山吓得两腿发软,全身剧烈颤抖,精明强干的他一次又一次尿了自己的裤子。

34岁的杨德山被辽源市中级法院以贪污罪判处无期徒刑,剥夺政治权利终身,并处没收个人全部财产。为了那曾经到手的125万元和已经度过的3年舒心日子,他将付出后半生的所有幸福。

杨德山的出逃不过是一场闹剧,如果没有那么不负责任的单位领导,他的小把戏根本不能得逞。有些人犯罪并不是他有多少资本,不过是他看见管理上的漏洞已经大得钻过去都没人找他,他不钻白不钻,白钻谁不想钻,他就这样钻过去了。如果不是有一群肯负责任的检察官,杨德山怕是永远都不会被追究。

第23章
一夜千万富翁
被剥夺政治权利终身

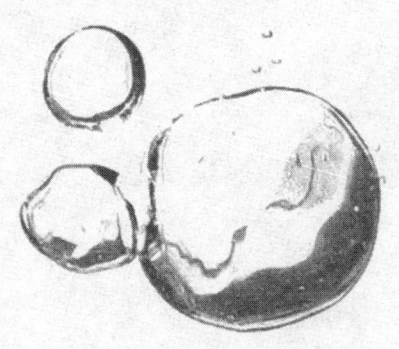

第23章 一夜千万富翁被剥夺政治权利终身

不懂英文也可以去澳大利亚投资

李化学在天津蓟县农村长大,知道生活的艰难,吃得了苦,20岁进了北京城,在建筑公司的工程队里学电工。

那个时候一个农村青年能做电工,就等于抱上了金饭碗,加上他吃苦耐劳,学徒期一满就转为正式工,然后就培养他入党。他很明白,那个年代入党才能做官,所以他更加肯干,经常在工地加班熬夜,果然入党成了干部,当上了小包工头,自己带头干,对下面要求也严,工程干得很漂亮,获得了建筑业的最高奖项——鲁班奖。从此年轻有为的干部李化学就股级、科级、副处级、正处级地平步青云。

那个时候李化学卖力气肯干,不管他是为了升官,还是为了发财,还是为了别的什么目的,但他都必须真干,干出成绩来,因为他或者要对组织负责或者是对领导负责,还要面对群众的监督,总之他是在一个对他有约束、有检验、有评价的环境里,他必须要实实在在地做出一些成绩来,才能得到更大的荣誉,他不能脱离这个环境对他的制约,他不敢胡作非为,也不敢横行霸道。

他领导的工程队扩大为工程处,1994年又组建成恒万实业公司,挂靠在北京城乡建设集团下面,由他担任董事长兼党委书记。渐渐地他混得明白了,他不但是创立恒万实业的元老,更是这个公司的老大,对于这个有几亿元资产、几千名员工的大企业,他拥有无上的权力,他说一不二,这个公司就像他个人的一样,他可以随便把公司的东西拿回家去,从来没有任何人敢反对,甚至许多时候还会有人出来帮助他损公肥私。

同年,李化学被提拔为北京城乡建设集团副总经理,仍然兼任恒万实业董事长、党委书记,已经熬到副局级。

这时候,公司里重大事项、重要开支全由他说了算,如果是开会研究,人们也只能对他随声附和,绝不允许有不同意见。他再也不需要对任何人、任何组织负责了,再也没有人约束他、监督他、评价他了,他完全可以按着自己的意愿想怎么干就怎么办干。

李化学的老婆董淑芹承包了北师大的工程经营部,由于不善经营亏损

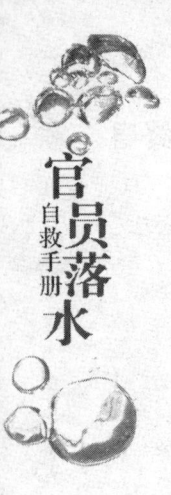

了,她找到李化学要钱,李问她要多少,她说要 50 万元,李说你去找会计,拿张支票吧!他老婆就去找恒万实业公司的会计,说是李总说的,马上给她的公司开一张 50 万元的支票。会计哪里敢问为什么?更不敢问是借还是白给,她想不想吃恒万实业公司这碗饭了?这个公司就是老李家的,想不让谁干还不是一句话?所以会计只有马上给开出 50 万元的支票,双手交给董事长大人的老婆。既然李化学是公司的董事长,他的老婆也就享受董事长的待遇。

董淑芹又成立了一个建材经销部,既不要场地也不要资金,只有一个空名头,李化学随便让恒万公司拿几个项目给他老婆去做,他老婆就有了大笔大笔的收入,其实不过是把公司的钱明目张胆地大把大把地送给老婆而已。

1993 年悉尼夺得 2000 年夏季奥运会的主办权,30 岁的李化学告诉领导,他哥哥在澳大利亚开公司多年,早已经加入澳大利亚国籍,可以通过他哥哥参加悉尼奥运会项目竞标。实力强大的北京城乡建设集团的领导被说活了,决定借机打入国际市场,竞争有关建设项目,就把海外项目的对外投资大权交给了他。他提出要亲自去澳大利亚悉尼实地考察,跟他哥哥商量去澳大利亚投资开发房地产事宜。

他从恒万实业公司里提出很多钱,准备和情妇高某一起去国外挥霍。高某二十多岁进入公司在李化学手下工作,人长得十分漂亮,李化学虽然满嘴脏话,看女人还是色迷迷的,见了高某也会情不自禁地装出几分斯文,经常讨好高某。李老总也算慧眼识珠,很快发现小女子可以培养。小女子也很聪明,虽然发现李总大她 12 岁,但身上却有很多别个年轻男人所没有的长处:在公司里说一不二呀,对女人出手大方啦,说话算数呀,像宠物狗一样讨她喜欢哪……所以高某也毅然决然地喜欢上了李总。李总要去澳大利亚考察,首选的随行工作人员当然是高某了。

李化学他们游山玩水风流够了,高某就留在新西兰,不但在恒万(新西兰)任职,还凭空拥有公司的股份。

李化学说要为恒万公司在新西兰工作的员工解决住房,花 18 万元新西兰元(约等于 70 万元人民币)购买了一栋高档住宅,只让公司员工在里面住了几天,然后找个借口把他们撵了出去,这套住宅就名正言顺地变成他的家，高某就在这套新房里给李化学生下了孩子。

李化学说他来澳大利亚投资的对接公司是金色领地公司，其实是由他在澳大利亚新注册的，他和他二哥、二嫂都是控股股东。至于他的二哥李化民，根本就没开过什么公司，原来不过是北京一家饭店的厨师，虽然在澳大利亚定居，也根本不可能帮助北京城乡建设集团竞标奥运会建设项目。

奥运会的建设项目当然不可能中标，但城乡建设集团仍然决定进入国际市场，将 2700 万元从北京恒万公司的账户汇到李化民在澳大利亚开办的金色领地公司。这笔钱李化学和他哥哥想怎么用就怎么用，从来不向国内汇报，就是日后回到国内，对于这笔巨款的去向讲的也全是谎话连篇。

为此，城乡北京建设集团领导给李化学下过死命令，要他尽快把澳大利亚的所有资金变现归还给集团，或者把产权过户给集团。李化学照样我行我素。集团领导终于对 2700 万元资金有了流失的危机感，决定收回澳大利亚的投资。

出去很容易回来更容易

恰在这时，北京市纪检委收到举报信，检举李化学利用城建集团在澳大利亚、新西兰搞投资，通过他人，把恒万公司应收取的房产过户费 72 万元人民币，存到了他在香港恒生银行开设的个人账号上。对李化学进行审查，很快发现了他的一些经济问题。

但是，迎接新世纪的钟声刚刚敲过，新千年的太阳还没有升起来，他就趁着黑夜逃出了北京市。

像李化学这种没有多少文化的人，一向胆大妄为，根本不把法律、纪律、道德放在眼里，想到要逃跑他就有胆量跑出去。究竟怎么逃跑、走什么路线，他已经想了好久。第一件事必须回一次办公室。元旦的凌晨，公司里肯定没人，自己半夜回公司或者离开公司也是常有的，回去一次当然不会出事。必须回办公室是为了取出产权证明好随身带着，要想出售澳大利亚那些建好的住宅，必须要有他签名的产权证明。他本来想给情妇给老婆给家里人打几个电话，想了想，还是没敢打，不能让任何人知道自己的

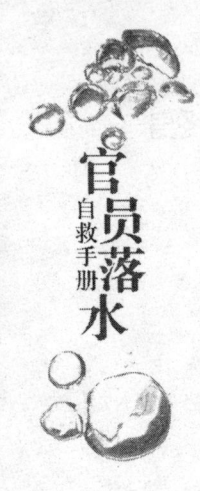

去向。

产权证明拿到手,马上招手一辆出租车,问司机去不去天津,司机说这大过年的……他随口骂了一句,不就是钱吗?老子他妈多给你钱!到了天津,他就去买飞往深圳的机票。飞机起飞以后,他长出一口气,紧张的神经终算放松下来,他们再也别想找到自己。他从第一次踏上澳大利亚的土地就想好了,一定狠狠地捞上几笔,越多越好,然后就跑到澳大利亚去。

说是不怕,到了深圳李化学哪也没敢去,他怕公安局的人跟在身后把他抓回去,就再也见不到他新西兰的情妇。他从离福田机场最近的码头直接去了香港,又从香港飞到新西兰,先到了情妇高某的身边。他一时还不敢去澳大利亚,怕国内万一来人清理澳大利亚的投资会抓到他。

他马上找到律师,说自己想要办澳大利亚的永久绿卡,越快越好。

律师说,越快费用越高。

他小声说,妈的,不就是要钱吗?现在老子有的是钱!他对律师说,钱,不成问题!我的目的,一要越快越好,二要一步到位!

然后他掏出一把钱给了律师,你不是不放心吗?我先把定金给你!

律师很高兴,没见到过这么愚蠢的中国人,什么手续都不要就给你一大笔定金。

李化学又说,我在中国有个朋友,是一个董事长,他们公司先前在澳洲有投资。现在,董事长自己过来了,他想把公司的投资,都转到个人的账号上,这算不算贪污?

律师听了他的问题,觉得实在是小儿科的问题:在我们澳大利亚,公民的私有权利是最神圣的,法律就是要保护私有财产。

李化学说,现在我想拿这些钱,在悉尼投资,是不是贪污?

律师哈哈大笑说,这不过是常识的问题。你既然是公司的董事长,根据澳大利亚的法律,公司的财产当然归你所有,你当然有权处置它们,现在,你想把你在中国对公司财产的处置权,转移到国外,这在法律上是完全允许的,这不过是你个人对财产处置权利的延续。

律师看他面有喜色,也高兴起来,指着他的脸说,这就像是你把自己屁股上的肉割下来,贴到你自己的脸上,这也能算是贪污吗?

第23章 一夜千万富翁被剥夺政治权利终身

李化学很满意,也跟着哈哈大笑,可是,他们谁也没弄明白,他们说的根本不是一回事,恒万实业公司是国有的,不是个人的,李化学这个董事长不过是公司聘用的工作人员,公司汇到澳大利亚的资金是国有的,根本就不是李化学个人的。李化学的屁股和脸上都没有肉。

李化学吃了澳大利亚律师的定心丸,自以为很快就会成为澳大利亚的永久公民,他深居简出,不与任何人联系,秘密清理银行账户,在澳大利亚重新注册一家公司。他以为从今以后他就自由了,彻底脱离了中国警方对他的追逃,他就是澳大利亚一个新兴的千万富翁了,可以跟情妇母子过他自己想过的快乐日子。

李化学的逃跑引起北京市委、市纪委的高度重视,决定由市纪委、市检察院反贪局和北京城乡建设集团抽调得力人员,组成联合调查小组,追缉李化学。

联合调查小组飞到澳大利亚,得到中国驻悉尼领事馆的帮助,雇用了澳大利亚权威能干的律师协助调查,澳方的一位资深律师的佣金标准是按分钟计算的,可见为了搞清李化学的问题付出了多么大的代价。调查组仅用3周时间就搞清了李化学在澳大利亚的经济问题。

七人调查小组有一位北京城乡建设集团的副总,他猜想凭李化学的狂妄和智商,说不定他真就舍不得扔掉他原来的旧手机,所以他一再拨打李的手机。2000年2月初的一天,对方的手机里突然传出他熟悉的声音:

"妈的,你是谁?"

他说出了自己的名字。李化学立刻惊讶地问:

"是你?在北京?"

"当然是在悉尼了。你在哪?怎么样?"

"我在哪?我,在美国,夏威夷,游泳呢,享受自由呢!"

"你很忙吧?"

"我他妈现在有我的公司,事情都做不完,不像从前,总有人对我挑三挑四,妈的,我对城乡集团做出了多大贡献?我的青春都搭上了,到头来我捞到了什么?还有人他妈整我,我不走就得被整死,我是被逼着走到这步的……"

"能见见面吗?"

"见啥面？从今以后，我没必要和城乡集团的人见面！"

调查组由此推断，李化学既然故意说出他在美国夏威夷游泳，那么现在他只能是在悉尼。李化学只有隔壁王二的智商。

调查组紧急报请最高人民检察院商请公安部，由中国警方通过国际刑警组织对李化学发出了红色通缉令，通缉李化学的行动随即在国际刑警组织的协助下很快展开。

检察官以城乡建设集团的名义，聘请澳大利亚的律师在悉尼起诉李化学的公司，要求收回在澳投资的别墅等资产。法院随即冻结了李化学公司的资产。李化学却告诉他的律师，他和情妇高某共同购买的房产不属于北京城乡建设集团，买房的钱是高某个人的。经协助中方的律师调查，证明这处房产属于中国的国有资产。通过民事诉讼，澳大利亚法院判北京城乡建设集团胜诉，李化学开发的5套价值887万余元的高档住宅等被追回，但李化学一直没敢露面。

中国警方在国际刑警组织的协助下，终于在悉尼将逃跑不到8个月的李化学抓捕归案，李化学在澳大利亚的律师一再找到中方申辩，声称李化学已经是特别行政区的公民，特别行政区的法律必须保护他的人身自由权，你们现在不能抓捕他。

中方代表告诉他的律师说，我们不会破坏特别行政区保护公民的合法权利。李化学移民之前是中国公民，他触犯了我们中国的法律，我们必须严格按照中国法律，追究他从前的不法行为。

8月26日晚，李化学走下飞机的舷梯，重新踏上北京的土地。北京市第一中级人民法院以贪污罪、受贿罪、挪用公款罪判处李化学无期徒刑，剥夺政治权利终身，并处没收个人全部财产。

李案是北京市市属单位涉案人员级别最高、局级干部中涉案数额最大、调查取证涉及国内外、通过司法协助将嫌疑人缉捕、引渡回国的第一案。

第24章
假如我处在悔过者的位置上

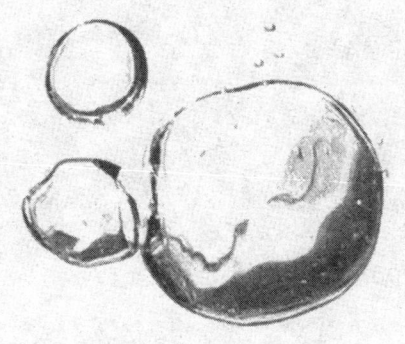

第2.4章

民知弗效于
悟过者也在首止

第24章 假如我处在悔过者的位置上

贪官忏悔，必须从自身找原因

我深深地悔过，尽管我知道为时已晚。

不知为什么，看过悔过书这两句开头，我就觉得这位悔过者似乎有些内秀。

据说某省有关部门，曾将悔过者的这份悔过书印发给厅局级干部阅读，因为其中有许多耐人深思的东西。

因为当时《北京纪事》要刊发此文，这位市委书记的悔过书我读过三遍。

第一遍读完当然很气愤，年轻干部如此得意忘形，如此放纵自己，罪有应得。

再读第二遍时，我的感受复杂起来，不再对他有什么仇恨，似乎有了许多自己也说不清的感觉，一时理不出个头绪。

过了几天我又重读这篇悔过书时，居然有了一种身在其中的感觉，不由得问起自己来，如果我在他的位置上，我会做得怎么样呢？

有些人没权没钱时，人品本也不错，一旦身处高位权力在握时，他的言行，他的好恶，他的感情，他的风度，全都会随着他手里的权力而膨胀而放大，他只喜欢顺着他捧着他说话办事的，对于真正敢于批评他的人，如果只是厌恶人家那他还是不错的，品质恶劣的则要对批评人打击报复，久而久之，不理睬他的、惧怕他的人，都不会再批评他，而有求于他的人就会对他吹喇叭抬轿子，他喜欢什么就送给他什么，不管这些人是出于什么动机，他们都是把他往火炕里推，因为他们会从别人那里翻番加倍地讨回送给他的那些钱物。

这个道理其实并不复杂，大小官员都不至于不懂，但是，只要没有查到自己头上，谁也不肯收手，因为他们都不想与落水者相比，他们会与那些比自己捞得更多而此刻还没事儿的人相比，越比，他们的侥幸心理越顽固，他们就越要走下去，直到走到绝路上去，然后，才会后悔不已。

忠言逆耳利于行，这话怕是已经让官员们觉得陈腐不堪了。但是，现在的悔过者对这句话却有自己独特的感悟，现在他身陷监狱天天都在想，

我的亲人中、我的朋友中、我的领导中，如果当时有人出来当面指责我、警告我，我会落得今天这个下场吗？

可是，如果没有现在的处境，他又能不能听进他们指责的话呢？

我们往往短视，只能看见眼前已经发生的，对于将来可能要发生的事情，尤其是那些我们自己不喜欢看见的事情，就常常采取了鸵鸟的好办法，将头拱进草堆里垃圾里，只把屁股露在外面，既然我看不见危险，危险对于我也就是不存在了。在这一点上，某些人的智商已经倒退得非常可怜，远不如他们没有居高位时那样聪明。

仍然没被查到的人，他会想我和悔过者不一样，我比他做得高明。

仍然没被查到的人还会想，哪个人没事儿？都能够查出来吗？还不是查出来的少吗？

仍然没被查到的人还会想，我的事儿不是大的，比我更大事的人都没事儿，我会有什么事儿？这些人的愚蠢逻辑就在于他们只与有事儿的人相比，就是不肯与没事儿的人相比，在这一点上，他们的智商实在是连幼儿园的孩子都不如。

其实这些自我安慰的念头，许多落水者早都想过，白天想黑夜想，想也想不清楚，既然如此，至少人们可以知道，那些因此而暴富起来而腐败了的人们，他们在夜深人静时，内心深处还是充满一种恐惧的，他们的日子过得并不滋润。

我就收到过这样的短信：锄禾日当午，贪官真辛苦，钞票千万五，关门数又数，白天怕检举，晚上怕抓捕，夜半敲门声，汗流像老鼠，来者何许人，心里没有谱。

所以，现在我不能不问问自己，如果我处在悔过者的位置上，我会做得怎么样？如果我是他的朋友、他的亲人、他的部下，我又会怎么做呢？

他不同于李友灿，一向约束自己远离不义之财，"十多年来，我也曾努力拒贿"。只是提升到市委书记的高位上，他突然遇到意想不到的礼遇，春节、国庆时候，必有下级官员纷纷送礼给他，那些礼包并不大，不过都是些真金白银。

最初他想了又想，就找对方过节、搬迁、出游的机会，送钱物过去充作礼物，结果，他却收到了对方更多的钱财回报。

第 24 章 假如我处在悔过者的位置上

"每年春节、中秋,送礼的人往往集中在几天里。这几天上门的人络绎不绝,你前脚走,他后脚进。"他苦口婆心给他们做思想工作,可是,"在这几天里做工作的成功率确是微乎其微,可以说,送上门来的红包中能顶回去的、当场拒收的,还占不到百分之一二!绝大多数是你推我搡,最后他们都是扔下就跑,你拿他一点办法都没有。"

那就上缴好了。他每年上交廉政办公室的钱数都是机关的第一,随之而来的便是周围官员的非议,"连一些外地的老领导都说我不应上缴这么多,以免影响左邻右舍的关系。当一名领导干部要保持一点(不是完全)廉洁都是这么的难。以后,我每年都上缴巨额红包款,四年间的八个大节日,我共九次上缴 58 万多元人民币、8 万多港币和两三千美元。但同我自己收受的全部红包款相比,比例还是较低的,而且比例逐年下降。因而,我个人的非法财产额便急剧上升。

"我一个人难于撑破这张大网。我为此而深深苦恼过,与家人一起心惊肉跳过日子。我也曾苦苦思索过,可就是自己没为自己找到一个正确的出路。

"由于我个人的意志薄弱,由于我追求资产阶级腐朽没落的生活方式的思想占上风,由于我世界观、人生观、价值观的严重扭曲,抱怨情绪、攀比心理、侥幸思想,特别是我常常抱有贪婪无度的欲望,使我走上了这条严重犯罪的道路。我是自己走上去的,我不怨天,不尤人,只恨我自己在担任了领导职务之后,在走错了第一步之后,思想上的防线全面崩溃,越发不可收。我是自己走上了这条罪恶之路……"

不能因为他涉罪,我就不相信他的真诚。我始终都认为他的这些话是发自内心的。"我一个人难于撑破这张大网"这句话让这位市委书记的忏悔大打折扣。一个人走向犯罪的道路,理由都可以找到很多。然而,任何理由都不是犯罪的理由。真正的忏悔,必须从自身找原因。只有从自身找到原因,才能对自己的犯罪有正确的认识。

如果我处在他的位置上,我能不能收下那些无法拒绝的财富?

如果我没处在他的位置上,我能不能用财礼去葬送他的前程?

读懂了你自己,你的心就会告诉你,应该怎么做。